Bernd Stegemann

WAS VOM GLAUBEN BLEIBT

Wege aus der atheistischen Apokalypse

Klett-Cotta

Klett-Cotta
www.klett-cotta.de

Cover: Rothfos & Gabler, Hamburg
Gesetzt von C.H.Beck.Media.Solutions, Nördlingen
Gedruckt und gebunden von GGP Media GmbH, Pößneck
ISBN 978-3-608-98830-7
E-Book ISBN 978-3-608-12366-1

Bibliografische Information der Deutschen Nationalbibliothek
Die Deutsche Nationalbibliothek verzeichnet diese Publikation in der Deutschen Nationalbibliografie; detaillierte bibliografische Daten sind im Internet über http://dnb.d-nb.de abrufbar.

INHALT

NACH DER ATHEISTISCHEN APOKALYPSE

MEIN ANFANG DER SUCHE

Ein Ungläubiger schreibt über den Glauben. Aber der Ungläubige ist katholisch. Aufgewachsen im westfälischen Münsterland, wusste ich lange nicht, dass es neben dem Katholizismus noch ein anderes, davon abtrünniges Christentum gibt. Hier katholisch zu sein, bedeutete in den 1970er Jahren die Verwirklichung des »katholikos« als dem einen Glauben, der für alle gilt. Doch trotz der Kindheit im schwarzen Münsterland blieben meine Begegnungen mit der Kirche oder dem Religionsunterricht blass. Es gibt nur eine einzige Erinnerung, in der mir der katholische Glauben lebendig widerfahren ist. Der Philosophielehrer am Gymnasium hatte Kontakt zu dem Religionsphilosophen Josef Pieper, der uns eines Tages besuchte.

Diese Begegnung war so nachhaltig, dass ich bis heute seine Bücher, wenn ich sie in einem Antiquariat finde, kaufe und alsbald lese. Seine drei Essays »Über den Glauben«[1], »Über die Hoffnung«[2] und »Über die Liebe«[3] begleiten mich seit den 1990er Jahren. Und immer wieder habe ich mit dem Gedanken gespielt, mir einmal über meinen Nicht-Glauben Rechenschaft abzulegen. Es sollte nach der gymnasialen Begegnung aber noch vierzig Jahre dauern, bis ich mir die Zeit nehmen wollte, meine Gedanken dazu aufzuschreiben. Das Resultat ist für mich selbst irritierend.

Anfänglich dachte ich, anhand ausgewählter Stationen in meinem Leben die Nähe und Ferne zum Glauben ausmessen zu können. Schließlich ist das Christentum die Religion, die den Lebensweg zum Maßstab des Glaubens gemacht hat. Nicht im Rückzug der Meditation oder in der weltflüchtigen Askese liegen die entscheidenden Prüfungen des Christen, sondern in den alltäglichen Entscheidungen bahnt sich der Weg zum Seelenheil oder zur Sünde. Doch ich musste alsbald feststellen, dass mein Leben nicht mit den überlieferten Formen von Himmel und Hölle zu beschreiben ist. Die Sprache des Glaubens kam mir wie ein falsches Kostüm vor. Es passte nicht, und ich konnte mich im Spiegel nicht wiedererkennen.

Bei der weiteren Beschäftigung mit dem Glauben kristallisierten sich zwei diametral entgegengesetzte Einsichten heraus. Die Säkularisation war in mir so weit fortgeschritten, dass ich meinen Unglauben nicht mehr als katholische Laxheit beschreiben konnte. Und zugleich entdeckte ich in mir eine Vielfalt von Einstellungen eines Gläubigen, die alle ihre Wurzeln im Christentum haben und doch zu etwas gänzlich Anderem geworden sind. Diese Glaubenspartikel haben eine Gestalt angenommen, die man vorläufig nur als gespenstisch beschreiben kann. Die irritierende Einsicht besteht also darin, dass sowohl mein Unglaube als auch die überall verstreuten Glaubensreste Kinder des Christentums sind und dass sie zugleich quer zur christlichen Tradition stehen. Die Situation des Glaubens erwies sich als viel komplizierter, als ich es mir vorgestellt hatte.

Die Bücher von Josef Pieper hatten mir seinerzeit ein Gefühl von Geborgenheit vermittelt. Mit dem Vokabular des Existentialismus und vor dem Hintergrund der Katastrophen des Zweiten Weltkriegs konnte er die Not des Einzelnen in Worte fassen und der metaphysischen Obdachlosigkeit den Halt eines größeren Zusammenhangs geben. Der Trost seiner Schriften lag darin, dass ein heimatloses Gefühl in seinen Worten einen Ort bekam. Eine ähnliche Wirkung hatten die Texte von Romano Guardini auf mich.[4] Beide Autoren bauen eine Brücke zwischen den säkular zerstörten Seelen des 20. Jahrhunderts und den Glaubenswahrheiten des Christentums.

Aber ich erinnere mich, dass die Aufgehobenheit nur so lange vorhielt, wie die Lektüre dauerte. Es gab in mir keinen Ankerplatz für die erbaulich tröstenden Sätze. Die christlichen Grundworte, zu denen »Glaube«, »Hoffnung«, »Liebe« gehören und deren Auslegung beide Autoren mit Bildung und Geduld betrieben, verloren ihren Sinn, sobald mein Geist wieder in die Gegenwart glitt. Diese Spurlosigkeit der reinen Lektüre war, ex negativo, eine Bestätigung des Katholischen. Es braucht die Sakramente, in denen das Göttliche anwesend werden kann, und es braucht das Ritual der Messe, um die Gemeinschaft des Glaubens zu stiften. Niemand ist für sich alleine katholisch, und niemand wird gläubig, weil er Bücher liest.

Die Bestätigung des Katholischen führte bei mir aber zu keiner Bekehrung. Der Glaube blieb fern, und es gab keine lebendige Erfahrung mit einer Gemeinde.[5] Trotz der geringen Konsequenzen der Lektüre und trotz des Mangels an gläubigen Mitmenschen sind mir die Erinnerungen an diese andere Art des Seelenlebens bis heute kostbar. Ich will nicht bewerten, wieviel Sentimentalität darin steckt. Denn zugleich ist mir bewusst, wie unzureichend diese Versuche waren.

So stand ich also hilflos vor einem Phänomen, das zu dem tiefsten Gefühl gehört, zu dem Menschen fähig sind, und fand keine Tür, die sich für mich öffnen würde. Dass ich in dieser Lage nicht alleine bin, zeigt die uferlose Mühe der Gottsuchenden, die sich zu allen Zeiten in zahllosen Texten ausgedrückt haben. Seit den Evangelien gehört die Suche nach Gott zu den schwersten Aufgaben. Und nur wenigen widerfährt die Bekehrung so dramatisch und unmittelbar wie Paulus. Wem Gott erscheint, der ist in einem Augenblick erlöst. Doch gerade dieses Sehnsuchtsbild der Erlösung durch Gottes Gegenwart steht bis heute als Hindernis vor dem Glauben. Denn wer darauf wartet, durch Gottes Hilfe zu ihm zu finden, der verharrt in falscher Untätigkeit.

Zugleich, und das macht eine der vielen nachdenklich stimmenden Wahrheiten des Christentums aus, liegt der Weg zum Glauben nicht allein in des Menschen Hand. Wer meint, es ohne göttliche Hilfe zu schaffen, der entfernt sich in seinem Mühen ebenso von der Gnade des Glaubenkönnens wie der Müßige, der auf den göttlichen Fingerzeig wartet. Da Gott unseren Geist übersteigt, ist die Voraussetzung, an ihn glauben zu können, ein Geschenk, das nur von Gott kommen kann. Seine Gnade ist kein Beweis für seine Existenz, aber sie ist eine Tür, die vom Menschen nicht selbst geöffnet werden kann, deren Offenheit er aber bemerken muss, will er nicht die Öffnung seiner Seele zum Göttlichen verpassen. Der Ungläubige kann das Geschenk erhoffen oder er kann es mit weltlichem Selbstbewusstsein ablehnen. Meine Gottferne war womöglich so groß, dass ich das Geschenk nicht hätte annehmen können, weil ich es nicht wahrgenommen hätte. Und meine Ahnung ist, dass ich mit dieser Seelenblindheit nicht alleine bin.

¶

Die Ahnung, die mich beim Schreiben nie verlassen hat, besteht darin, dass meine Glaubensuntauglichkeit und die Unzahl magischer Praktiken, die meinen Alltag begleiten, nicht nur eine individuelle Besonderheit sind. Überall bemerke ich die seltsame Gleichzeitigkeit von Ungläubigkeit und quasireligiöser Gewissheit. Indem der Glaube aus der Obhut der Religion heraustritt, wird er zu dem unordentlichen Gefühl, das er vielleicht schon immer war.

Im Glauben vereinen sich zahlreiche widersprüchliche Aspekte. Er gibt Sicherheit, die bis zum Hochmut reichen kann. Der Gläubige fühlt sich auserwählt, und in der Selbsterhöhung kann er sich zur Missionierung aufgerufen fühlen. Der Wunsch, alle Menschen mögen an seinem Glaubensglück teilhaben, kann schließlich in Fanatismus umschlagen, wenn die Ungläubigen nicht bekehrt, sondern bestraft werden sollen.

Auf der Gegenseite lehrt der Glaube Demut. Wer anerkennt, dass es etwas gibt, das mehr ist, als der Geist zu begreifen vermag, und wer anerkennt, dass unser Leben von dieser Macht gehalten wird, der wird sich seiner eigenen Abhängigkeit bewusst. Das Schicksal liegt nicht in Menschenhand. Das anzuerkennen und nicht darüber zu verzweifeln oder zynisch zu werden, benötigt die christliche Kraft zur Demut. In einer für den säkularen Geist irritierenden Wendung führt die Demut zur Hoffnung. Die schlechthinnige Abhängigkeit des Lebens neu zu fühlen gehört zu den größten Aufgaben unserer Zeit.

Hochmut und Demut liegen im Glauben eng beieinander. Zu welcher Seite das Pendel ausschlägt, ist von der religiösen Gestalt abhängig, die dem Glauben gegeben wird. Das unordentliche Gefühl ist formbar in seiner weltlichen Gestalt. In seinem Kern bleibt es jedoch immer gleich. Der Kern allen religiösen Glaubens besteht darin, dass das, woran geglaubt wird, auf den zurückstrahlt, der daran glaubt. Diese Rückstrahlung verführt dann zum Hochmut, da man sich als auserwählt empfindet, oder es leitet zur Demut, da man in der Anbetung des Göttlichen seine eigene Ohnmacht erlebt.

Religionen geben dem unordentlichen Gefühl eine Gestalt. Darum unterscheidet sich die Ausprägung des Glaubens in den unterschiedlichen religiösen Konfessionen. Die Unterwerfung des Islam ist ein anderes Glauben als das vertrauensvoll-prüfende Verhältnis des Judentums oder die Inkarnation Gottes im Menschen, die das Christentum begründet.

¶

Wir leben im dritten Jahrhundert des Experiments ohne Gott, und hier hat sich eine weitere, post-religiöse Gestalt des Glaubens gebildet.[6] Das Kennzeichen des gegenwärtigen Glaubens ist seine Zersplitterung. Die wichtigste Folge der Auflösung des Glaubens ist eine Paradoxie: Wir glauben nicht mehr, woran wir glauben. Konkret zeigt sich das Paradox in den unzähligen Verbindungen, die die Glaubenspartikel mit säkularen Inhalten eingegangen sind.

Der säkulare Glaube, wie man diese religionslosen Glaubensgefühle nennen könnte, verweigert den Kern des sakralen Glaubens. Der sakrale Glaube streckte sich in die Transzendenz. Und er hoffte, dass durch die Rückstrahlung des Geglaubten auf den Gläubigen etwas von der Unverfügbarkeit des Göttlichen in der Menschenwelt anwesend werden möge. Der säkulare Glaube tastet nicht mehr über die Grenze zur Transzendenz, und er will sich auch nicht mehr an eine göttliche Macht binden.

Der grundlegende Unterschied zwischen dem religiösen und dem säkularen Glauben besteht darin, dass in diesem nicht mehr die Abhängigkeit erfahren wird, die Demut lehrt. Statt durch den Glauben zur Demut zu finden, schlägt der säkulare Glaube die entgegengesetzte Richtung ein. Nicht mehr das Unverfügbare strahlt auf den Gläubigen zurück, sondern das Gefühl des Glaubens verleiht einem Ereignis in der Welt eine absolute Bedeutung. Der säkulare Gläubige verleiht selbst die höheren Weihen des Geglaubten.

Der religiöse Glaube lebt in der permanenten Versuchung, zum Hochmut des Fanatismus zu werden. Die ungewisse Erwartung, ob die Seele erlöst oder verdammt wird, verführt zu den apokalyptischen Vorstellungen, in denen der Untergang der Welt mit dem Beginn des Gottesreichs verknüpft wird. Die atheistische Apokalypse wirkt seelenverwandt, unterscheidet sich jedoch grundlegend.[7] Der säkulare Glaube steht vor der Versuchung, den Glauben zu einem privaten Fetisch zu verharmlosen oder ihn zu einem innerweltlichen Bescheidwissen zu verhärten. Der säkulare Glaube führt zur Esoterik oder zum Hochmut der absoluten Gewissheit in weltlichen Belangen.

Die Gefühlslage einer drohenden atheistischen Apokalypse folgt aus dieser Mischung von Privatreligion und innerweltlichem Bescheidwissen. Ihre Gestalt findet sich in so vielen Formen, wie es Individuen gibt, die ihre Meinung und ihr Wollen zur allgemeinen Wahrheit erklären. Die atheistische Apokalypse hat also zwei verschiedene Dimensionen. Zum einen wird damit beschrieben, wie das säkulare Denken sich selbst zum Gott erklärt und darum seine subjektiven Ängste zur allgemeinen Apokalypse vergrößert. Und zum anderen wird damit beschrieben, wie eine Welt ohne Glauben die Zerstörungskräfte der Menschen entfesselt, so dass eine globale Katastrophe vorhersehbar wird.

Die atheistische Apokalypse beschreibt die Seelenlage im säkularen Individualismus, und sie ist eine soziale Dynamik in Konsumgesellschaften. Dadurch, dass sie Stimmung und reales Geschehen zugleich ist, wird sie zu einem schwer fasslichen Phänomen. Darin gleicht sie der christlichen Apokalypse. Doch der Unterschied bleibt kategorisch. Denn der säkulare Glaube bewertet seine apokalyptische Gestimmtheit nicht als Verfallsform des religiösen Glaubens, sondern er ist noch im Angesicht der Gefahr stolz auf seine Befreiung von der transzendenten Bindung.

Aus diesem Stolz auf die Autonomie entsteht sein blinder Fleck, der ihn nicht sehen lässt, worin seine säkulare Hybris besteht. Was vom Göttlichen zurückstrahlt und so den religiösen Glauben bestimmt, kehrt sich beim säkularen Glauben vollständig in sich selbst und wird zur Selbstverzauberung des Individuums. Ohne die Erinnerung, dass im religiösen Glauben etwas für wahr gehalten wird, das der Mensch nicht begreifen kann, wird der säkulare Glaube zu einer innerweltlichen Gewissheit, die zugleich die Rationalität und das Göttliche beleidigt.

Das unordentliche Gefühl des Glaubens wurde von Religionen jahrtausendelang geformt und auch deformiert. Das säkulare Zeitalter ist stolz darauf, sich von dieser Zurichtung befreit zu haben. Die Ahnung, dass diese Freisetzung der widersprüchlichen Energien nicht nur gut ist, wird bis heute vom Stolz auf die Befreiung verdeckt. Dabei mehren sich die Anzeichen, dass ein religionsbefreiter Glaube nicht nur harmlos ist. Denn die Glaubenspartikel verbinden sich ohne religiöse Orientierung beliebig mit säkularen Gefühlen und Gedanken. Aus diesen Verbindungen entstehen die neuen heilig-unheiligen Überzeugungen, die das Bild der Moderne bestimmen.

Dabei verhalten sich nicht nur die heilig-unheiligen Überzeugungen widersprüchlich, sondern der säkulare Glaube hat zwei Ausprägungen, die schwer miteinander zu vereinbaren sind. Er stellt zum einen eine Verbindung zwischen weltlichen Wahrheiten und dem Gefühl der absoluten Gewissheit her. Das führt zu den ideologischen Übertreibungen der Moderne, zu denen die apokalyptischen Phantasien ebenso zählen wie die politischen Heilslehren. Und zum anderen stellt er die religiösen Glaubensgefühle unter Verdacht, die Errungenschaften der rationalen Vernunft rückgängig machen zu wollen. Was wie ein Widerspruch wirkt, ist aber das Erfolgsrezept des säkularen Glaubens. Als Splitter sind die Glaubensgefühle willkommen, um den weltlichen Gefühlen eine absolute Gründung zu geben. Doch zugleich wird jeder Versuch, die Glaubensreste um den Kern eines religiösen Glaubens zu versammeln, als Angriff auf die säkulare Vernunft abgewehrt. Im dritten Jahrhundert des Experiments ohne religiösen Glauben ist diese Abwehr von Versuchen, den Glauben an Gott zu binden, so tief verwurzelt, dass der Glaube nicht mehr zur Religion findet.

¶

Das unordentliche Gefühl des Glaubens ist in der Welt zerlaufen. Dort sind die Glaubenspartikel in zwei Bereichen neue Verbindungen eingegangen. Sie haben sich mit Meinungen zusammengeschlossen, die dadurch zu einem anmaßenden Bescheidwissen verhärtet sind. Und sie haben sich mit den alltäglichen Unsicherheiten verbunden und diese in die Gestalt der privatreligiösen Absicherungen verwandelt.

Das Bescheidwissen zeigt sich in den zahlreichen politischen und weltanschaulichen Fundamentalismen unserer Zeit. Die Unversöhnlichkeit, mit der Widersprüche ausgetragen werden, ist die Erscheinungsweise der Glaubensreste in einer säkularen Welt. Was Eric Voegelin »politische Gnosis« genannt hat, besteht in dem Anspruch auf absolute Wahrheit bei fehlender religiöser Demut. Die ideologischen Heilslehren des 20. Jahrhunderts sind die blutige Konsequenz der politischen Gnosis. Die Glaubenspartikel »Erlösung«, »Paradies« oder »Apokalypse« werden im Mund der falschen Propheten zur Propaganda, die zum innerweltlichen Fanatismus anstachelt. Die folgenreiche Paradoxie der politischen Gnosis liegt darin, mit religiösen Gefühlen zu wuchern, ohne aber die religiöse Dimension anzuerkennen. Die Hybris der falschen Propheten besteht darin, eine irdische Erlösung ins Werk setzen zu wollen, die sich selbst für absolut wahr hält.[8] In der glaubenslosen Gegenwart bewirken die Angstpredigt vor der Apokalypse und die falsche Hoffnung auf Erlösung noch immer das größte Unheil.

Auf der anderen Seite der Glaubensreste stehen die magischen Beruhigungsmittel. Die säkulare Welt betreibt einen riesigen technischen Aufwand, um die Zukunft planbar zu machen. Das Gefühl der Unsicherheit erstreckt sich von den alltäglichen Sorgen bis zur Angst vor dem Weltuntergang. Die Unsicherheit ist der Nachhall der Lebensangst, die Menschen zu allen Zeiten hatten. Seitdem die religiösen Trostformeln gegen die Angst nicht mehr geglaubt werden, arbeitet die moderne Welt an Ersatzprodukten. Versicherungen sollen Sicherheit geben, und ihr Geschäftsmodell besteht darin, dass das Gefühl der Unsicherheit mit jeder weiteren Versicherung wächst. Die Offenheit der Zukunft wird zur trostlosen Bedrohung, wenn menschliches Planen diese Zukunft beherrschen will. Im Handel mit Lebenszuversicht tummeln sich die falschen Propheten der magischen Rettung, die, wenn die Hoffnung noch nicht erloschen ist, leicht zu erkennen wären. Dass sie so regen Zulauf haben, zeigt, wie verzweifelt die Hoffnungslosigkeit die Seelen gemacht hat.[9] Der zersplitterte Glaube führt zum irrationalen Gemüt des Individualismus, Glauben und Aberglauben nicht mehr unterscheiden zu können, da das Selbstbewusstsein die Hoheit über das Geglaubte nicht abgeben mag.

¶

Wir haben die Fähigkeit des Glaubens in so andere Bahnen gelenkt, dass er zwar manches Mal noch wie ein christliches Leben aussieht, dass diese Ähnlichkeit aber die eines Schattens ist. Die Umrisse der Gestalt mögen noch stimmen, doch es gibt keinen Leib mehr und der Schatten wird im abnehmenden Licht verschwinden. Die Glaubensreste sind zwar in alle Poren der säkularen Gesellschaft eingedrungen, doch sind sie dort nicht mehr als Religion zusammengebunden. Es ist im Gegenteil so, dass die Glaubenspartikel als Verstärker säkularer Gedanken wirken, wenn sie sich in politischen Ideologien stark machen oder wenn sie sich in alltäglichen Ungewissheiten einnisten.

Der eine Gott, der seinen Sohn für die Sünden der Menschen geopfert hat, ist eine Glaubensformel, die in ihrem Anspruch an jeden Einzelnen außerordentlich ist. Ethisches Gebot und Gottesglaube sind im Christentum unlösbar miteinander verbunden. Nächstenliebe und Gottesliebe sind eine Einheit, die größten Anfeindungen ausgesetzt ist. An Gott zu glauben und den Nächsten zu lieben erscheint gleichermaßen unmöglich. Es gibt unzählige Situationen im Leben, in denen die Nächstenliebe als unerfüllbares Gebot erscheint. Und im dritten Jahrhundert des Experiments ohne Gott daran zu erinnern, wirkt wie eine Aufforderung der Vernunft zur Kapitulation: »Während der andere für uns immer tödliche Bedrohung ist, erwartet der Glaubende in einer Regung der Unvernunft davon auch das Leben.«[10]

Die Gnade des Glaubens ist zugleich die Kraft zur Nächstenliebe. Beides ist dem Menschen unverfügbar. Nur wer darum bittet, die Gnade des Glaubens zu empfangen, kann die Kraft der Nächstenliebe finden. Der christliche Gott stellt die höchste Anforderung, denn ein einfaches und doch unerfüllbares Gebot zu befolgen, verlangt vom Gläubigen unendlich viel mehr, als einen Gottesdienst zu feiern, in dem komplizierte Rituale befolgt werden müssen. Die Unverfügbarkeit des christlichen Glaubens folgt nicht aus einem Mysterium, das durch Prüfungen abgeschirmt wird, sondern sie ist in jedem Moment des Lebens präsent, in dem der Nächste mir nicht als ein mir Nahestehender begegnet. Die Unmöglichkeit des christlichen Glaubens ist zu allen Zeiten gleich. Und doch unterscheidet sich die säkulare Zeit grundlegend. Denn nun resultiert die Unmöglichkeit des Glaubens nicht nur aus der Fülle der Begegnungen, die von Lieblosigkeit geprägt sind, sondern sie folgt auch aus der Zersplitterung des Glaubensgefühls.

Religio meint in einer seiner vielen Bedeutungen die Bindung, die alles miteinander verbindet. Ein Glaube ohne die Bindungen der Religion ist ein heimatloses Gefühl, das sich mit beliebigen Ereignissen verbinden kann. Diese Willkür ist in unserer Zeit so üblich, dass wir darin kein Problem erkennen können. Dabei sind die Konsequenzen einer zerbrochenen Religion in zwei Dimensionen gewaltig: Das Gebot der Nächstenliebe wird ohne die Kraft des Glaubens und ohne göttliche Hilfe ein unerfüllbares Gesetz. Und die heilig-unheiligen Bindungen, die die Glaubensreste in der säkularen Welt eingehen, werden zur Gefahr, je radikaler der Individualismus herrscht.

Die Verheerungen des säkularisierten Glaubens zeigen sich heute in allen Lebensbereichen. In jedem einzelnen Ich, das seine Ansprüche mit göttlicher Gewissheit vorbringt, regiert der falsche Prophet eines säkularen Glaubens. Im Politischen verführen die falschen Propheten zur Begeisterung, zu den Auserwählten zu gehören: Die eigene Nation wird zum Werkzeug eines göttlichen Plans. Die eigene Partei wird zum Verkünder der allgemeinen Wahrheit und die eigene Meinung wird zur Inkarnation einer universellen Botschaft. Die Unversöhnlichkeit, die in demokratisch-säkularen Gesellschaften zunimmt, folgt aus den heilig-unheiligen Verbindungen.

Die höchste Verwirklichung des Göttlichen in der säkularen Welt ist das Individuum. Hier werden die Ansprüche des Ich zum Zentrum der Welt. In einer solchen Welt wird der Glaube zur Droge, die die Begeisterung für das Selbst entfacht. Er wird zum Betäubungsmittel, das die Zweifel überdeckt, und zum Anabolikum, durch die das Ego und seine Ansprüche ins Maßlose wachsen. Der Fanatismus, die Anbetung des Menschen und die Selbstvergöttlichung des Ich sind durch einen Abgrund von der religiösen Wahrheit getrennt. Die Zanksucht des Individuums scheint, wollte man sie noch ein letztes Mal theologisch deuten, Gottes Strafe für die vom Glauben Abgefallenen. Den vergöttlichten Individuen droht die atheistische Apokalypse. Der Weg dahin ist mit den Predigten der falschen Propheten gepflastert.

¶

Glauben ohne Religion ist das Kennzeichen unsere Zeit. Und die Erscheinungen des Göttlichen sind die virtuos ihre Individualität auslebenden Menschen, die sich selbst zum Gott erklärt haben. So finden sich die Glaubensreste überall, und ihr Wirken ist umso negativer, je unbemerkter sie bleiben. Um diese Glaubensreste aufzuspüren, wird im ersten Kapitel »Glaube« an die Geschichte der Säkularisation erinnert. Ihr Verlauf spiegelt den mühevollen Prozess, ohne Religion mit dem Glauben einen Frieden zu finden. Wie oft diese Absicht im Unheil endete, ist nach dem blutigen 20. Jahrhundert mit seinen ideologischen Heilslehren wohl jedem präsent.

Im zweiten Kapitel »Hoffnung« werden die Glaubensreste betrachtet, die keine Hoffnung mehr haben. Hier stößt man auf die Trümmerberge des Nihilismus und seine panisch-verzweifelten Versuche, im großen Nein der Revolte ein Gefühl der Verbundenheit zu erhaschen. Und hier begegnen uns die menschenleeren Kirchen und ihre Priester, deren skeptische Hoffnung nicht mehr den Schwund an Glaubenskraft aufwiegen kann und darum an der Lösung jeder Bindung mitwirkt.

Im dritten Kapitel »Liebe« werden die Glaubensreste, die sich von der Liebe abgelöst haben, betrachtet. Ohne Liebe zu leben, bedeutet, nicht mehr im Paradies zu leben. Hier stößt man in das traurigste Kapitel der Glaubensuntauglichkeit vor. Die Einsamkeit des Individuums hatte Kierkegaard in der *Krankheit zum Tode* bereits am Beginn des säkularen Zeitalters diagnostiziert. Doch die Dimension dieser Krankheit wird erst im vollends entwickelten Individualismus des 21. Jahrhunderts offenbar. Wenn Individualismus bedeutet, Ansprüche zu haben und sie für berechtigt zu halten, ist das Ressentiment die notwendige Reaktion einer Seele, die ihre Ansprüche für nicht befriedigt erachtet. Die Selbstvergöttlichung führt in die Hölle des Einzelnen, der sich von Welt, Gott und Menschen gekränkt fühlt.

Im letzten Kapitel schließlich soll zwei Augenaufschläge lang ein hoffnungsvoller Blick aus der verzweifelten Gegenwart gewagt werden. Die anspruchsvolle Mühe des französischen Soziologen Bruno Latour, die Sprache des Christentums wieder zum Leben zu erwecken, provoziert den Intellekt. Und die sich selbst in Demut übenden Gedanken einer Glaubensschwachheit widersprechen dem säkularen Hochmut oder ergänzen – je nach religiöser Stimmung – die Hoffnung, durch geistige Anstrengung zum Glauben zu finden. Ob wir wirklich nach dem Paradies leben und was das bedeuten könnte, wird zum Schluss von einer jüdischen Geschichte aus der Tradition der Mystik beantwortet.

GLAUBE

GLAUBEN OHNE RELIGION

Glauben heißt immer:
jemandem etwas glauben.
Josef Pieper[11]

Glauben unterscheidet sich vom Wissen und von der Meinung. Das Wissen hat valide Gründe, warum es etwas für wahr hält. Die Meinung ist sich einer Sache sicher, auch wenn sie dieses nicht hinreichend begründen kann. Der Glaube hingegen weiß nicht und ist doch gewisser als die Meinung. Sowohl Meinung wie Glaube können sich ihrer Schwäche bewusst bleiben oder sich zur fanatischen Gewissheit verhärten. Doch allein der Glaube gründet darauf, eine Beziehung zwischen dem Bekannten und dem Unbekannten zu stiften. Josef Pieper findet für diese Kraft, die sich über die Immanenz hinaus in die Transzendenz wagt, eine anschaulich weltliche Übersetzung. So wie der religiöse Glaube sich über das, was Menschen wissen können, in den Bereich des Göttlichen hinaus erstreckt, so stiftet der Glaube auf Erden ein Band zwischen der inneren Unendlichkeit der einen Seele mit einer anderen Seele.

Der jüdische Religionsphilosoph Martin Buber hat auf diese Besonderheit des Glaubens verwiesen, als er die zwei

Arten des Glaubens unterschieden hat.[12] Der griechisch-christliche Glaube meint ausschließlich das Fürwahrhalten von Sätzen, während der jüdische Glaube das Vertrauensverhältnis zu Gott beansprucht. Josef Pieper widerspricht hier, indem er auch für den christlichen Glauben das Verhältnis zwischen Gott und Mensch zur Grundlage des Glaubens macht.

Glauben ist immer ein Fürwahrhalten von etwas, das jemand mir mitgeteilt hat. Ich kann nicht einer Blume glauben oder dem Sternenhimmel. Ich kann über beide sehr vieles wissen, und bei der Produktion des Wissens über sie sind sie meine wichtigsten Helfer. Will ich ihnen hingegen glauben, schreibe ich der Natur oder dem Kosmos Eigenschaften zu, die sie zu Akteuren mit einem eigenen Willen machen. Ich kann also nur jemandem glauben, mit dem ich in einem Verhältnis zwischen Ich und Du stehe.

Es gibt aber noch einen weiteren Unterschied zwischen dem Wissen und dem Glauben. Niemand muss glauben, und es gibt keine zwingenden Beweise, die den Glauben notwendig machen. Zu glauben ist immer eine freie Entscheidung. Wer hingegen in den Kategorien der Vernunft denkt, der muss ihren logischen Schlüssen folgen. Es ist keine Glaubensfrage und es ist auch keine Frage der freien Entscheidung, ob zwei mal zwei vier ergibt. In Glaubensfragen gibt es diesen Zwang der Logik nicht. Wer glaubt, könnte nicht glauben oder an etwas anderes glauben. So zumindest denkt es der Ungläubige. Die Freiheit des Glaubens ist aber nur solange existent, wie noch nicht geglaubt wird.

Es gibt aber nicht nur zwei Arten zu glauben, wie Martin Buber meint, sondern im Glauben sind zwei verschiedene Dimensionen verborgen. Zum einen ist mit dem Glauben eine menschliche Fähigkeit gemeint, und zum anderen wird im Glauben etwas vorgestellt, an das geglaubt wird. Im Englischen gibt es für diese unterschiedliche Bedeutung zwei verschiedene Worte: *faith* bedeutet glauben im Sinne von Vertrauen, und *believe* bedeutet glauben im Sinne eines religiösen Glaubens an Gott. Ein Für-wahr-Halten im Vertrauen und das Für-wahr-Gehaltene im Glauben sind verschieden und müssen im religiösen Glauben zusammenfinden.

Im deutschen »glauben« ist dieser Unterschied bereits in der Sprache aufgehoben. An jemanden zu glauben, vertrauensvoll gläubig zu leben oder an Gott zu glauben und dann im Glauben zu leben, diese verschiedenen Existenzweisen sind sprachlich nur mit Mühe zu differenzieren. Der Vorzug dieses Ein-Wort-Glaubens besteht darin, dass sogar in den säkularen Glaubensanstrengungen, wie sie sich im Vertrauen finden, noch die religiöse Dimension des Glaubens im Sinne eines Bekenntnisses mitschwingt.

Schaut man hingegen dorthin, woran im *believe* geglaubt wird, so werden die Unterschiede, die im Ein-Wort-Glauben aufgehoben scheinen, gewaltig. An einen Gott zu glauben, ist ein kategorisch anderes Für-wahr-Gehaltenes als an sich selbst oder den wissenschaftlichen Fortschritt zu glauben. Und noch schwieriger wird es, wenn man bedenkt, dass das Für-wahr-Gehaltene-Göttliche des *believe* nicht zu allen Zeiten das gleiche meint. Der Umbau des heidnischen Glaubens in der Antike zum christlichen Glauben war gewaltig. Der vor-christliche Gläubige empfand sich als Teil des Kosmos, der von zahlreichen Gottheiten beseelt war. Seele und Götterhimmel standen miteinander in Resonanz. Der Monotheismus zerbrach dieses Einheitsgefühl und ersetzte es im christlichen Glauben durch einen Gott, der seinen Sohn für die menschliche Schuld geopfert hat. Aus dem erstrebten Gleichklang von Seele und Kosmos wurde ein komplexes Verhältnis zwischen dem einen Gott und jedem einzelnen Menschen.

Das Geheimnis des *believe* besteht darin, dass das Vertrauen-Können sich auf eine transzendente Dimension hin erstreckt. Schaut man mit ungläubigen Augen auf das *believe*, so wird das darin geglaubte Göttliche zu einem Produkt, das das menschliche Vertrauen (*faith*) selbst hergestellt hat. Schaut man hingegen mit gläubigen Augen darauf, so strahlt das Göttliche so stark auf den Gläubigen zurück, dass sich die Frage, ob es Gott geben kann, nicht stellt. Nach dreihundert Jahren, in denen ein Leben ohne transzendenten Glauben geübt werden sollte, erscheint aber auch diese Rückwirkung des Göttlichen nicht mehr anders denn als eine menschliche Projektion. Der Glaube wird zu einer raffinierten Art der Selbstüberlistung. Man glaubt an etwas, von dem man vergessen will, dass man es selbst herbeiphantasiert hat.

Die Folgen der Säkularisation sind allgegenwärtig. Eine Kraft, die im Monotheismus gebündelt und in der zugehörigen Konfession geformt worden war, ist zu einer diffusen Energie geworden, die in allen Lebensbereichen vorhanden und unsichtbar zugleich ist. Diese säkularisierte Existenzweise des Glaubens ist das Kennzeichen aufgeklärter Gesellschaften. Sie betrifft nicht nur die Glaubensinhalte, sondern ebenso sehr die Glaubensfähigkeit.

¶

Im philosophischen Denken finden sich zwei Argumentationen, die typisch für die säkulare Haltung zum Glauben sind.

Auf der einen Seite wird die Unverfügbarkeit des Geglaubten zur Prüfung des Wissens gemacht, und auf der anderen Seite soll die Grenze der Vernunft zur Begründung des Glaubens werden.

Die Formel für die Prüfungen der Unverfügbarkeit lautet: *Credo quia absurdum*. Ich glaube, weil es absurd ist. Der Kreuzestod und die Wiederauferstehung widersetzen sich dem menschlichen Denken. So wird die Anerkennung von Tod und Wiederauferstehung zu einer Prüfung des Hochmuts. Nur wer seine Rationalität in diesem Punkt zu überwinden versteht, der findet zum Glauben. Ein solcher Glaube verwischt aber den Unterschied zwischen der Demut und der Demütigung. Wenn der Glaube nur durch eine Demütigung des rationalen Denkens erfahren werden kann, so zielt seine Tendenz zwar in die göttliche Richtung, doch ist sein Mittel folgenreich für das Leben des Gläubigen. Denn was soll aus dieser grundlegenden Demütigung folgen? Eine Genügsamkeit allem Gegenüber, was den Verstand zu übersteigen scheint? Und wie soll die Grenze zwischen dem Verstehbaren und dem Nichtverstehbaren gezogen werden?

Die zweite säkulare Auflösung des Glaubensparadoxes ist ähnlich folgenreich. Hier wird die Grenze des Verstehens zum Indiz des Glaubens. Auch diese Bewegung geht Schritte in die Richtung des christlichen Glaubens, doch weicht ihr Weg ebenfalls in einem zentralen Punkt davon ab. Die Erinnerung an die Grenzen der Vernunft gehört zum Wesen der Aufklärung wie des Glaubens. Doch je nachdem, von welcher Seite diese Grenze bestimmt wird, nimmt sie einen anderen Verlauf und hat eine andere Bedeutung. Der Glaube zieht die Grenze aufgrund seiner Erfahrung des Göttlichen. Sie ist lebendige Achtung vor der Schöpfung. Der Gläubige steht auf der Seite der Grenze, die seinem Geist verständlich ist, doch tastet seine Seele auf die andere, unverfügbare Seite und erhofft sich von dort eine Berührung.

Die Rationalität steht ebenfalls auf der Seite der Vernunft, schaut aber in die entgegengesetzte Richtung. Sie zieht die Grenze entlang ihres Wissens und steht dann mit dem Rücken zur Grenze der Transzendenz. Von dort aus richtet sich ihre ganze Aufmerksamkeit auf das, was sie wissen kann. Hinter ihrem Rücken, dort wo das Nichtverstandene beginnt, soll Gott wohnen. Seine vermutete Anwesenheit ist keine Frage, die ins Offene zielt, sondern die beruhigende Versicherung, dass auch hinter dem Rücken der Rationalität noch alles in Ordnung ist. Der Glaube wird zu einer Funktion der Rationalität, die ihre Widerspruchsfreiheit nur dadurch sicherstellen kann, dass sie die Transzendenz in einen von Vernunft umhegten Bereich verwandelt. Das Göttliche wird zu einer psychischen Funktion, die dem weltlichen Ordnungsbedürfnis dient. Wird Gott als Prothese für die Defekte des menschlichen Geistes gedacht, ist es wiederum naheliegend, Gott als Projektion für die unerlösten Wünsche und unlösbaren Fragen (Kant und Feuerbach), als Manipulationsmittel der Macht (Marx), als Symptom einer Neurose (Freud) oder als sterbliche Idee (Nietzsche) zu erklären.

In beiden Fällen – der Absurdität und der rationalen Unverfügbarkeit – schafft das säkulare Denken ein Bild des Glaubens, das seinem Nichtglauben entspricht. Im Fall der Absurdität wird der Glaube als eine selbstbewusste Leistung in der Unterwerfung vorgestellt, und im Fall der Transzendenz, die als vernünftige Erklärung für das Unerklärliche dient, wird der Glaube zu einem vorläufigen Sachwalter der Rationalität, der so lange geduldet wird, bis die Wissenschaft auch diese Rätsel gelöst haben wird. Beide Antworten zeigen, wie der säkulare Geist den Glauben zu einer Funktion innerhalb der weltlichen Vernunft gemacht hat.

¶

Die Unterscheidung in »Vertrauen« – als der psychologischen Seite des Glaubens – und »Religion« – als der Ausformulierung in Erzählungen, Ritualen und Sakramenten – war lange hilfreich. Doch im dritten Jahrhundert der Säkularisation ist diese Unterscheidung oft nur noch ungenau zu treffen. Der Glauben an sich selbst und der Glauben an Gott sind in säkularen Seelen zur wundersamen Gestalt des Individualismus verschmolzen, der in einem endlosen Gespräch über Gott und die Welt verfangen ist. In der unbeantwortbaren Frage, ob es einen Gott gebe oder alles doch nur eine von Naturgesetzen organisierte Materie sei, entfacht sich das innere Zerwürfnis immer wieder neu.

Ich halte diese Diskussion für erschöpft. Es stehen sich zwei Haltungen gegenüber, die beide für sich gute Argumente anführen können. Doch keines der Argumente reicht für den letztgültigen Beweis von Existenz oder Nichtexistenz Gottes. Die Atheisten können mit den Naturgesetzen vieles erklären, aber den Ursprung des Universums und die Existenzweise der subatomaren Materie müssen sie bis heute als Geheimnis respektieren. Ebenso entzieht sich Gott, da er allen sinnlichen Wahrnehmungen und allen menschlichen Gedanken gegenüber transzendent ist, der Beweisbarkeit.[13] Die Atheismus-Debatte ist bis zur Entdeckung neuer Beweise in den Naturwissenschaften oder bis zum Jüngsten Gericht vorläufig beendet.[14] Sie immer wieder zu führen verfehlt die Bedeutung der Glaubensreste in unserer Zeit. Die entscheidende Frage ist nicht, ob es Gott gibt oder nicht, sondern es hat um die unverstandenen Gestalten der vielen seelischen Regungen zu gehen, in denen die Sehnsucht nach der absoluten Gewissheit mit der Skepsis der rationalen Vernunft verschlungen ist.

SÄKULARE SEELEN

Offenbar wußte Gott nicht mehr, was er mit dieser
alten Welt anfangen sollte. Er wollte etwas Neues,
und um damit zu beginnen, war ein Napoleon nötig.
Leon Bloy[15]

Napoleon war nicht nur der glücklose Eroberer Ägyptens, wo er die Unterwerfung der muslimischen Welt unter ein säkulares Europa einleitete, die bis heute ihre Nachwehen hat. Und seine Beutezüge entflammten nicht nur eine christliche Begeisterung für die exotischen Kunstschätze der Pharaonen, in deren Folge die Hieroglyphen entziffert und der Orient zum Sehnsuchtsort überspannter Europäer wurde. Sondern in Napoleon kristallisiert sich auch der Wendepunkt der christlichen Säkularisation, nach dem es kein Zurück in den Glauben des Mittelalters mehr geben konnte.

Hegel erfasste in seinem berühmten Satz »was nicht mehr begriffen werden kann ist nicht mehr«[16] die Notwendigkeit des nahenden Endes des Heiligen Römischen Reichs Deutscher Nation. Die neue Macht Napoleons ließ 1806 das christliche Alte Reich aus der europäischen Ordnung verschwinden. Hegels Satz weist auf die zwei Dimensionen hin, die jedes politische Geschehen hat. Eine Ordnung besteht nicht nur aus Steinen und Verträgen, sondern sie braucht auch eine Legitimation in den Seelen. Wenn niemand mehr daran glaubt, können weder Waffen noch Appelle den Zusammenbruch aufhalten. Napoleon war für Hegel ein welthistorisches Individuum, da er vollzog, was allgemein bereits gefühlt wurde. Das Alte Reich, das seit seiner Gründung im Jahre 800 die christliche Nachfolge des Römischen Reiches beanspruchte, war nicht nur militärisch den napoleonischen Armeen unterlegen, es war auch zu einer Hülle ohne Inhalt geworden.

Das Ende des Heiligen Römischen Reiches steht symbolisch für den Beginn des Zeitalters der Säkularisation. Als juristischer Begriff meinte »Säkularisation« die Enteignung von kirchlichem Besitz und seine Überführung in weltliche Belange. Aus Klöstern wurden Internate, Gefängnisse oder Krankenhäuser, und die kirchlichen Liegenschaften wurden Fürsten oder staatlichen Verwaltungen überstellt. Im Reichsdeputationshauptschluss, dem letzten Rechtsakt des Alten Reiches, wurde bestimmt, dass die Fürsten für ihre linksrheinischen Verluste an Frankreich durch Kirchenbesitz entschädigt werden sollten. Da das Heilige Römische Reich sowohl die weltliche wie die kirchliche Macht vorstellte, konnte es in einem letzten Willen vor seinem Ableben seine Fürsten mit dem Eigentum der Kirche entschädigen. Als dieses vollzogen war, löste sich das tausend Jahre währende Reich mit einer Unterschrift des letzten Kaisers Franz II. selbst auf.

Die geopolitische Revolution führte nicht nur zur Neuordnung Europas, sie machte auch den mühsamen Weg zu den säkularen Gesellschaften frei. Toleranz zwischen den beiden Konfessionen des Christentums und eine Emanzipation individuellen und staatlichen Handelns von kirchlichen Obrigkeiten gelten seitdem als Treiber der Modernisierung. Die Auswirkungen der juristischen Seite der Säkularisation sind bis in unsere Gegenwart im deutschen Finanzsystem spürbar. Als Kompensation für die verlorenen Besitztümer erhalten die Kirchen bis heute Staatsleistungen, die als nicht unbeträchtliche Zahlungen zusätzlich zu den Einnahmen aus der Kirchensteuer fließen. Doch die kulturellen und seelischen Folgen der Säkularisation sind ungleich komplexer und weitreichender.

¶

Schaut man auf die Seite der Umverteilung kirchlichen Besitzes, ist der Unterton des Verfalls, der im Wort von der Säkularisation mitschwingt, von der realen Eigentumsverteilung nicht ausreichend gedeckt. Kirchensteuer und Staatsleistungen sichern bis heute den Reichtum der christlichen Kirchen in Deutschland. Und es erscheint nicht unwahrscheinlich, dass die inzwischen zweihundert Jahre währenden Zahlungen den enteigneten Besitz vielfach ersetzt haben. Betrachtet man die Enteignung der Kirchengüter hingegen unter Aspekten der christlichen Ethik, so erscheint die Säkularisation sogar als Ausweg aus einem jahrhundertelangen Irrweg. Der Verzicht auf weltlichen Reichtum gehört zu den Kernforderungen der jesuanischen Botschaft. Seine Aussage, dass eher ein Kamel durch ein Nadelöhr gehe als ein Reicher in den Himmel, predigt Verzicht.

Der Reichtum und die weltliche Macht vor allem der katholischen Kirche stehen auch innerreligiös unter dauerndem Rechtfertigungsdruck. Die Bettelmönche der Franziskaner und andere Bußprediger, die zum Ende des Mittelalters eine Abkehr von den Sünden des Reichtums forderten, waren schon lange vor dem Zeitalter der Säkularisation laute Gegenstimmen zur Amtskirche. Doch entgegen allem religiösen Protest mehrte und verteidigte die Kirche ihren Besitz über die Jahrhunderte. Denn auch für die Bewahrung des weltlichen Reichtums konnte man theologische Gründe anführen.

Das Christentum ist keine Askese-Religion, die allein im Jenseits eine Erlösung der Seelen verspricht. Das irdische Leben gehört ebenso zum göttlichen Heilsplan. Der Gottessohn starb als Mensch unter Qualen am Kreuz und konnte als Gott wiederauferstehen. Diese zwei Seinsweisen des Erlösers bilden das Fundament des christlichen Glaubens. Seit den urchristlichen Gemeinden gehört die Wohltätigkeit für die Armen zum Kern christlicher Nächstenliebe. So gründeten sich die Kirchen nicht nur als Ort der heiligen Messe, sondern die Kirche entstand als Struktur einer Verwaltung von Spenden und ihrer Verteilung an die Gemeinde. Kirche bedeutet im christlichen Glauben immer das Haus aus Stein und die Ordnung der Seelen in der Institution der Kirche. In der doppelten Aufgabe, den Schatz im Himmel mehren und die Not auf Erden lindern zu wollen, entwickelte sich das Geflecht von Reichtum und politischer Macht, das über tausend Jahre wachsen konnte und erst in der militärischen Neuordnung Europas zerschlagen wurde.

Betrachtet man diesen Weg als Verirrung, die den Schatz im Himmel zunehmend für ein irdisches Leben im Pomp verraten hat, so hätte der Verlust an Macht und Reichtum wie eine Befreiung wirken können. Seit der Konstantinischen Wende im Jahr 313, in der das Christentum zur Staatsreligion gemacht wurde, lastet auf den Schultern der Pfarrer, Bischöfe und Päpste nicht nur der Auftrag, die religiöse Botschaft in der Welt zu verbreiten, sondern auch eine wachsende Amtsmacht in weltlichen Dingen auszuüben. Die Kirche übernahm dabei viele Verwaltungsaufgaben des zerfallenden Römischen Imperiums. Diese Verantwortung wieder abzuwerfen hätte im Anbruch der Neuzeit auch als Befreiung empfunden werden können. Doch weder die neue Armut noch der Verlust an weltlicher Macht hatten eine Renaissance des Christentums der Bergpredigt zur Folge. Das Lamento über die Säkularisation lautet darum: Mit der weltlichen Macht verschwand auch die spirituelle Energie des Glaubens.

Mit dieser Beurteilung beginnt eine bemerkenswerte Verschiebung im Begriff der Säkularisation. Seine juristische Bedeutung wurde auf die Verwandlung des Glaubens übertragen. Heute ist mit »Säkularisation« vor allem der langsame Niedergang des Glaubens gemeint. Das Verschwinden der Religion aus dem öffentlichen Leben, und damit das Schwinden der öffentlichen Glaubensbekundungen, lässt die Welt als religionslos erscheinen. Der Glaubensverlust ist aber ein ungleich komplizierterer Prozess als die Enteignung von Gütern. Jetzt bestimmen die Fragen aus der Entzauberung des Lebens und der Entsakralisierung des Glaubens die Gestalt des Religiösen. Solche Fragen sind nicht mehr in Staatszahlungen umzurechnen, mit denen die verlorene Herrschaft über Territorien kompensiert werden kann.

Wird der Prozess der Säkularisation als ein Schwinden der Kraft des Religiösen verstanden, dann lassen sich die beiden wichtigsten Folgen zwar beschreiben, doch ihre Auswirkungen sind überaus komplex. Säkulare Gesellschaften zeichnen sich dadurch aus, dass die Verwaltung der Güter des Leibes und des Geistes von der Verwaltung der Güter der Seele entkoppelt sind. Und sie zeichnen sich dadurch aus, dass das Verhältnis zur Religion keinen Einfluss auf die individuellen Chancen in der Welt hat.[17] Mit dieser nüchternen Beschreibung sind die meisten äußerlichen Aspekte erfasst.

Doch die Nüchternheit ist selbst schon ein Kind der Säkularisation. Sie weist der Religion einen Platz im Konzert der ausdifferenzierten Sozialsysteme zu. Neben den Hauptaufgaben der modernen Gesellschaft – Bildung, soziales Leben, Ökonomie und Politik – gibt es noch den Nebenbereich der Religion, die sich um die Güter der Seele kümmern soll. Es zeichnet moderne Gesellschaften aus, eine Gewichtung zwischen den verschiedenen Funktionen vorzunehmen. Wirtschaft und Politik nehmen die oberen Plätze in der Hierarchie ein, gefolgt von Wissenschaft, Bildung und Sozialem, und erst dann kommen die Felder der Kunst und Religion, die das Leben schöner oder sinnvoller machen. Eine solche Perspektive folgt bereits der säkularen Beschreibung und verfestigt sie. Denn eine solche Beschreibung spricht nicht mit der Stimme dessen, der einen Verlust erlitten hat, sondern in ihr verschafft sich jemand Gehör, der durch den Verlust etwas gewonnen hat. Die Freiheiten des aufgeklärten Subjekts sind der Gewinn, der aus der Befreiung von religiöser Obhut folgt. Schaut man hierauf aus der Perspektive des Gewinners, kann aber nicht mehr gesehen werden, *was* verloren ging, sondern es wird lediglich konstatiert, *dass* etwas verloren gegangen ist, um etwas Wertvolleres zu gewinnen. Der Unterton des Verlustes, der bei den napoleonischen Enteignungen konkret, aber nicht immer berechtigt war, wird von der seelischen Entwicklung der Moderne, in der er tiefgreifende Veränderungen bewirkt, erfolgreich verdrängt.

Säkularisation gilt als Wegbereiter einer umfassenden Modernisierung. Sie wird zu einem anderen Wort für die Erfolgsgeschichte der Aufklärung und Emanzipation der Menschen. Dieser Prozess ist kein Anlass für ein Bedenken des Verlustes, sondern er ist Kennzeichen des Stolzes moderner Gesellschaften. Und dem Befund ist schwer zu widersprechen. Das Unheil, das im Namen des Glaubens und im Namen Gottes vollzogen wurde, ist gewaltig. Die Amtskirche hat sich in ihrer 1500-jährigen Geschichte nicht weniger schuldig gemacht als die staatlichen Obrigkeiten. Und nicht wenige Europäer erhoffen sich eine ähnlich positive Entwicklung für die Länder, in denen der Islam herrscht, würde er sich einmal säkularisieren.

Bei der Freude über die Aufklärung wird häufig übersehen, dass Säkularisation nicht für jeden Glauben das gleiche bedeutet und nicht in jeder historischen Lage dieselben Fortschritte verheißt. So ist im Blick auf andere Religionen und im Stolz auf die Leistungen der christlichen Säkularisation das Urteil häufig ungenau. Eine Erinnerung an das »aufgeklärte« 20. Jahrhundert und seine ideologischen Großkriege macht schmerzhaft deutlich, dass das Unheil, das im Namen von säkularen Ideologien begangen wurde, eher als Steigerung der Gewalt zu bewerten ist denn als zivilisatorischer Fortschritt.

Nicht nur die Geschichte des Glaubens, sondern auch die Geschichte der Politik ist eine Abfolge von guten Absichten, die durch menschlichen Fanatismus in ihr Gegenteil verkehrt werden. Dieser Drang zur Übertreibung, der aus Gutem Schlechtes macht, wird uns im Folgenden immer wieder begegnen. Ihn zu begreifen wird die vielleicht größte Herausforderung für unsere säkularen Gemüter sein. Denn lange meinte die aufgeklärte Gesellschaft, mit dem Verlust des religiösen Glaubens auch den Fanatismus hinter sich gelassen zu haben. Doch der Begriff der Aufklärung ist ebenso ambivalent wie der des Glaubens. Es gibt die Aufklärung, die das mühsame Herausarbeiten aus der selbstverschuldeten Unmündigkeit meint. Es gibt aber auch die Aufklärung, die als rigoroses Bescheidwissen zu den Katastrophen des 19. und 20. Jahrhunderts geführt hat und voraussichtlich auch zu den Katastrophen des 21. Jahrhunderts führen wird. Es gibt den Glauben, der Demut lehrt, da er die Existenz in einem Zusammenhang erlebt, der den menschlichen Geist übersteigt. Und es gibt den Glauben, der den Gläubigen zu einem herrschsüchtigen Sachwalter der vermeintlich absoluten Wahrheit macht. Säkularisation schützt ebenso wenig wie Religion vor fanatischem Glauben und radikalen Handlungen. Die Befreiung aus der seelischen Obhut des Religiösen ist keine Garantie, dass die Irrationalität menschlicher Aggressionen nicht ungehemmt zuschlägt.

Die These, die hier untersucht werden soll, setzt sich ebenso von der Verfalls- wie von der Emanzipationsgeschichte ab. Mit »Säkularisation« soll hier nicht die kirchenkritische Politik des 19. Jahrhunderts gemeint sein und ebenso wenig soll die endlose Debatte um die Frage nach einem gültigen Gottesbeweis weitergeführt werden. Der Atheismus ist ähnlich der Religionskritik der Neuzeit vor allem ein kämpferischer Diskurs, der sich harte Bandagen anlegen musste, um gegen die Übermacht der kirchlichen Institutionen und ihrer langwährenden Traditionen überhaupt gehört zu werden. Säkularisation war in ihrem Anfang lebensgefährlich für ihre Vertreter, eine Gotteslästerung für die Priester und eine brisante Provokation für die Gläubigen. Diese Kämpfe sind in der säkularen Welt lange vorbei und müssen nicht weitergeführt werden.

Die Machtlosigkeit der Kirchen hat durch Mitgliederschwund und einen erdrutschartigen Vertrauensverlust aufgrund der zahlreichen Vorfälle von Kindesmissbrauch einen Zustand erreicht, in dem die Kirchen nicht nur um ihre institutionelle Existenz fürchten müssen, sondern in dem vor allem ihre Rolle als öffentliche Stimme der christlichen Botschaft zu verstummen droht. Kirchenkritik mag im konkreten Einzelfall eines priesterlichen Vergehens noch immer notwendig sein, im Sinne einer Aushandlung von gesellschaftlicher Macht ist sie weitestgehend abgeschlossen. Die Kirche ist in Deutschland zur Ruine einer zweitausendjährigen Instanz geworden. Sie braucht auf diesem Weg keine weitere Kritik, sondern, sollte man sich dazu berufen fühlen, sorgende Anteilnahme. Denn der Niedergang ist nicht nur ein ökonomisches Problem schwindender Kirchensteuer und resultiert nicht nur aus der Fülle der Missbrauchsskandale, sondern der Prozess der Säkularisation revolutioniert auf einer tieferen Ebene das Glaubensvermögen. Wenn dieser Umbau der Seelen in dem andauernden Experiment ohne Gott anerkannt und verstanden wird, können die Krisen unserer Zeit, die auch Glaubenskrisen sind, besser verstanden werden.

Säkularisation ist ein innerseelischer Prozess, der eine doppelte und darum verwirrende Richtung eingeschlagen hat: Säkularisation führt zu einer Religion ohne Glauben, und sie führt zu einem Glauben ohne göttliche Gewissheit. Religion ohne Glauben und Glauben ohne Gewissheit klingen wie paradoxe Widersprüche. Denn macht nicht gerade der Glaube die Religion aus und ist nicht die Gewissheit Voraussetzung und Resultat des Glaubens? Doch gerade diese irritierenden Widersprüche sind die Kennzeichen von Religion und Glauben in der säkularen Gegenwart. Folgt man diesen Widersprüchen, so wird sichtbar, dass die Moderne auf dem paradoxen Fundament der Glaubensreste wächst, die sie im Selbstbewusstsein der Säkularisation überwunden zu haben glaubt.

¶

Bei den vielfältigen Aspekten der Säkularisation fällt auf, dass einer der wesentlichen Ausgangspunkte im Christentum selbst liegt. Dass Gott sich in seinem Sohn den Menschen ausgeliefert hat, gründet den Glauben in zwei verschiedenen Dimensionen. Gott ist das Unerreichbare, dem wir Menschen uns nur gläubig nähern können. Und zugleich ist sein Sohn Mensch geworden. Er ist also mit den menschlichen Sinnen zu begreifen, und das Erscheinen Gottes in der Welt ist zu einer historischen Zeit geschehen. Der christliche Gott ist nicht in einem brennenden Dornbusch oder mit Blitz und Donner erschienen, sondern in der Gestalt eines konkreten Menschen. Gott selbst hat sich verweltlicht, um den Menschen in menschlicher Gestalt begegnen zu können.

Die jesuanische Lehre der Nächstenliebe ist eine Konsequenz dieser göttlichen Säkularisation. Jesus hat keine komplizierten Rituale gestiftet, wie Gott besser zu preisen ist, und er hat auch keine neuen Gesetze erlassen, wie Gott im Leben zu dienen ist. Jesu Lehre bezieht sich auf das Miteinander der Menschen. Wer die Lehre der Nächstenliebe beachtet, der dient Gott. »Was ihr am geringsten meiner Brüder getan habt, das habt ihr an mir getan.« (Matthäus 25, 40) Die religiöse Revolution des Christentums besteht darin, dass sie den Glauben an Gott mit einer innerweltlichen Ethik so verknüpft hat, dass das Heilige zum Garanten des menschlichen Gesetzes wird. Der Glaube an einen Gott, der Mensch geworden ist und der die Sterblichkeit des Menschseins überwunden hat, öffnet den Geist für die Wahrheit der Nächstenliebe, und er gibt die Kraft, dieses Gebot auch leben zu können.

Das Christentum stürzte die vormaligen Götter, indem es eine Religion begründete, die ein Leben in zwei Reichen lehrt. Bereits in der Theologie des Augustinus, also nur hundert Jahre nach der Konstantinischen Wende, findet diese anspruchsvolle Form des Glaubens ihre systematische Ausformulierung.[18] So wie das Reich Gottes und das weltliche Reich gleichzeitig existieren, lebt der Gläubige in seiner Gemeinde und im persönlichen Gebet mit Gott. Die menschliche Fehlbarkeit ist im Zentrum des christlichen Glaubens verortet. Eine Religion, die nicht nur in den Sonderwelten des Klosters und der Meditation praktiziert wird, sondern die sich in die Belange der Gegenwart einmischt, hat nicht die Reinheit von allen Sünden zum Ziel. Sie stellt sich in die Mitte der menschlichen Taten und ihrer Sündhaftigkeit. Das Christentum knüpft ein Band zwischen dem göttlichen Auftrag, seinen Nächsten zu lieben, und der Realität, in der der Mensch aus dem »krummen Holz« ist, das keine reine Lehre erfüllen kann.

Da das Christentum in diesen zwei Reichen verortet ist,

nimmt es nicht nur den Menschen in seiner Fehlerhaftigkeit an, sondern es bietet auch jedem religiösen Gemüt eine Tür, seinen Glauben im Gebet zu finden. Es ist nicht nur ethische Forderung, sondern auch Trost in den vielen Notlagen. Denn dass das Leben nicht nur in rationalen Kategorien erfasst werden kann, ist angesichts von Geburt und Tod und angesichts von Krankheit und Gewalt offensichtlich. Das Bedürfnis, für die Fragen, auf die die Welt keine Antworten geben kann, eine Adresse jenseits der Welt zu finden, gehört zum Menschen, seit er das Paradies verlassen musste.

Die Inkarnation Gottes in seinem Sohn ist das Ereignis, in dem sich die Sphären der Transzendenz mit der Sinnenwelt berühren. Die Inkarnation wird in jeder heiligen Messe wiederholt, wenn Brot und Wein in den Leib und das Blut Christi verwandelt werden. Der katholische Glaube vollzieht dieses Ritual im vollen Sinne der Bedeutung. Die heilige Messe ist die Wiederholung des ersten Abendmahles, das Jesus mit seinen Jüngern gehalten hat. Wenn die Gläubigen dieses Ritual wiederholen, so ist der Leib und der Geist Christi unter ihnen. Er ist real anwesend, da Brot und Wein sich in Christus verwandelt haben. Ein solches Ritual benötigt den Glauben der Gemeinde, damit es vollzogen werden kann, und es bestärkt die Gemeinde in ihrem Glauben, da sie gemeinsam der Anwesenheit Christi gewahr wird.

Steht ein solches Ritual im Zentrum des Glaubens, so eröffnet es aber bereits den Prozess der Säkularisation. Denn im Unterschied zu den Ritualen der antiken Mysterienreligionen oder jüdischen Opfergaben findet die heilige Handlung nicht nur durch den Priester statt, sondern die ganze Gemeinde ist anwesend und dient als Zeuge der magischen Wandlung. Die christliche Messe ist ein Ort, an dem alle

Menschen willkommen sind, da alle Menschen die Kinder Gottes sind. Diese Öffnung des Heiligen für das Alltägliche ist im Ritus des letzten Abendmahles begründet. So ist die öffentliche Feier der heiligen Wandlung eine der Eigenarten, die den säkularen Prozess befördern, weil sie das Göttliche für das Alltägliche zugänglich machen.

Ein Mysterium, das seine Aura dadurch bewahrt, dass niemand seiner teilhaftig werden darf, ist vor der Entzauberung besser geschützt als ein Ritus, der seine Heiligkeit dadurch bekommt, dass die Gemeinde ihn öffentlich vollzieht. Durch die Offenheit der Messe ist nicht nur der gläubige Geist anwesend, sondern alle Arten von säkularer Infragestellung sind möglich. Die Messe kann eben auch der Ungläubige besuchen und der sieht dann die Inszenierung des Heiligen, über die er als kritischer Zeitgenosse oder Theaterbesucher nachdenken kann.[19] Die Einladung der Messe, die an alle Menschen ergeht, riskiert, sich auch den ungläubigen Blicken auszusetzen und dadurch zu einer profanen Handlung zu werden.

Doch diese Öffnung ist essentiell für das Christentum. Denn auch seine Lehre der Nächstenliebe ist kein religiöses Gesetz, über dessen Einhaltung eine Kaste von Priestern wacht, sondern eine geistige Einstellung, die jeder Einzelne in seinem Leben finden muss. Wer zu dieser liebenden Sicht auf die Welt findet, der findet in sich den Glauben. Und wer den Glauben in sich findet, der findet die Liebe zur Welt. Dass nicht erst dieses Ende einer Suche, sondern schon ihr Anfang nicht allein in der Macht des Menschen steht, ist jedem einsichtig, der im Angesicht des Feindes seine Nächstenliebe verliert. Der christliche Glaube ist der menschlichste und zugleich der für Menschen am wenigsten erreichbare

Glaube. Darum ist es keinem Menschen möglich, allein aus eigener Kraft zum Glauben zu finden. Wer glaubt, ist sich bewusst, dass Gott ihm diese Gnade gewährt hat. Denn ohne die göttliche Gnade ist es dem Menschen verwehrt, glauben zu können. In dieser gedanklichen Schleife liegt das religiöse Zentrum des christlichen Glaubens. Die Folgen sind weitreichend und führen wiederum zur Säkularisation.

Die offensichtlichste Folge ist, dass der Mensch, der nach dem Glauben sucht, erfährt, dass er ihn nicht finden wird, solange er meint, ihn aus eigener Kraft erreichen zu können. Die erste Einsicht des Glaubenssuchenden betrifft seinen Hochmut, und sie verlangt, ihn abzulegen. Nur wer demütig um die Gnade des Glaubens bittet, kann hoffen, ihn zu erlangen. Doch hier wartet bereits die nächste Hürde. Denn wer darauf spekuliert, dass seine Demut ihn zum Glauben führt, der ist hochmütig. Der Weg zum christlichen Glauben führt nicht durch die weltabgewandte Meditation oder das Ritual eines Mysteriums, sondern er führt mitten durch das menschliche Leben. Nur wer sich seiner eigenen Grenzen bewusst wird und sich zu seinen eigenen Schwächen bekennt, zeigt, dass er nicht an seiner Selbsterhöhung arbeitet, sondern sich bereit macht, um die Gnade zu empfangen. Wir können nicht glauben wollen, wir können nur würdig werden, zum Glauben zu finden. Es gibt also keinen direkten Weg zu Gott, sondern nur die unzähligen Irrwege durch die Welt. So ist der Weg zum Glauben eine Reise, die sich der Säkularisation aussetzt. Und in einer dialektischen Pointe könnte man sagen, dass ohne Säkularisation kein christlicher Glaube möglich ist.

POLITISCHE THEOLOGIE

Der Prozess der Säkularisation gehört zum Wesen des Christentums. Und doch scheint sich seit der historischen Enteignung von Kirchenbesitz im 19. Jahrhundert der Prozess in einer bisher unbekannten Weise dynamisiert zu haben. Man könnte von einer beschleunigten Säkularisation der im Christentum angelegten Verweltlichung sprechen. Oder anders ausgedrückt: Die säkulare Gesellschaft scheint die Bindung zwischen den transzendenten Aspekten des Glaubens und ihren irdischen Realisierungen aufgelöst zu haben. Die Inhalte der vormals religiös hergeleiteten Lehren werden fortgeführt, doch benötigen sie nicht mehr ihre Gründung im Glauben. Man glaubt an die Gleichheit der Menschen, ist aber kein Christ, der an einen Gott glaubt, vor dem alle Menschen gleich sind. Vor allem dieser Aspekt der Säkularisation hat die Denker des 20. Jahrhunderts fasziniert. Und die Liste der weltlichen Einrichtungen, die christliche Vorstellungen in ihre eigenen säkularen Formen übersetzt haben, ist beeindruckend. Berühmte Beispiele hierfür sind[20]:

- Das von der hegelianisierenden Geschichtsphilosophie prognostizierte Ende der Geschichte ist wahlweise die säkulare Form des Paradieses oder der Apokalypse. Je nach politischer Einstellung mündet der Weltenlauf im globalen Bürgerkrieg oder der Weltrevolution. Die Revolutionsbegeisterung nährt sich von Heilserwartungen, die zur Gewalt gegen alle wird, die diesen Glauben nicht teilen. Und auch in unserer Zeit streiten sich die endzeitlichen Zukunftsvisionen, ob die Zivilisation in der Klimakatastrophe endet oder zur schönen neuen Welt führt, in der Roboter und Künstliche Intelligenz unser Leben optimieren.[21]

- Das moderne Arbeitsethos soll die profane Anwendung der mönchischen Askese sein. Vervollständigt wird diese Transformation noch durch Max Webers berühmte Herleitung des Kapitalismus aus dem Geist des Protestantismus. Für ihn sind die Ungewissheit der Gnadenwahl und die daraus resultierende Arbeitsmoral wesentliche Treiber des Frühkapitalismus. Da sich kein Protestant gewiss sein konnte, ob er der göttlichen Gnade würdig ist, und da er nicht wie die Katholiken durch Beichte und gute Taten sein Schicksal positiv beeinflussen konnte, verfielen die angsterfüllten Seelen auf eine seltsame Kommunikation mit Gott. Wer viel Geld erarbeitet und diesen Reichtum nicht für ein luxuriöses Leben verschwendet hat, der darf den Kapitalzuwachs als Indiz deuten, dass Gott ihm gnädig gestimmt ist. Wer unermüdlich arbeitet und dabei reich wird, kommt dem Himmel etwas näher. Schaut man sich die Regionen der Welt an, in denen der Kapitalismus die dominante Ökonomie ist, so wirkt diese Verbindung von protestantischem Arbeitsethos und ökonomischem Erfolg bis heute äußerst plausibel.
- Die Schulden und die Schuld sind nicht nur im Wortstamm bis heute eng miteinander verwandt. Seit dem Sündenfall sind alle Menschen mit einer Schuld gegenüber Gott geboren. »Vergib uns unsere Schuld«, wird im Vaterunser bis heute gebetet. Dass die Schulden nicht nur Teil

eines rationalen Wirtschaftshandelns sind, sondern in ihnen eine göttliche Dimension von Schuld aufscheint, prägt bis heute jede ökonomische Kommunikation. Staatsschulden werden nicht einfach als Preis berechnet, den der Staat bereit ist, für Investitionen zu zahlen, sondern sie werden als ein Versündigen an zukünftigen Generationen behandelt. Und private Schulden sind nicht nur ein ökonomisches Risiko, sondern sie bringen den Schuldner in die Nähe des Sündenfalls, für den »im Schweiße seines Angesichts« und pünktliche Zahlungen gebüßt werden muss. Schulden unterscheiden sich von anderen Wirtschaftshandlungen. Wer Schulden macht, macht sich noch immer in einem religiösen Sinne schuldig. Und lange galt, dass derjenige, der Geld verleiht und hierfür einen Preis verlangt, sich ebenfalls gegen Gott versündigt.[22]

- Eine weitere Parallele zur absoluten Ungewissheit des Heils findet sich in der Physik. Spätestens seit den Erkenntnissen der Quantenphysik sind die Gewissheiten der Naturgesetze erschüttert. Seither gibt es zwei verschiedene Systematiken – die Quantengesetze und die Newton'sche Physik –, die sich gegenseitig ausschließen. So wie die göttliche Ungewissheit die Anstrengungen des Glaubens hervorruft, nährt die physikalische Ungewissheit die Hoffnung auf ein alles erklärendes Prinzip. Der Laplace'sche Dämon ist eine Phantasie, in der sämtliche Naturgesetze und alle Informationen über die Lage und Beschaffenheit der Atome im Universum bekannt sind. Dieser Annahme zufolge ließen sich alle vergangenen Ereignisse vergegenwärtigen und auch alle zukünftigen Ereignisse vorhersagen. Eine solche wissenschaftliche Erlösungsphantasie erinnert an die Allmacht Gottes.

- Die bis heute politisch folgenreichste Wirkung hat der christliche Universalismus der Menschenwürde. Die allgemeinen Menschenrechte sind unschwer als eine säkulare Übersetzung des christlichen Gebots der Nächstenliebe zu erkennen. Alle Menschen sind vor Gott gleich und sie sollen es auch vor den Menschen sein.
- Und der berühmte Satz von Carl Schmitt, »Alle prägnanten Begriffe der modernen Staatslehre sind säkularisierte theologische Begriffe«,[23] gehört zur geistesgeschichtlichen Grundausstattung. Der *politische Souverän* ist die göttliche Macht auf Erden. Der *Ausnahmezustand* ist die Unterbrechung der Gesetze in der Apokalypse oder durch göttliche Wunder. Und die *Gesetze* selbst sind die Ausformulierung der Zehn Gebote, die Gott den Menschen gab. Die weltanschauliche Stoßrichtung von Carl Schmitt ist hierbei nicht unwesentlich. Sein Angriff gilt dem säkularen Staat, den er durch die Erinnerung an seine theologischen Wurzeln vor den Irrwegen der Massendemokratien bewahren will. Der konservative Kritiker, als der er sich selbst sieht, erfüllt damit wiederum eine religiöse Funktion. Der *katechon* ist der Aufhalter, von dem erstmals im 2. Paulus-Brief an die Thessalonicher berichtet wird. Der Aufhalter stemmt sich dem Antichrist entgegen. Der *katechon* hat vor allem in der konservativen Politik des 20. Jahrhunderts eine Wiederauferstehung erlebt. So hat sich nicht nur Carl Schmitt als *katechon* gegenüber dem Bolschewismus der Sowjetunion verstanden, sondern der großrussische Ideologe Alexander Dugin hat ein Institut mit dem Namen »Katehon« gegründet, das seit dem Beginn des Ukrainekriegs 2014 Propaganda zur Rechtfertigung einer russischen Vormacht in der Welt produziert. Im US-amerikanischen

Wahlkampf 2024 sind Stimmen aus dem evangelikalen Lager zu hören, die Donald Trump als »Aufhalter« feiern. Er sei der Gottgesandte, der die teuflische Politik der Demokraten, die sich vor allem in der Erlaubnis der Abtreibung manifestiere, verhindern könne.[24] Es gibt auch einen Christianismus, so wie es den Islamismus als ideologischen Missbrauch des Islam gibt. Die USA und Russland sind auf dem Weg, das Christentum in seiner evangelikalen oder orthodoxen Konfession für ideologische Zwecke zu missbrauchen, weit fortgeschritten.

Der *katechon* gehört zu den weniger bekannten politisch-theologischen Begriffen, seine Funktion ist aber unausgesprochen präsent in allen politischen Bewegungen, die sich gegen eine vermeintlich falsche Entwicklung der Geschichte stemmen. Die Brisanz dieses Begriffs liegt in seiner religiösen Dimension, die weit über die Alltagspolitik hinausweist. Denn der katechontische Widerstand gegen den Gang der Zeit ist nicht nur eine Kritik an den bestehenden Verhältnissen, sondern er erfüllt einen göttlichen Auftrag. Der *katechon* steht darum über den weltlichen Gesetzen. Vor allem zur ersten Jahrtausendwende entstanden im christlichen Europa unzählige Sekten, die das Ende der Zeiten gekommen wähnten. Und zur zweiten Jahrtausendwende mehren sich die Anzeichen, dass sich wiederum verschiedene endzeitliche Bewegungen bilden, die als Katechonten einer »Letzten Generation« die Apokalypse aufhalten wollen.

– Mit der Parusieverzögerung wird ein weiteres christliches Phänomen in die säkulare Welt übertragen. Am Beginn des Christentums verbreitete sich die Lehre, dass der jüngste Tag nah sei und der von den Toten auferstandene Messias zurückkehren werde. Doch mit jedem Jahr, in dem das Reich Gottes ausblieb, verstärkte sich die Legitimationskrise der christlichen Prediger, die von der baldigen Wiederkehr gesprochen hatten. So entstand ein umfangreicher theologischer Apparat, mit dem das Ausbleiben des Weltendes erklärt werden sollte. Seitdem gehört die Erwartung des Himmelreichs (Parusie) und ihre Verzögerung zum emotionalen Grundklang des Christentums. In der Apokalypse des Johannes wird die Offenbarung des Jüngsten Gerichts mit einer Vielzahl von Schrecken eingeleitet. Der Wiederkehr des Heilands geht der Antichrist voraus. Die Verzögerung der Parusie ist darum auch eine Zwischenzeit, in der die Welt noch nicht untergeht. Dass es fünf Minuten vor zwölf ist, gilt darum als Gnadenfrist und zugleich als Mahnung, dass die Zeit auf Erden nicht unendlich währt. Und dass es seit inzwischen zweitausend Jahren fünf Minuten vor zwölf ist, verweist darauf, dass die Zeiger der Himmelsuhr in einem göttlichen Maß gehen, das den Menschen unverständlich ist. Es kann sein, dass die Zeiger mit einem Ruck auf das Ende der Welt vorschnellen, es kann aber auch sein, dass sie noch lange dort verweilen werden. Jederzeit mit der Apokalypse zu rechnen gehört darum ebenso zur christlichen Weltzeit wie das Gottvertrauen, dass es noch lange fünf vor zwölf bleiben wird.

Katechon und Parusie stehen in einem engen Verhältnis zueinander. Der *katechon* bezieht seine Energie aus der Gewissheit, dass er dazu berufen ist, die Zeiger der Uhr aufzuhalten. Von daher spielt er in der christlichen Theologie eine widersprüchliche Rolle. Er stemmt sich dem Antichristen entgegen, und zugleich greift er damit in den unbekannten göttlichen Heilsplan ein. Der *katechon* lebt in dem Glauben, dass seine Lebenszeit die Epoche ist, in der die letzte Schlacht um das Heil der Menschheit geschlagen wird. Diese Gewissheit verleiht ihm das besondere Selbstbewusstsein, in göttlichem Auftrag zu handeln. Da es nichts gibt, was zu einem höheren Lebenssinn verhilft, als der Glaube, in der eigenen Lebensspanne die Geschicke der Welt zum Guten wenden zu können, ist die Rolle des *katechon* bei allen Revolutionären und Reaktionären äußerst beliebt.

¶

Zum Abschluss dieser Skizze der säkularisierten theologischen Inhalte liegt es nahe, die aktuell populärste Ausprägung des katechontischen Denkens zu erwähnen. Die beiden Glaubenssätze der Klimabewegung sind offensichtlich christlich begründet: der Glaube an die Erbsünde des Menschen und die Warnung vor der Apokalypse. Die Klimaproteste sehen die Erdsysteme auf Kipp-Punkte zurasen, ab denen sich die Katastrophe selbst verstärkt und dadurch so beschleunigt, dass es kein menschliches Aufhalten mehr geben kann. Als Ursache betrachten sie die Sündhaftigkeit der Menschen, die allein durch ihre gewöhnliche Lebensführung so viel CO_2 in die Atmosphäre blasen, dass die Erde sich erhitzt. Umkehr kann allein ein umfassender Sinneswandel bewirken.

Die Metanoia, die zur Abkehr von der Sünde und Hinwendung zum Glauben führt, gilt als zentrales Ereignis göttlichen Wirkens in der Welt. Die säkulare Form der Klimaproteste will die Umkehr jedoch nicht durch eine demütige Bitte um Gnade erwirken, sondern durch die dem Protest eigenen Provokationen. Die Proteste sind die säkulare Wiederholung des Auftrags des *katechon*, der jetzt nicht die Apokalypse, sondern den Klimakollaps aufgrund der Sünde des CO_2-Ausstoßes aufhalten soll. Aus dem Auftrag, die Apokalypse aufzuhalten, leitet sich die manichäische Selbstgewissheit ab, die Menschen in Gut und Böse einzuteilen.

Hiermit tritt eine zum Christentum rivalisierende Glaubensform wieder in Erscheinung. Unter dem theologischen Begriff der Gnosis werden die vielfältigen Aspekte der manichäischen Bewegungen zusammengefasst. Eines ihrer Hauptkennzeichen ist die Einteilung der Welt in eine absolut böse und eine absolut gute Seite. Diese Seiten sind radikal voneinander getrennt. Die Seite des Guten hat die Möglichkeit, durch Wissen (*gnosis*) den Weg zu Gott als dem absolut Guten zu finden. Der Leitspruch der Klimaproteste »Follow the science« ist die säkulare Wiederholung des gnostischen Glaubens, durch Wissen zur Erlösung zu gelangen. Und die Einteilung in diejenigen, die den Klimawandel aufhalten wollen, und diejenigen, die mit ihrem sündigen Tun fortfahren, entspricht der manichäischen Zweiteilung.

Diese unbemerkte Wiederkehr der Gnosis inmitten der Spätmoderne gehört zu den abgründigen Folgen der Säkularisation. Die Bilder und Erzählungen, mit denen die Gegenwart über sich selbst klar zu werden versucht, könnten aber besser verstanden werden, wenn die Glaubensreste in ihnen erkannt würden. Die religiöse Dimension anzuerkennen wäre die Voraussetzung, um die Blockaden der Gegenwart auflösen zu können. Doch die Gnosis unserer Zeit zu verstehen, wird einige Anstrengungen kosten. Denn zuvor muss ein weiterer Aspekt der Säkularisation erläutert werden.

Die Liste der Phänomene, in denen sich einstmals christliche Anschauungen in der säkularen Welt wiederfinden, ist beeindruckend. Die These, dass die neuzeitliche Welt versucht, die alten Fragen der Religion auf eine neue Art zu beantworten, erscheint plausibel. Doch vielleicht ist die These bereits die Folge eines säkularen Blicks auf die lange Geschichte der Religionen. Es könnte sich also lohnen, die Blickrichtung einmal zu verändern. Von dem Philosophen Hans Blumenberg stammt die faszinierende Beobachtung, dass es in jeder Gegenwart Fragen gibt, die aus der Vergangenheit kommen.[25] Diese Fragen bringen eine doppelte Schwierigkeit mit sich. Zum einen können die Fragen aus der Vergangenheit eine »falsche« Frage für die Gegenwart stellen. Damit ist gemeint, dass sie nach etwas fragen, was in der Gegenwart keine wesentliche Bedeutung mehr hat.

Das zweite Problem entsteht daraus, dass die Gegenwart für die Fragen aus der Vergangenheit vielleicht keine Antwortmöglichkeiten mehr hat. Diese fehlenden Antworten werden dann aber nicht als richtige Reaktion auf unpassende Fragen aus einer anderen Zeit bewertet, sondern sie erscheinen wie ein Mangel der Gegenwart gegenüber der Vergangenheit. Vor allem diese Verdrehung von Ursache und Wirkung liefert konservativen Weltanschauungen ihre Argumente. Die Gegenwart erscheint dann als weniger »tief«, da sie auf die alten Fragen keine Antworten mehr geben kann. Schauen wir uns diese doppelte Problemlage zuerst an einem Beispiel aus der Antike und dann aus der säkularen Gegenwart an.

Die antike Philosophie provozierte das Urchristentum mit der Frage nach der Unsterblichkeit der Seele. In der platonischen Philosophie ist die Unsterblichkeit der Seele ein zentraler Garant für die Möglichkeit, wahre Aussagen treffen zu können. Der antike Mensch sah sich in eine kosmische Ordnung gestellt. Der einzelne Mensch konnte diese Ordnung im besten Falle begreifen. Doch ein solches Begreifen ist nur denkbar, wenn die Seele als Teil des Kosmos vorgestellt wird. Die Erkenntnishürde für den menschlichen Geist besteht also darin, einen wahrheitsfähigen Kontakt zur unsterblichen Seele zu finden. Die Seele weiß alles, da sie Teil des göttlichen Kosmos ist, doch der menschliche Geist ist durch seine Alltagsvernunft oft abgeschnitten davon. Die Ideenschau der Philosophen sucht nach einem Zugang zum Kosmos, so wie die rituellen Opferhandlungen einen positiven Kontakt zu den Göttern suchen.

Der polytheistische Gläubige sah sich als Teil einer kosmischen Ordnung. Sein Denken und Wollen war dann wahr und gut, wenn es im Einklang mit dieser Ordnung stand. Eine solche kosmische Ordnung, in der der Mensch durch rituelle Opfer und philosophisches Denken seinen angemessenen Platz findet, stellt an die Religion des Christentums zahlreiche Fragen. Die Episode in der Apostelgeschichte, in der Paulus den athenischen Philosophen auf dem Areopag von der neuen Lehre des Christentums berichtet, ist signifikant für den Abgrund zwischen diesen beiden Glaubensformen. Solange Paulus von der Geburt und dem Wirken eines neuen Gottes erzählt, hören ihm die Philosophen interessiert zu. Doch sobald er von der Auferstehung des Heilands berichtet, brechen sie in Gelächter aus und verlassen das Gespräch. In einer solchen Erzählung stimmt für sie nichts. Denn wie soll ein Gott von Menschen getötet worden sein? Und was für ein schrecklich naives Bild der Unsterblichkeit ist das, wenn ein Gekreuzigter nach drei Tagen leiblich wieder zum Leben erwacht? Ein Gott, der am Kreuz wie ein Verräter sterben kann, ist kein Gott. Und eine leibliche Auferstehung ist kein angemessenes Bild für die Unsterblichkeit der Seele.

Die leibliche Wiederauferstehung des gekreuzigten Gottes beleidigte die philosophische Raffinesse der antiken Denker. Sie nahmen die Erzählung des Paulus als Vorschlag für einen neuen Mythos, und dieser Vorschlag ist in ihrem Gelächter abgelehnt worden. Dass diese Episode in der Apostelgeschichte an prominenter Stelle erzählt wird, zeugt hingegen von dem Selbstbewusstsein, das schon die Urchristen gegenüber der griechischen Philosophie hatten. Ihre zentrale Frage nach der Stellung der Seele im Kosmos fanden sie durch Kreuzigung und Wiederauferstehung radikal neu und sehr viel besser beantwortet als in platonischer Ideenschau und geopferten Rindern.

Dennoch bereitete die antike Sehnsucht nach einer Kenntnis über die Zeit nach dem Tod den Kirchenvätern einige Probleme. Denn Jesu Tod tilgte zwar die Sünden der Welt, aber damit war noch nichts ausgesagt über die Zeit nach diesem Leben. In der Parusie wurde zwar das Ende der Zeiten vorhergesehen, doch wann dieses Ende sein würde, war ebenso unklar wie die Beantwortung der Frage, was genau dann im Reich Gottes die Seelen erwarten würde. Die Antwort auf die Frage, wo die unsterbliche Seele bis zum jüngsten Tag verweile, blieb ebenso ungewiss wie die Entscheidung, die dann über sie getroffen werden würde. Jenseits des Paradieses gibt es keine wahren Aussagen über das Leben im Paradies.

Die Ungewissheit der Gnadenwahl war eines der vielen komplizierten Folgeprobleme, die aus der antiken Frage nach der Unsterblichkeit der Seele resultierten. Der Missbrauch, den die Kirche mit der Ungewissheit der Gnade übte, führte dann zu den Verwerfungen des mittelalterlichen Christentums. Die unsterbliche Seele wurde zu einer Handelsware, die mit Ablassbriefen ihre Reise ins Paradies absichern konnte. Um den Handel mit der Seelenverbesserung anzukurbeln, musste ein Erweiterungsbau im Jenseits vorgenommen werden und eigens die Vorhölle erfunden werden. Die Zone zwischen Himmel und Hölle wurde wie ein schauriges Untersuchungsgefängnis phantasiert, in dem die Seelen auf ihre Erlösungstauglichkeit hin geprüft wurden. Je größer die angekündigte Seelenpein, desto williger waren die Lebenden, diese Untersuchung durch gute Gaben zu beeinflussen. Je mehr Geld für Messen ausgegeben wurde, desto näher sollte die Freilassung der gequälten Angehörigen rücken.

Der Mythos einer Vorhölle hätte die antiken Philosophen wahrscheinlich fasziniert, da er ihrer tragischen Freude an Gerichtsverfahren und langwierigen Qualen entsprochen hätte. Doch unter ihren philosophischen Gesichtspunkten war spätestens hier die Verbindung von Seele und kosmischer Ordnung zerbrochen. Eine Seele, die von glühenden Zangen malträtiert werden kann, damit die Lebenden ihr Geld der Kirche geben, ist ein Schauermärchen ohne jeden philosophischen oder religiösen Gehalt. Dass dieser Irrweg der römisch-katholischen Kirche zum zweiten Schisma des Christentums geführt hat, ist nicht nur plausibel, sondern erscheint wie eine besonders abgründige Einmischung göttlicher Gerechtigkeit in menschliche Irrwege. Man kann anhand der antiken Frage nach der Unsterblichkeit der Seele also feststellen, dass diese Frage der christlichen Theologie zahlreiche Probleme bereitet hat. Ihre Antworten sind nicht immer befriedigend ausgefallen, und an einer zentralen Stelle gingen sie so sehr in die Irre, dass sie zum Protestantismus geführt haben.

Blumenbergs These, dass Fragen aus der Vergangenheit zu problematischen Antworten in der Gegenwart führen können, wirft ihr Licht auf die fragwürdigen Ausschnitte der jeweiligen Epochen. Wie sieht es nun mit den Fragen des Christentums an die säkulare Moderne aus? Zwei Fragen fallen hier besonders ins Gewicht: Der Glaube an einen Gott, der allwissend und allgütig ist, stellt eine unlösbare Provokation für die Moderne dar. Und die schon mehrfach erwähnte Frage nach dem Seelenheil und deren ungewisse Antwort gehören in veränderter Form zu den grundlegenden Fragen des modernen Menschen. Wie sehen die säkularen Antwortversuche aus?

¶

Bis zur frühen Neuzeit inkarnierte sich die absolute Macht Gottes in einem ebenso absolut mächtigen weltlichen Herrscher. Die Könige waren von Gottesgnaden mit der letztgültigen Entscheidung in weltlichen Dingen geadelt. Die Entscheidungsinstanzen tragen bis in unsere Gegenwart schwer an diesem Anspruch auf und zugleich der Erwartung an eine letztgültige Legitimation. Hier wäre wiederum an Carl Schmitt zu erinnern, der in seiner *Politischen Theologie* den Resten der göttlichen Souveränität in den weltlichen Organen demokratischer Staaten nachspürte. Dass diese Untersuchung zwangsläufig die Institutionen des modernen Staates als defizitär bewertet, verwundert nicht. Im Vergleich zu einer absolut gültigen und unfehlbaren Macht kann der moderne Rechtsstaat nur wie ein unperfekter Kompromiss wirken. Sobald die sozialen Regeln nicht mehr in einer göttlichen Instanz begründet werden, bleibt nur die menschliche Fehlbarkeit. Wer einen guten König erhofft und einen zaudernden Politiker erlebt, der für seine Wiederwahl das Blaue vom Himmel lügt, der kommt zu einem vernichtenden Urteil über die Demokratie.

Was die Aufklärung als Ausgang aus der selbstverschuldeten Unmündigkeit betrieben hat, erscheint aus der Perspektive der vorherigen religiösen Fragestellung wie ein Gang in die Hölle der Kontingenz. Kontingenz könnte man als das Wundermittel, das alle Wunder beseitigt, bezeichnen. Die technische Definition der Kontingenz lautet, dass etwas möglich, aber nicht notwendig ist. Damit wäre der Umriss der säkularen Antwort auf die christliche Frage nach dem absoluten Souverän gezeichnet.

Aufklärung arbeitet am Bewusstsein von der Kontingenz der Welt. Was vorher als ewige Ordnung erschien, wird zum menschengemachten Gesetz. Was vorher notwendig so sein musste, wird skeptisch befragt und erscheint als mögliche Wahl in einer Welt, die viele Antworten bereithält. Waren die Menschen zuvor Gottes Kinder, die durch Geburt einen festen Platz in der Welt hatten, wird der aufgeklärte Mensch zum Bildner seiner eigenen Biographie. Und war die weltliche Macht eine Verlängerung des göttlichen Arms, so entkoppeln sich die politischen Entscheidungen in der sozialen Welt von den religiösen Gesetzen. Vor allem die Wissenschaften verdanken dieser Emanzipation ihren rasanten Wissenszuwachs. Aber auch die sozialen Systeme, die das alltägliche Leben organisieren, differenzieren sich immer weiter aus. Individualismus, wissenschaftliche Erkenntnis und gesellschaftliche Entwicklung treiben sich seitdem gegenseitig an, und diese Bewegung wird als Fortschritt positiv bewertet.

Doch es ist nicht zu übersehen, dass das Kontingenzbewusstsein Folgekosten verursacht, die von den sozialen Systemen und individualisierten Subjekten nicht vollständig getragen werden können. Diese Problematik wurde in der berühmten Aussage des Staatsrechtlers Ernst-Wolfgang Böckenförde eingängig formuliert: »Der freiheitlich, säkularisierte Staat lebt von Voraussetzungen, die er selbst nicht garantieren kann.«[26] Der Fortschritt, der aus der Entkoppelung von religiösen Geboten entsteht, führt zu einer Gesellschaft der Kontingenz, die ihr eigenes Fortbestehen nicht allein mit den Mitteln der Kontingenz gewährleisten kann. Diese Beobachtung findet seither immer wieder neue Beispiele, die ihre Plausibilität bestätigen. Je liberaler Gesellschaften werden, desto schärfer werden die Reaktionen der konservativen Kräfte, und je größer die Freiheitsansprüche des Individuums werden, desto umfassender werden die Regeln, die das liberale Zusammenleben organisieren. Die Dialektik der Kontingenz lautet darum: Je mehr Freiheiten es gibt, desto feinmaschiger müssen diese reglementiert werden. Die Freiheit der Kontingenz scheint einer Bindung zu mangeln, die mit den Mitteln der Kontingenz nur unzureichend zu ersetzen ist.

Im Zeitalter des Menschen stellen sich die Folgeprobleme dieser Dialektik des Fortschritts besonders dringlich dar. Der menschengemachte Klimawandel und die soziale Ausdifferenzierung führen zu Bedrohungsszenarien, die die zivilisatorischen Rettungsversuche überfordern. Die zeitgemäße Übersetzung des Böckenförde-Diktums lautet darum: Die ökonomisch erfolgreiche, säkularisierte Gesellschaft produziert Zerstörungen in der Welt, in den sozialen Systemen und in den Seelen, die sie selbst nicht mehr reparieren kann.

Die Moderne steht vor einem doppelten Problem. Zum einen führt die Frage nach der absoluten Souveränität zu Antworten, die die Emanzipation als Verlust von Bindungen abwerten. Freiheit provoziert Rufe nach Ordnung, und Unsicherheit verlangt nach starker Führung. Zum anderen ist das Zerstörungspotential der bindungslosen Kontingenz so groß, dass der Fortschritt seine eigenen Folgekosten nicht auffangen kann. Im Klimawandel treten uns diese Kosten mit der Gewalt von Naturkatastrophen entgegen. In den sozialen Systemen tritt die Zerstörung einerseits mit der Gewalt der ideologisch geformten Massenbewegungen auf, und andererseits zeigt sie sich in der Vereinsamung des erschöpften Subjekts. Die Entfesselung der Kräfte, die aus der Säkularisation folgt, führt zur gewaltigen Steigerung der technischen Möglichkeiten und zugleich zur Zerstörung der seelischen und natürlichen Grundlagen, die alles Leben braucht.

Auf diese Lage könnte man nun aus zwei verschiedenen Perspektiven schauen. Von der religiösen Seite aus betrachtet, wirkt die säkulare Gesellschaft wie eine ausweglos falsche Antwort auf die religiöse Frage nach der absoluten Macht, die unser aller Leben in Händen hält. Wo Gott war, ist das selbstherrliche Individuum geworden. Von der säkularen Seite her betrachtet, erscheint die religiöse Sehnsucht nach der absoluten Instanz als Gift, das in der Fortschrittsgeschichte zu immer wiederkehrenden Phasen der Regression geführt hat. Wo Freiheit wuchs, ist autoritäre Reaktion entstanden. Im 20. Jahrhundert sind die tödlichen Ideologien des Faschismus und des Stalinismus besonders grausame Rückschläge, doch auch das 21. Jahrhundert ist nicht frei von regressiven Tendenzen, die sich in den tribalistischen Formen der Identitätspolitik zeigen.

¶

Wie steht es in dieser Lage um die unbeantwortbare Frage, die vom Christentum in die Neuzeit getragen wurde? Die antike Frage nach der Unsterblichkeit der Seele hatte das Christentum zur theologischen Höchstleistung in Erlösungsfragen provoziert. Diese Frage nach der Erlösung konfrontiert wiederum die säkulare Gegenwart mit einer Erwartung, die sie mit ihren eigenen Denkmitteln nicht befriedigen kann. Das Seelenheil gehört für gläubige Menschen zu dem Wertvollsten, was sie bewahren wollen. Der berühmte Satz aus dem Matthäus-Evangelium (16, 26) erfasst die Dimension dieser Sorge: »Was hülfe es dem Menschen, wenn er die ganze Welt gewönne und nähme doch Schaden an seiner Seele?« Ob die Seele nach dem Tod erlöst wird, gehört zu den existentiellen Fragen. Dass es auf diese Frage keine Antwort zu Lebzeiten geben kann, gehört wiederum zum Wesen des Glaubens. Gottes Wege sind unergründlich, darum zeugt jeder Versuch, diese Wege mit menschlichem Geist ausfindig machen zu wollen, von mangelndem Glauben und ist Ausdruck von sündiger Neugierde.

Die *curiositas* gehört zu den sieben Todsünden. Und ebenso ist es eine Sünde, Gott durch gute Taten oder gar Opfergaben bestechen zu wollen. Wer glaubt, mit Gott handeln zu können, der stellt sich auf eine Stufe mit ihm. Der gefallene Lieblingsengel Luzifer ist die theologische Warnung an alle, die meinen, mit Gott auf Augenhöhe verhandeln zu dürfen. Um sein Seelenheil zu bewahren, kann der Mensch nur versuchen, ein gläubiges Leben zu führen. Doch jedes Gefühl der Sicherheit, nun endlich das Seelenheil erlangt zu haben, ist der sichere Beweis, dass Hochmut und Neugierde stärker waren als der Glaube und die Hoffnung. So steht der Gläubige in der permanenten Spannung, etwas bewahren zu wollen, das er nicht bewahren kann. Die Ungewissheit der Gnadenwahl wird so zum Kern aller Übungen in Demut.

Die Ungewissheit der Gnadenwahl führt jedoch, wenn man der These von Max Weber folgt, im Protestantismus zum genauen Gegenteil. Der Protestantismus säuberte die Ethik von den religiösen Verunreinigungen, die der Katholizismus im Laufe der Jahrhunderte angesammelt hatte. Die Ohrenbeichte, bei der die Absolution von allen Sünden erlangt werden kann, wird ebenso als Irrweg beseitigt, wie die Werkheiligkeit, in der gute Taten die Seele aufpolieren. Gute Taten, die Gott beeindrucken sollen, oder Geldspenden an die Kirche führen nicht ins Paradies, sondern sind Ausdruck eines verkommenen Unglaubens wie in der polytheistischen Praxis *do ut des*.

Nur die strenge Befolgung der protestantischen Ethik kann ein wenig Hoffnung stiften. Fleiß, Sparsamkeit und ein bescheidenes Auftreten in Kleidung und Sprache sind Ausdruck eines gottgefälligen Lebens. Jeder Anflug von feierlichem Luxus ist in der Ausgestaltung der Kirchen oder des Alltags verboten. Und ebenso verpönt ist der seelische Luxus, sich mit großer Geste als Gläubigen inszenieren zu wollen. Sich Gott anmerken zu lassen wird zu einer paradoxen Aufgabe. Denn jede absichtliche Demutsgeste verkehrt sich augenblicklich in ihr Gegenteil und erscheint als hochmütige Zurschaustellung. Je weniger sich der Glauben in Kleidung, Handlungen und Sprache zeigen darf, desto tiefer wandert er in die Seelen. Und dort setzt die Radikalisierung der Gnadenungewissheit die Energien frei, die zum Aufschwung der Arbeitsgesellschaft und kapitalistischen Ökonomie geführt haben. Wenn es keine Möglichkeit gibt, durch ein gutes Leben die Gewissheit der Gnade zu erhöhen, und wenn es keine Indizien geben kann, die die eigene Erwähltheit anzeigen, bleibt nur, sich mit aller religiösen Inbrunst in die Geschäfte des Lebens zu stürzen.

Das Arbeitsethos ist die neuzeitliche Gestalt der Askese. Galt die Askese früheren Kulturen als Weg zur spirituellen Erleuchtung oder als notwendige Prüfung in religiösen Ritualen, ist sie im Puritanismus zur alltäglichen Arbeitspflicht geworden. »Nicht Muße und Genuß, sondern nur Handeln dient nach dem unzweideutig geoffenbarten Willen Gottes zur Mehrung seines Ruhms. Zeitvergeudung ist also die erste und prinzipiell schwerste aller Sünden.«[27] Im Unterschied zur mittelalterlichen Todsünde der Trägheit ist der Müßiggang nun sündhaft, weil er die Gelegenheiten, die Gottes Welt den Menschen gibt, ungenutzt lässt. Die Sünde der *accedia* besteht in einer Trägheit der Seele, deren Nachtseite gerade in einer leeren Betriebsamkeit liegen kann. Der Müßiggang des Puritaners ist ein Vergehen gegen Gottes Plan. »Denn wenn jener Gott, den der Puritaner in allen Fügungen des Lebens wirksam sieht, einem der Seinigen eine Gewinnchance zeigt, so hat er seine Absichten dabei. Und mithin hat der gläubige Christ diesem Rufe zu folgen, indem er sie sich zunutze macht.« Der Gewinn, der aus dem Handel in der Welt gezogen werden kann, ist also nicht nur ein Indiz für die Gottesnähe der Seele, sondern er ist eine Pflicht, der nicht zu gehorchen eine Sünde ist. Wer nicht nach Gewinn strebt, der lebt gegen Gottes Willen.

In die letzte Konsequenz wird diese Arbeits-Askese dadurch getrieben, dass sie den Reichtum nicht genießen darf. Der Gewinn ist ein Gotteslohn, der nicht ins irdische Paradies des guten Lebens führen darf. »Die innerweltliche protestantische Askese [...] wirkte also mit voller Wucht gegen den unbefangenen Genuß des Besitzes, sie schnürte die Konsumtion, speziell die Luxuskonsumtion, ein. Dagegen entlastete sie im psychologischen Effekt den Gütererwerb von den Hemmungen der traditionalistischen Ethik, sie sprengt die Fesseln des Gewinnstrebens, indem sie es nicht nur legalisiert, sondern direkt als gottgewollt ansah.«[28]

Vor allem dieser Aspekt gilt als Treiber der kapitalistischen Entwicklung. Denn nicht nur die Arbeit der Produktion wird nun als Beruf im Sinne einer göttlichen Berufung anerkannt, sondern auch der Beruf des Gelderwerbs kann sich nun als Gottes Gnade würdig erweisen. Max Weber sind die Folgen der religiös angefeuerten kapitalistischen Industrialisierung überaus bewusst. »Der Puritaner wollte Berufsmensch sein – wir müssen es sein.« Und der alles zusammenfassende Satz zeichnet in prognostischer Schärfe den Bogen bis in unsere Gegenwart: »Denn indem die Askese aus den Mönchszellen heraus in das Berufsleben übertragen wurde und die innerweltliche Sittlichkeit zu beherrschen begann, half sie an ihrem Teil mit daran, jenen mächtigen Kosmos der modernen, an die technischen und ökonomischen Voraussetzungen mechanisch-maschineller Produktion gebundenen, Wirtschaftsordnung erbauen, die heute den Lebensstil aller Einzelnen, die in dies Triebwerk hineingeboren werden – nicht nur der direkt ökonomisch Erwerbstätigen –, mit überwältigendem Zwang bestimmt und vielleicht bestimmen wird, bis der letzte Zentner fossilen Brennstoffs verglüht ist.«[29]

Aus dem »Mantel« der Sorge um die äußeren Güter, den die Puritaner sich um die Schulter legen wollten, ist das »stahlharte Gehäuse« der modernen Arbeitsgesellschaften geworden. »Indem die Askese die Welt umzubauen und in der Welt sich auszuwirken unternahm, gewannen die äußeren Güter dieser Welt zunehmende und schließlich unentrinnbare Macht über den Menschen, wie niemals zuvor in der Geschichte. Heute ist ihr Geist – ob endgültig, wer weiß es? – aus diesem Gehäuse entwichen.«[30] Der einstmals religiöse Glaube ist für Max Weber endgültig säkularisiert und geistert als die heilige Berufspflicht durch unser aller Leben.

Die Triebkraft der religiösen Glaubensnot wandelt sich in die unendliche Produktivkraft des unternehmerischen Subjekts. Die Akkumulation des Kapitals tritt an die Stelle der guten Taten, und das eigene Bankkonto ersetzt den Ablasshandel römisch-katholischer Seelenhändler. Diese Beobachtung von Max Weber erklärt nicht sämtliche Aspekte der Entstehung des Kapitalismus im 17. Jahrhundert, aber sie wirft ein erhellendes Licht auf die starken Seelenkräfte, die durch die protestantische Ethik freigesetzt wurden.

Die Antworten der Neuzeit auf die alten Fragen des Christentums können also auch darin bestehen, dass die Religion sich verändert und damit eine Veränderung in der säkularen Welt befördert. Wohl kein Kapitalist des 21. Jahrhunderts würde seinen unendlichen Drang nach immer mehr Reichtum mit der Not der Gnadenungewissheit erklären. Und wohl kein Politiker würde den Zwang, das jährliche Wirtschaftswachstum anzukurbeln, mit dem Wunsch erklären, ein gottgefälliges Leben führen zu wollen. Und doch gründen sich die Fiktionen eines unendlichen Wachstums wie eines unendlichen Reichtums in einer religiösen Tiefenstruktur, die umso wirkungsvoller ist, je weniger ihre gläubige Dimension erinnert wird.

¶

Die Fernwirkung des Seelenheils bleibt nicht auf die Ummünzung in kapitalistische Triebkräfte begrenzt. Die Moderne wimmelt von Antwortversuchen auf die Frage, ob man erlöst oder verdammt ist. Der Existentialismus bietet hier sicherlich den berühmtesten Antwortenkatalog. Die »transzendentale Unbehaustheit«, die zu einer absurden Welt führt, in der jede Fingerbewegung die atomare Vernichtung auslösen kann, hat die nervösen Massengesellschaften hervorgerufen. Die Gestalt der Moderne könnte man auch skizzieren als eine Masse erschöpfter Menschen, die in einer Welt kollektiver Angst leben, in der jeder seine individuelle Rettung sucht.

Die Auswirkungen der Heilsungewissheit finden also in jeder Phase der Neuzeit zu neuen Ausdrucksformen. Die Krankheit zum Tode, von der Søren Kierkegaard schrieb, und der Untergang des Abendlandes, den Oswald Spengler fürchtete und erhoffte, gehören sicherlich zu den folgenreichsten Diagnosen. In der Gegenwart wimmelt es hingegen von Ratgebern, die ein Leben voller Sinn in einer hektischen Welt versprechen. Und auch die Prediger des Untergangs finden immer neue Themen, an denen sie ihre immergleiche Botschaft aufhängen können. Seit der Parusieverzögerung vor 2000 Jahren steht die europäische Seelen-Uhr auf kurz vor Weltuntergang. Das Leben vor dem Abgrund und in der Ungewissheit, wie es um das Seelenheil bestellt ist, scheint ein robuster Motor abendländischer Kultur zu sein. Alle Versuche, eine abschließende Lösung zu finden, sind zum Scheitern verurteilt. Stattdessen sind die abgründigen Seelen der Europäer zum permanenten Kampf gezwungen und trotz der Angst vor dem Ende weiterzuleben – und wegen der Sorge, was danach kommt, niemals mit der Anstrengung aufzuhören.

Würde man die Fragen nach Seelenheil und Apokalypse von dem christlichen Heiligenschein befreien, könnten sie wohl zutreffender als Abgrund und Angst beschrieben werden. Doch vielleicht ist gerade ihr christliches Gewand der Hauptgrund, warum nicht nur Verzweiflung aus der Ungewissheit resultierte, sondern auch die Schönheit der Kunst und die nicht enden wollenden Anstrengungen des Geistes, das Leben so verstehen zu können, dass es gut sein möge.

Blumenbergs These, dass aus vorherigen Epochen Fragen in die Gegenwart transportiert werden, die hier nicht mehr beantwortet werden können, scheint insofern wahr, als sich viele solcher unbeantwortbaren Fragen heute finden lassen. Die Mühen, die diese Fragen bereiten, sind nicht nur ein Beweis für ihre historische Überkommenheit, sondern sie sind auch ein Hinweis darauf, dass es Fragen gibt, die gerade weil sie sich nicht beantworten lassen, die interessantesten Antworten provozieren. Die Geschichte der Säkularisation ist auch die Geschichte der Antworten, die Menschen gesucht haben, die nicht mehr fest in einem Glauben leben, aus dem die Fragen hervorgegangen sind. Diese unmöglichen Antworten schreiben die bis heute nicht abgeschlossene Geschichte der Neuzeit.

FALSCHE PROPHETEN

Nehmt euch in Acht vor denen, die in Gottes Namen
auftreten und falsche Lehren verbreiten!
Sie kommen zu euch, getarnt als Schafe,
aber in Wirklichkeit sind sie reißende Wölfe.
Lukas 6, 43–45

Die Säkularisierung ist kein einheitlicher Prozess. So wurde aus einem juristischen Begriff, der die Enteignung von Kirchenbesitz bedeutet, ein historischer Begriff, mit dem das Verschwinden religiöser Zeichen aus dem öffentlichen Leben gemeint ist, um schließlich ein philosophischer Begriff zu werden, mit dem das komplexe Verhältnis von Glaubensinhalten und ihrem ungläubigen Gebrauch benannt wird. Dieses Verhältnis kann dann von zwei Seiten beschrieben werden. Man kann den säkularen Gebrauch einst heiliger Werte als Verfall beschreiben, so wie Carl Schmitt und die konservative Kritik der Moderne es tun. Oder man kann wie Hans Blumenberg die Perspektive umdrehen und erkennt dann, wie die religiösen Ausdrucksformen Fragestellungen in die jeweils nächste Gegenwart tragen, die hier zu vielfältigen Inspirationen, aber auch zu unlösbaren Problemen führen können.

Es gibt im Verhältnis von Religion und Politik aber einen weiteren wichtigen Aspekt, den keine der beiden Perspektiven ausreichend berücksichtigt. Innerhalb der christlichen Religion verläuft eine Unterströmung, die Einfluss sowohl auf die kirchliche Lehre als auch die politische Repräsentation gehabt hat. Diese Strömung existiert bereits so lange, wie es das Christentum gibt. Sie wird »Gnosis« genannt, da sie dem menschlichen Wissen (altgriechisch γνῶσις) eine herausragende Bedeutung für den Glauben und die Rettung der Seele zuspricht. Diese Glaubensform wurde zu allen Zeiten von der katholischen Kirche bekämpft und doch hat sie immer wieder großen Einfluss auf die gesellschaftlichen Entwicklungen genommen.

Der Religionsphilosoph Eric Voegelin, der 1938 vor den Nazis in die USA fliehen musste, hat sein ganzes Forscherleben das Nachleben der Gnosis in der Neuzeit untersucht. Die Schreckensherrschaft des Faschismus ist für ihn ebenso Ausdruck der Gnosis wie die Ideologien des Stalinismus und Maoismus. Das Resümee seiner Untersuchung lautet, dass die Gnosis die Erlösung des Menschen nicht mehr im Glauben an einen transzendenten Gott sucht, sondern im Menschen selbst die Erlösung sieht. Die Folge dieser Verschiebung ist radikal. Denn Menschen, die an ihre Selbsterlösung glauben, betreten einen Weg, an dessen Ende sie selbst Gott sind. Die politische Gnosis führt zwangsläufig zu falschen Propheten. Die Tendenz zur Selbsterlösung ist unschwer in den Ideologien des 20. Jahrhunderts zu erkennen. Da die Geschichte der Selbstvergottung bis in die Antike zurückreicht, spricht vieles dafür, dass sie von einer tiefen Sehnsucht des Menschen gespeist wird. Voegelins Beitrag zum Verständnis der säkularen Gegenwart besteht darin, die weit zurückreichenden Wurzeln der fanatischen Heilslehren aufzuzeigen.

Die Gnosis reagierte in der Antike auf die gleiche Frage, die dem Urchristentum zu schaffen machte: Wie ist es um die Unsterblichkeit der Seele bestellt? Die Antwort der Gnosis radikalisiert die Frage und findet dafür ihre folgenreiche Lösung. Die Radikalisierung besteht darin, dass Welt, Kosmos und auch Gott jeweils in zwei Gegensätzen auseinanderfallen. Es gibt den bösen Schöpfergott, der eine Welt und einen Kosmos geschaffen hat, in denen das Böse herrscht. Und es gibt einen guten Heilsgott, der in die Welt und in jeden Menschen seinen Funken gegeben hat. Beide Seiten sind vollständig voneinander getrennt und stehen seit dem Beginn in einem Kampf. Die Erklärungsleistung der Gnosis ist offensichtlich, denn das Theodizee-Problem des christlichen Gottes löst sich schlagartig auf. Die Frage, warum ein guter Gott all das Böse in der Welt zulassen kann, findet eine einfache Antwort: Es gibt einen ebenso starken bösen Gott.

Der Heilsweg des Gnostikers beginnt mit der behaupteten Erkenntnis dieser Zweiteilung. Der erste Schritt zur Erlösung besteht für ihn darin, sich und seine Seele als Gefangenen in der realen und schlechten Welt zu begreifen. Nach dem Schock über die unendliche Grausamkeit soll das ganze Bestreben dahin gehen, sich von der schlechten Welt zu befreien. Die gnostische Lösung von der bösen Welt führt aber auf einen Weg, der sich grundlegend vom Christentum unterscheidet. Nicht Gottes Gnade wird uns retten, sondern jeder muss den göttlichen Funken, der in ihm wohnt, zum Feuer der Erkenntnis entfachen. Alle Erkenntnis braucht zwar den ersten Funken, der von Gott kommt, doch dafür, den Funken zum Feuer der Erkenntnis zu entflammen, ist allein der Mensch verantwortlich. Gesteigert wird diese Selbstverantwortung noch dadurch, dass das Menschenleben vollständig in der Hölle des bösen Weltenschöpfers vollbracht werden muss.

Die Einflüsse der platonischen Ideenlehre sind deutlich. Aus der unsterblichen Seele, mit der die Ideen des Kosmos jedem Menschen verfügbar sind, ist der göttliche Funke geworden, der sich gegen das Böse behaupten muss. Und ebenso ist die politische Schlussfolgerung der Gnosis ähnlich zur platonischen Staatslehre. Denn bei beiden ist nur eine intellektuelle Elite befähigt, die Ideen schauen oder den Funken entfachen zu können. Doch die Gnosis radikalisiert die Unterscheidung von Gut und Böse. Es gibt ein Göttliches in der Welt und in der Seele, doch es ist sowohl gut wie böse. Die richtige Entscheidung zu treffen wird zur Aufgabe des Menschen. Nur wer es schafft, betritt den Weg der Erlösung. Alle anderen sind dazu verdammt, in der bösen Welt zu leiden.

Die Gnostiker empfanden sich als eine solche Glaubenselite. Die Ausformulierung ihres Wegs zur Erlösung nimmt die Gestalt eines verwickelten göttlichen Dramas an. Am Beginn der Schöpfung fällt aus der göttlichen Sphäre ein Funke in eine böse Welt. Dort gerät der Funke in Gefahr und muss darauf hoffen, wieder befreit zu werden. Das Neue Testament erzählt dieses Drama als die Leidensgeschichte von Gottes Sohn, der in die Welt geschickt wird, um die Sünden der Menschen auf sich zu laden. Die Gnosis erzählt das Drama der Sünde abstrakter. Die göttliche Gnade, die sich im Evangelium in dem Vater zeigt, der seinen eigenen Sohn für die Menschen opfert, ist in der Gnosis eine schwere Prüfung für alle Menschen, die den verglimmenden Funken in sich zum Licht der Erkenntnis entfachen müssen.

Wird das Drama der Erlösung in dieser gnostischen Form erzählt, so hat das Folgen für die Gestalt des Glaubens. Wenn jeder einzelne Mensch sich auf den Weg machen muss, um seinen Funken zum Leuchten zu bringen, wird der unendliche Abstand zwischen dem Göttlichen und dem Irdischen zu einem weltlichen Bildungsweg. Nicht mehr Gott erlöst die Menschen, sondern sie müssen selbst den Weg zur Erlösung finden. Die phantasiereichen und auch chaotischen Schilderungen dieses Weges machen einen Hauptteil der gnostischen Schriften in der Antike aus. Die Verbindungen zwischen den beiden getrennten Welten werden mit unzähligen Mittlern und Hindernissen ausgeschmückt. Der Auf- und Abstieg von der gottlosen Welt in die höheren Sphären wird in den gnostischen Texten von manchem Prediger und Heiligen mühevoll durchlaufen und gilt als schwieriger, aber planbarer Weg zur Erkenntnis. Die christliche Erzählung, wie Gott Mensch wurde, um die Menschen zu retten, bekommt die Form eines phantastischen Bildungsromans, in dem der Glaubensakt zu einer Arbeit der Erkenntnis wird, die sich durch Wanderungen im Raum des Geistigen bewältigen lässt.

Seit der Antike stehen die christlichen Verteidiger des Glaubens als einem Akt göttlicher Gnade den Vertretern der Gnosis gegenüber, die die Erkenntnis zwar mit hohen Hürden umstellen, deren Überwindung aber allein Aufgabe des Menschen ist. Der christliche Glaube ist eine seelische Leistung, zu der der Mensch nur fähig wird, wenn ihm das Geschenk der göttlichen Gnade zuteilwird. Die Erkenntnisleistung der Gnosis begründet sich zwar auch in dem göttlichen Funken, dass er genährt wird, hängt jedoch maßgeblich von der Arbeit des Einzelnen ab. Der christliche Glaube ist ein Geschenk, auf das jeder Aussicht hat, das aber nur der empfängt, der befähigt ist, es auch anzunehmen. Der gnostische Glaube ist eine dauerhafte Prüfung des Geistes, bei der die Stufen der Erkenntnis mit den Stufen des Glaubens verschmelzen.

¶

Historisch wird der Aufschwung der Gnosis mit dem Niedergang des Römischen Reiches in Verbindung gebracht. Die Not und Unsicherheit dieser Zeit brachte zahlreiche religiöse Sekten hervor, die die Erde als ein Jammertal beschrieben haben und einen Ausweg hieraus anboten. Die politische Schutzlosigkeit in einem zerfallenden Imperium wird zur Grundstimmung der Weltangst. Die imperiale Obdachlosigkeit und Zukunftsangst werden zur existentiellen Grundlage der Gnosis, die Jacob Taubes als Rettungsversuch des menschlichen Seins nach der Vertreibung aus dem Paradies begreift: »Der gemeinsame Grund [der Gnosis] ist die Entfremdung von Gott und Welt und damit die Selbstentfremdung des Menschen.«[31] Die Selbstentfremdung kann als anderes Wort für Gottes Fluch gelten. Ihre Auswirkungen reichen bis in die Gegenwart und finden in den unterschiedlichen weltanschaulichen Systemen ihren Niederschlag. Hier kristallisiert sich die metaphysische Sorge, in einer unheimlichen Welt leben zu müssen und doch sein Seelenheil dabei nicht zu verlieren, in den verborgenen Traditionslinien der Gnosis, die von der Antike bis zum Existentialismus des 19. Jahrhunderts und den Erlösungsideologien des 20. Jahrhunderts reichen. Die Gnosis ist der im Christentum verborgene Resonanzraum eines säkularen Glaubens. In ihm können sich die falschen Propheten der Selbstvergottung versammeln.

Der größte Unterschied zwischen beiden Glaubensformen besteht darin, dass der christliche Umgang mit dem Göttlichen an der Ungewissheit des Glaubens festhält. Die Transzendenz bleibt eine fremde Instanz, die von menschlichem Bewusstsein und Wollen nicht erreicht werden kann. Der Glaube ist darum eine permanente Einübung in Demut unter ein Gebot, dessen Urheber und seine Absichten nicht abschließend zu ergründen sind. Die Gnosis hingegen »überwand die Ungewißheit des Glaubens dadurch, daß sie sich von der Transzendenz abwandte und den Menschen in seinem innerweltlichen Handlungsbereich mit dem Sinn einer eschatologischen Erfüllung ausstattete«.[32]

In der Gnosis sind die beiden Fundamente des christlichen Glaubens – die Sterblichkeit, die demütig macht, und die Offenbarung der Gottnähe, die hoffnungsvoll macht – durch eine Gut-Böse-Mechanik ersetzt. Demut und Hoffnung sind nicht mehr die beiden Seiten der Waage, die sich gegenseitig in der Balance halten, sondern sie sind Startpunkt und Ziel eines Weges, den der menschliche Geist bewältigen muss. Die Demut des Glaubens im Angesicht des Kreuzes wird durch eine Zwei-Welten-Lehre ersetzt. In der Gnosis verbindet sich der antike Mythos eines Kosmos, in dem man sich orientieren kann, mit dem christlichen Glauben an einen guten Gott zu der Vorstellung, dass der christliche Gott so erreichbar ist, wie die antiken Götter es durch Opfer und Riten waren. In der Gnosis wird der christliche Hang zum Hochmut zur treibenden Kraft der innerweltlichen Erlösung.

Folgt man dieser Interpretation der Gnosis, so fügen sich alle ihre theologischen Mühen zum Phänomen der Selbstvergottung zusammen. Die gnostische Zweiteilung der Welt in Gut und Böse bietet eine robuste Orientierung, bei der sich die Gnostiker auf der Seite des Guten befinden. Indem nicht mehr auf Gott gewartet werden muss und seine Entscheidung über die Glaubenstauglichkeit außer Kraft gesetzt wird, können sich Kräfte im menschlichen Streben entfalten, die bisher unbekannt waren. Die gnostische Revolution befeuert sich selbst, da der Erkenntnisgewinn zugleich als Belohnung für die erbrachte Arbeit empfunden wird. Es muss auf kein Jenseits mehr gewartet werden, sondern die Eroberung der Gegenwart birgt genügend Ressourcen für reichen Lohn. Die innerweltliche Erlösung wird immer greifbarer, je sichtbarer die Erfolge des entfesselten menschlichen Bewusstseins werden. Die moderne Zivilisation begreift sich darum auch in der Tradition der Gnosis als Erfolgsgeschichte, die auf ihrem Weg zur besten aller Welten unaufhaltsam voranschreitet.

¶

Wie robust die Grundmuster gnostischen Denkens die Zeiten überdauern, zeigt Eric Voegelin an dem historischen Beispiel der Puritaner im 17. Jahrhundert. Die Bezeichnung »Puritaner« geht auf deren Lehre zurück, die eine Reinigung des katholischen Christentums fordert. Ermöglicht wurde der Puritanismus in England durch die neue Religionsfreiheit aufgrund der Reformation. Politisch war die Bewegung zeitweise überaus erfolgreich. Oliver Cromwell war ein führender Puritaner und wurde nach dem Staatsstreich gegen König Karl I. Staatsoberhaupt Englands. Doch nach seinem Tod kehrte die Monarchie zurück, da die äußerst strenge Moral der Puritaner bei der Bevölkerung verhasst war. Nach dem

Scheitern der puritanischen Revolution emigrierten viele Puritaner nach Nordamerika, wo sie eine wichtige Rolle bei der Besiedelung und der Staatsgründung einnahmen. Die starke Stellung der Religionsfreiheit in der US-amerikanischen Verfassung ist auch eine Reaktion auf die vormalige Verfolgung des puritanischen Glaubens.

Diese religiöse Bewegung ist also nicht nur in England politisch erfolgreich gewesen, sondern sie gehört zum religiösen Fundament der USA. Voegelin erkennt in dieser christlichen Bewegung die gnostischen Wurzeln, die dem Glauben seine radikale Tendenz gegeben haben. Die Zweiteilung der Welt in Gut und Böse führt bei den Puritanern dazu, dass sie sich selbst als Auserwählte fühlen, die sich einer Welt voller Übel gegenübersehen. Hier bildet sich erstmalig in der Neuzeit die Besonderheit gnostisch-politischer Bewegungen aus, die bis zur Gegenwart immer wieder in Erscheinung tritt. Aus dem Glauben, dass sich zwei feindliche Lager in der Welt gegenüberstehen, erwächst die politische Überzeugung, dass man selbst zum Lager der Guten gehört. Was logisch nicht unbedingt zwingend ist, erscheint aber der politischen Gnosis wie die Verwirklichung des göttlichen Gesetzes. Logisch wäre es ebenso denkbar, dass aus dem Glauben, die Welt sei in Gut und Böse eingeteilt, folgt, dass man selbst auf die Seite des Bösen gehört. Doch diese Möglichkeit wird durch die zweite Besonderheit der Gnosis verhindert, die bis heute zur emotionalen Grundausstattung revolutionärer Bewegungen gehört. Man selbst gehört auf die Seite des Guten, weil man so sehr unter dem Bösen leidet. Das eigene Gefühl, unter der Welt zu leiden, wird zum Beweis, dass man nicht böse sein kann.[33] Unschwer ist hierin das Ressentiment zu erkennen, das fest davon überzeugt ist, dass man gut sein muss, wenn man unter dem starken Anderen leidet.

Mit diesen beiden Glaubenssätzen entsteht die geschlossene Weltanschauung der falschen Propheten. Das Böse in der Welt ist am eigenen Leiden eindeutig zu erkennen, und die erwachten, da leidenden Seelen der gnostisch Erleuchteten sind dazu verpflichtet, gegen das Böse zu kämpfen. Ihre Angst, Panik, Empörung und Kränkung beweisen, dass sie von Gott gesandt sind. Und wer an Gott glaubt, der muss ihnen folgen. Wer ihnen hingegen nicht folgt, beweist damit, dass er nicht an Gott glaubt. Die neue Glaubensselbstgewissheit mündet in einem Zirkelschluss, der sich seitdem in allen politischen Ideologien findet: Wer die »Wahrheit« kennt, folgt den Erwachten, da sie die »Wahrheit« erkannt haben, und ist somit gut. Und wer den Erwachten nicht folgt, der kennt die »Wahrheit« nicht und ist darum böse.

Wer sich also gegen die Bewegung der Erwachten stellt, liefert selbst den Beweis, dass er auf die Seite des Bösen gehört und bekämpft werden muss. Ist eine solche zirkuläre Form des Glaubens und der Politik etabliert, führt sie sich selbst ständig neue Beweise für ihre Richtigkeit zu. Wird beispielsweise die Bewegung der Erwachten kritisiert, ist das der Beweis, wie groß die Macht des Bösen in der Welt ist und wie sehr die Erwachten gebraucht werden. Werden überzeugende Beweise gegen die Bewegung der Erwachten angeführt, zeigt das nur, wie raffiniert das Böse arbeitet und wie sehr die Guten ihre Anstrengung vergrößern müssen, um nicht von den Bösen besiegt zu werden.[34] Diese zirkuläre Logik immunisiert gegen Kritik, da sie jedes Argument als Angriff auf das Gute umwertet, woraus folgt, dass nicht das Argument widerlegt, sondern sein Urheber bekämpft werden muss.

Es überrascht darum nicht, dass schon die Puritaner des 17. Jahrhunderts die Macht der Cancel Culture entdeckt haben. Denn ihre rigide Auslegung von Gottes Wort blieb nicht ohne Widerspruch. Und so konnte es passieren, dass eine andere Auslegung der Bibel auf Zuspruch stieß. Die Puritaner machten sich aber nicht die Mühe, in einer Debatte um die richtige Deutung ihren Standpunkt zu belegen, sondern sie griffen zur Diffamierung der anderen Meinung. Wer die Bibelstellen anders auslegte als die Puritaner, wurde gesellschaftlich boykottiert und moralisch diskreditiert. Jede Kritik wurde verhindert, indem die Mittel der Kritik tabuisiert und die Urheber der Kritik stigmatisiert wurden. Der zwanglose Zwang des besseren Arguments musste nicht erprobt werden, da eine unmittelbare Gewalt gegen die Urheber der falschen Wahrheit angewendet werden konnte. Ist die gnostische Teilung in Gut und Böse etabliert und hat sie die öffentlichen Räume nach ihren Glaubenssätzen umgebaut, ist sie allmächtig. Sie hat ein bis heute angewendetes System erfunden, mit dem politische Bewegungen ihre Mitglieder mit dem nötigen Rüstzeug ausstatten, um kampfkräftig zu werden. Die falschen Propheten haben die Wahrheit im Glauben erkannt, und da die Welt in zwei Lager eingeteilt ist, gehören alle, die diese Wahrheit nicht auch anerkennen, automatisch auf die Seite der Gegner.

Die Folgen für die Entwicklung von Gesellschaften sind weitreichend. Durch die gnostische Revolte wird der religiöse Glaube zu einer Rüstung der Seele. Wer gnostisch glaubt, ist immun gegenüber anderen Meinungen und anderen Glaubensrichtungen. Er kennt nur noch Freund und Feind.[35] Es gibt keinen dritten Ort, an dem Meinungen ausgetauscht oder Argumente geprüft werden könnten. Gnostische Politik lehnt Meinungsfreiheit ab und ist das absolute Gegenteil einer freien Öffentlichkeit. Als wäre dieser autoritäre Zug nicht schon bedenklich genug, ist die zweite Folge noch gefährlicher. Der gnostische Politiker glaubt nicht nur daran, dass er die Wahrheit kennt, sondern er glaubt auch daran, dass er dazu erwählt ist, die Wahrheit gegen die Bösen durchzusetzen. Die Selbsterlösung wird zu einem Auftrag, der für alle Menschen gelten soll. Der gnostisch Erwachte hat nicht nur die Legitimation, allen die Wahrheit zu bringen, sondern er hat die Verpflichtung, alle zur Wahrheit zu zwingen.

In der Verbindung von gnostischem Glauben und politischem Handeln entsteht das, was Voegelin als neue Form der Politik in der Moderne erkannt hat. Er entwickelt seine Untersuchungen im Angesicht der beiden Großideologien zur Mitte des 20. Jahrhunderts. Faschismus und Stalinismus liefern ihm überreichlich Anschauungsmaterial, zu welcher Grausamkeit gnostische Politik fähig ist. Doch die Kennzeichen gnostischer Politik sind bis in unsere Gegenwart beängstigend präsent.

Die drei wichtigsten Merkmale der falschen Propheten sind: erstens, eine Abkopplung der Meinung von rationalen Argumenten. Es kann nicht sein, was nicht sein darf. Zweitens wird der säkulare Glaube als Waffe eingesetzt. Man steht in der Wahrheit, weil man die Wahrheit fühlt, und jeder, der diesem Gefühl widerspricht, stellt sich dadurch auf die Seite des Bösen. Und schließlich das dritte, alltäglichste Merkmal: Moral wird als Waffe verwendet. Die Welt wird in Gut und Böse, Freund und Feind unterschieden, und diese Unterscheidung dient dazu, selbst auf der Seite des Guten zu stehen.

Peter Sloterdijk, der die Gnosis im Gegensatz zu Voegelin vor allem als Religion der Selbstermächtigung begreift, behauptet eine bemerkenswerte Entstehungsgeschichte: »Wenn Prophetismus scheitert, entsteht Apokalyptik; scheitert auch Apokalyptik, so entsteht Gnosis.«[36] So wird Gnosis zu einer Folge enttäuschter religiöser Erwartungen und zugleich zu einer Befreiung aus den Zwängen des Glaubens. Man ist lieber »klug als fromm« und steht nicht in Andacht vor dem Chaos der Schöpfung, sondern fahndet nach den Schlupflöchern der Erkenntnis. Die Gnosis mündet für Sloterdijk in einer raffinierten Selbstüberwindung des Glaubens: »der genichtete Gott wird zum Partner der Seele bei der Entbindung vom Weltzwang.«[37] Diese Umwertung der Werte greift bis zum Sündenfall zurück.

Christlich betrachtet, fällt der Mensch in die Sünde und wird dadurch von Gottes Schöpfung getrennt. Gnostisch betrachtet, reagiert der Sündenfall nur auf einen »Vor-Fall« im Himmel. Die Schöpfung selbst ist von Anfang an im Widerstreit von Gut und Böse gefangen. Darum ist Adams Sünde kein Ereignis, in dem Neues geschieht oder für das Adam verantwortlich zu machen wäre, sondern die Sünde ist nur eine zwangsläufige Wiederholung des immerwährenden Bösen in der Schöpfung. Gnosis ist eine Entlastung vom göttlichen Fluch, da die Welt generell in eine gute und eine böse Seite geteilt ist.

Sloterdijk wendet diese manichäische Unterscheidung auf die Gnosis selbst an und unterscheidet zwischen einer hellen Gnosis, in der Individualgeschichte und Heilsgeschichte korrespondieren: »Die Gnosis empfindet im Kern scharf individualeschatologisch.«[38] Ihr gegenüber steht die dunkle Seite der Gnosis, wo sich »ein Stolz der Unheilbarkeit« manifestiert. Aus den »Hereingefallene[n] des Kosmos« werden die falschen Propheten. Sie leben als »Gedächtnis der Wut. Sie sind Pathetiker des Steckenbleibens, trotzige Opfer der Vergewaltigung zum Seinmüssen – ihr Selbstbewusstseinsfunke glüht im Beharren auf dem Recht, beleidigt zu bleiben«.[39] Die dunkle Seite der Gnosis ist unschwer als Ressentiment zu erkennen. Unsere Gegenwart ist von unzähligen solcher Steckengebliebenen bevölkert.

Die helle Seite der Gnosis wird von Sloterdijk hingegen mit den Selbstbefreiungskräften des Individualismus assoziiert. Dass dieser aber nicht nur positive Folgen hat, darauf hat Eric Voegelin im Hinblick auf die Radikalisierungsexzesse des 20. Jahrhunderts hingewiesen.

Bemerkenswert bleibt, dass trotz der unterschiedlichen Bewertungen der Gnosis Einigkeit darüber besteht, dass es sich um eine permanente und zugleich verborgene parallele Tradition des Christentums handelt. Das Ziel gnostischer Politik scheint jenseits aller Differenzen in Weltanschauung und philosophischen Wertung in einem Punkt gleich: Der Glaube, dass die Menschen sich selbst erlösen können, verleiht den Erwachten eine Legitimation, die alle Regeln der vom Bösen durchwirkten Realität außer Kraft setzen darf. Die gnostische Religion bereitet den Boden für alle Arten von Ideologien, die den Weg zum Reich Gottes auf Erden versprechen. Aus der Vertikalspannung der Transzendenz wird die Horizontalspannung der politischen Aktion. In diesem Umbau kann man wie Sloterdijk die Energien der Befreiung hervorheben oder wie Voegelin den Hang zur Selbstvergottung beklagen.

In beiden Fällen sind die Propheten falsch, da sie von sich überzeugt sind und nicht von Gott. Der Unterschied zwischen gnostischer Politik und christlichem Glauben bleibt kategorisch. Führte der Glaube zu der ambivalenten Bewegung, den Gläubigen zu erhöhen und ihn zugleich Demut zu lehren, so versetzt die gnostische Spannung in den Hochmut, die Rettung der Welt selbst ins Werk setzen zu können. Wenn das Gefühl, zu etwas Übermenschlichem berechtigt zu sein, als göttliche Wahrheit empfunden wird, haben sich die Vorzeichen des christlichen Glaubens ins gnostische Gegenteil verkehrt. Diese Verkehrung wird zum permanenten Grundton politischen Handelns in der Neuzeit. Die Hybris der Welterlösung und die manichäische Teilung der Welt in Gut und Böse finden in immer neuen Ideologien ihren Niederschlag. Die gnostische Politik ist die teuflische Rückseite des Christentums. Sie verwendet die gleichen Fragen nach der Transzendenz, um zu gegenteiligen Glaubenswahrheiten zu kommen.

¶

Eric Voegelins Überlegungen zu Gnosis und Politik weisen auf einen abgründigen Zusammenhang hin, der in der Moderne weitestgehend vergessen worden ist und doch die Geschicke des Lebens bestimmt. Es handelt sich um den Zusammenhang zwischen der Transzendenz und ihrer Repräsentation. Wie kann Gott gedacht werden, wenn er doch unvorstellbar ist? Und wie kann, um das Transzendenzproblem unserer Zeit zu nennen, der Klimawandel vorgestellt werden, wenn er sich als Hyperobjekt den menschlichen Kategorien entzieht? Noch komplizierter wird dieser Zusammenhang dadurch, dass die Transzendenz zur Legitimation von Herrschaft genutzt wird und dass sie zugleich als Maßstab für die

Bewertung des Lebens dienen soll. Es handelt sich also um ein kompliziertes Verhältnis von Transzendenz und Immanenz.

Auf der Ebene des Lebens ist das Verhältnis von Glauben und Handeln kompliziert: Woran geglaubt wird, entscheidet darüber, wie gelebt werden soll. Und wie gelebt wird und wie der Glaube darin vorkommt, entscheidet, ob und woran geglaubt wird. Auf der Ebene der Politik besteht das Verhältnis in der Art der Legitimation von Herrschaft und der Art der Repräsentation, die die Herrschaft für die Transzendenz findet. Vereinfacht gesagt: An welche Götter geglaubt wird, entscheidet darüber, in welcher Gestalt die Herrschaft sich zeigt und ob die Herrschaft legitim erscheint. Und wie die Herrschaft ausgeübt wird, entscheidet darüber, ob sich die Beherrschten und die Götter darin angemessen repräsentiert finden.

Voegelin erweitert also die religiöse Unterscheidung von Immanenz und Transzendenz in den Bereich des Politischen und entdeckt hier eine Dialektik, die sich in den Gestalten der Repräsentation entfaltet. Seine Prämisse lautet, dass Gesellschaften nur bestehen können, wenn sie für ihre Probleme und die Transzendenz die angemessene Form der Repräsentation finden. Und sie gehen zugrunde, wenn die Art der Repräsentation nicht mehr zu ihren Problemen passt. Kompliziert wird die Repräsentationsfrage dadurch, dass in ihr immer eine transzendente Ebene mitbedacht werden muss. Repräsentation findet nur statt, wenn an das geglaubt wird, was repräsentiert wird und darum nicht real anwesend ist.[40]

Voegelins berühmtes Beispiel für eine Repräsentationskrise ist der Niedergang der Römischen Republik und die

Entstehung der neuen Staatsform des Kaiserreichs unter Augustus.[41] Das Römische Reich war durch die Eroberungen so ausgedehnt worden, dass die Staatsform der Republik den zersplitterten Problemen nicht mehr gewachsen war. Verschärft wurde das Verwaltungsproblem dadurch, dass die Treue der Soldaten zu ihren jeweiligen Heerführern größer war als ihre Treue zur Republik. Augustus verband das Komplexitätsproblem der Überdehnung mit dem Bindungsverhältnis zum Heerführer und erzwang die neue Herrschaftsform des Kaisers. Der Loyalitätskonflikt zwischen dem Heerführer und der Republik wurde durch einen neuen Treueeid auf den Kaiser ersetzt. Augustus erklärte sich zu Heerführer und Repräsentant des Staates in einer Person. Um diese neue Autorität abzusichern, wurde sie mit göttlichen Attributen ausgestattet. Der Kaiser war nun nicht mehr nur der Pontifex maximus, sondern er selbst wird durch das Amt zu einem Gott.

Dass eine Generation, bevor der Sohn Gottes auf die Welt kommt, das Römische Reich von einem Gottkaiser befriedet wird, zeigt, wie empfänglich die Menschen dieser Zeit für die Erlösung durch einen menschlichen Gott waren. Die Repräsentationsform einer absoluten weltlichen Macht, die ihre Legitimation in der Transzendenz hat, wird nicht nur das Römische Reich für fast drei Jahrhunderte beherrschen, sondern in der christlichen Religion ihre bis heute gültige theologische Form finden.

Wenn im 20. Jahrhundert Heidegger davon spricht, dass nur ein Gott uns noch retten kann, dann hätte diese Aussage auch am Ende der Römischen Republik als Hoffnung auf den neuen Gottkaiser Augustus stehen können. Dass mit Augustus ein Mensch zum Gott wurde, der dann die Pax Romana als ein lange währendes Paradies auf Erden einleitete, ist als historische Folie für das Urchristentum nicht unbedeutend. Die Hoffnung, dass nur ein Gott uns retten wird, gehört seitdem zum Kernbestand politischer Gefühle. Inwiefern sie zum theologischen Kitsch wird, als Mittel der Unterdrückung wirkt oder ein relevanter Appell an den Glauben ist, muss jede Zeit im Horizont ihrer Probleme herausfinden.

¶

Blickt man aus dieser Perspektive auf die Gegenwart, so fällt auf, dass die Dialektik von Repräsentation, Transzendenz und Herrschaft ein unbewältigtes Problem ist. Die Eigenarten spätmoderner Industriegesellschaften bestehen darin, dass ihre sozialen Systeme ausdifferenziert sind, ihre technischen Möglichkeiten die Reichweite menschlichen Handelns ins Globale vergrößert haben und dass der normensprengende Individualismus zur menschlichen Norm geworden ist. Alle drei Aspekte verweigern die historisch bekannten Formen der Repräsentation. Und alle drei Aspekte bergen das Potential, die Gesellschaft auseinanderfliegen zu lassen.

Die sozialen Systeme entwickeln sich in ihrer je eigenen Systemlogik. Das führt dazu, dass die Abstimmung zwischen Systemen immer aufwändiger wird und die Zielkonflikte immer unlösbarer werden. Jeder kommunalpolitische Versuch, eine Straße in einen Fahrradweg umzuwandeln, zeigt en miniature, wie verfahren die Lage ist. Ins Globale vergrößert, haben die technischen Möglichkeiten ins Erdzeitalter des Anthropozän geführt. Das bedeutet, dass das menschliche Handeln der neue geologische Faktor geworden ist. Eine politische Repräsentation dieser planetarischen Macht zeichnet sich aber nirgendwo ab. Da die angemessene politische Repräsentation fehlt, fliegt die Erde führungslos in die von Menschen verursachte Klimakatastrophe.

Gleichzeitig produziert der Individualismus so viele Ansprüche an die Welt, wie es Menschen gibt. Doch wie sollen die Ansprüche befriedigt werden, wenn jeder zuerst auf sich und seinen Willen schaut? Und wie soll verhindert werden, dass die milliardenfachen individuellen Ansprüche nicht die Erde zerstören? Als wäre diese Lage nicht schon bedrohlich genug, hat der Anspruchs-Individualismus eine besonders destruktive Wirkung auf die Repräsentation. Nicht nur das Kollektiv der Einzelnen hat keine angemessene Repräsentation gefunden, sondern der Individualismus lehnt inzwischen sogar die Idee der Repräsentation ab. Jedes Ich ist einzigartig, weswegen jede Repräsentation einen Angriff auf seine Individualität bedeuten soll. Die unlösbaren, da paradox gebauten Konflikte, die unter dem Label der Identitätspolitik geführt werden, sind der konkrete Ausdruck dieses Repräsentationsdefizits.[42]

Es ist unschwer zu erkennen, wie sich die Repräsentationsmängel gegenseitig bedingen. Und es braucht wenig Phantasie, um sich vorzustellen, dass die Schere zwischen den notwendigen Entscheidungen und den tatsächlichen Handlungen immer weiter auseinanderklaffen wird. Das Wissen, was zu tun wäre, mag zunehmen, doch es führt, da ihm eine überzeugende Repräsentation fehlt, nicht zu entsprechenden Handlungen. Denn ohne eine glaubwürdige Repräsentation der Probleme kann es weder zu einer kollektiv geteilten Wahrheit über die Realität noch zu kollektiv bindenden Entscheidungen kommen. Wenn es kein geteiltes Bild der Lage mehr gibt, werden die Gefühle der Ohnmacht wie der Empörung, die beide den Weg zur Veränderung blockieren, übermächtig. In den Gesellschaften des Individualismus wächst seit vielen Jahren die Panik im gleichen Maße wie die Resignation. Beide Gefühle führen zu realitätsfernem Verhalten, da das Ich den Horizont seiner Gefühle zum Maßstab des Gelingens macht.

Vor allem die Panik macht blind für die einfachsten Zusammenhänge. Sie ist gerade in Krisenmomenten der schlechteste Ratgeber. Wer panisch ist und versucht, einem Menschen zu helfen, bringt sich selbst und das Opfer in größte Gefahr. Es gehört darum zu den gefährlichen Behauptungen unserer Zeit, dass die Panik als wichtiger und sogar sinnvoller Motor der Politik zu gelten habe. Die Resignation ist ebenso realitätsuntauglich, wenngleich sie in einigen Fällen weniger gefährlich ist. Wer resigniert, neigt dazu, gar nichts mehr zu tun. Das kann in einer Krisenlage besser sein, als panisch irgendetwas und damit oft das Falsche zu tun. Doch zugleich bedeutet Resignation in einer weiterlaufenden Ökonomie, dass der falsche Kurs nicht korrigiert wird. Nichts zu tun, wenn der Zug in den Abgrund fährt, ist eine gefährliche Handlung.

¶

Die Gestalt der Transzendenz unserer Epoche scheint sich erst langsam herauszubilden. Es ist eine Zeit, in der die Systeme ein Eigenleben bekommen haben. Hegels frühe Einsicht, dass die von Menschen gemachten Institutionen als eigene Macht dem Menschen gegenübertreten, ist das bestimmende Kennzeichen unserer Zeit geworden. Die dominanten Systeme sind inzwischen wie Naturgewalten oder göttliche Gesetze dem menschlichen Wollen entzogen: Das Wirtschaftswachstum ist heilig. Droht die Wirtschaft zu schrumpfen, bricht augenblicklich Panik an den Börsen aus, Massenarbeitslosigkeit droht, und das Vertrauen in die Zivilisation bricht im gleichen Tempo zusammen, wie der Mensch als Arbeitskraft und Konsument bedroht ist. Doch entgegen der Behauptung eines heiligen Marktes folgt nichts davon ehernen Gesetzen, sondern ist allein die Folge der Projektionen eines Marktes, der Spekulation für Wahrheit hält.

Ebenso heilig sind die Ansprüche des Individualismus. Die Wünsche der Konsumenten werden erst planmäßig geweckt, um dann unerbittlich nach Befriedigung zu verlangen. Und der lautstarke Protest erscheint immer mehr Individuen als legitime Form, ihre Ansprüche durchzusetzen. Sowohl als Konsument wie als protestierendes Subjekt werden Einschränkungen als Gewalt erlebt, die empört zurückgewiesen und deren gesellschaftliche Sanktionierung gefordert wird. Da es an einer glaubwürdigen Repräsentation mangelt, die die Probleme der Zukunft in der Gegenwart präsent macht, sind der Umgang mit Unsicherheit und die Prognose der Zukunft in der desolaten Emotionalität von Panik und Resignation gefangen. Dieser Zustand erscheint unveränderlich, da die Einsicht fehlt, die mangelhafte Repräsentation als religiöses Problem zu begreifen.

Welche Folgen die Art der Repräsentation hat, wurde am Beispiel der Gnosis gezeigt. Aus ihrer Weltfremdheit folgte eine besondere Art der Weltrepräsentation. Die Gnosis betrachtet die Welt unter der Perspektive des nahenden Endes. Ihr Glaubensfundament ist: Alles ist unsicher, und alles ist dem Untergang geweiht. Ihr folgenreicher Trugschluss lautet: Die wenigen, die wissend sind, können Gut und Böse klar unterscheiden und danach die Welt neu ordnen. Daraus leiten die Wissenden den Anspruch ab, Entscheidungen für die Unwissenden zu treffen, die so weit in die Zukunft reichen, dass sie bis zu den Pforten des Paradieses führen. Gnostische Politik verkennt neben der christlichen Demut auch die alte philosophische Einsicht, dass niemand wissen kann, was man erst in der Zukunft wissen wird.

Das Problem der politischen Repräsentation stellt sich zwar für jede Zeit neu, in unserer Gegenwart hat es aber ein bedrohliches Maß angenommen, da die Repräsentation und die Dimension der Probleme himmelweit auseinanderfallen. So entpuppt sich unsere desolate Lage als die wahre Gestalt der Säkularisation. Erstmalig wurde dieser Zusammenhang von Carl Schmitt in den 1920er Jahren formuliert: »Das metaphysische Bild, das sich ein bestimmtes Zeitalter von der Welt macht, hat dieselbe Struktur wie das, was ihr als Form ihrer politischen Organisation ohne weiteres einleuchtet.«[43]

Für unsere Gegenwart scheint sich diese Parallelität unheilvoll zu bewahrheiten. Auf der einen Seite reklamiert die Rationalität einen unbestrittenen Herrschaftsanspruch, und zugleich geht von den Glaubensresten die Verheißung der absoluten Wahrheit aus. Als Form der politischen Organisation leuchtet uns ein Nebeneinander von deliberativen Prozessen und dauerempörten Protesten ein. Das zugehörige metaphysische Bild entspricht einer Ungewissheit, die in den wechselnden Erregungen des Individuums gespiegelt ist. Inwiefern Rationalität den hyperkomplexen Problemen noch gewachsen ist und inwiefern die Gefühlsstürme in eine bessere Zukunft treiben oder das Bestehende ohne Not zerreißen, ist in keinem Moment ersichtlich. Die Gesellschaft navigiert nicht auf Sicht, sondern mit dem Rücken zur Zukunft. Es wird immer erst rückwirkend erkannt, welche Folgen das Handeln hatte.

In dem Widerspruch von rationaler Kontingenz und partikularer Gefühlsgewissheit versuchen die Individuen, die in ihrer inneren Unendlichkeit ebenso verloren sind wie in der Fülle der Möglichkeiten der Welt, zu Entscheidungen zu kommen, die kollektiv bindend sein mögen. Dass dieser Widerspruch unlösbar ist, wird alltäglich erfahren. In den Austausch der Argumente mischen sich immer häufiger Meinungen, die ihre Überzeugung aus einem Bereich ableiten, der jenseits der Rationalität liegt. Diese Überschreitung der Rationalität ist jedoch nicht nur ein Mangel an diskursiver Vernunft, sondern verweist darauf, dass alle Entscheidungen eine Dimension des Nichtwissbaren beinhalten. Niemand kann globale Entwicklungen, zukünftige Erfindungen, Börsenkurse, Migrationsströme oder Klimaveränderungen exakt vorhersehen, und trotzdem müssen Weichen gestellt werden, die das aktuell mögliche Wissen bestmöglich berücksichtigen. Da jeder wissen kann, dass dieses Wissen begrenzt ist, folgt daraus sowohl eine Vorsicht in den Entscheidungen, aber auch ein Chaos in den Debatten, wodurch Entscheidungen verzögert oder unmöglich gemacht werden.

Als Reaktion auf die Endlosigkeit der Entscheidungsprozesse wächst die Sehnsucht nach einer absoluten Wahrheit, die das Ende aller Diskussionen herbeiführen möge. Die Sehnsucht nach dem Ende aller Zweifel findet in den Glaubensresten die erhoffte Sicherheit. Doch diese Sicherheit ist das Gegenteil der Hoffnung, die einst Religion geben konnte. Denn die religiös zersplitterte Glaubenswahrheit ist ein Partikel, das sich mit allen denkbaren weltlichen Wahrheiten zusammenfügen lässt. Die Glaubensreste sind von keiner religiösen Bindung mehr davor geschützt, als irrationaler Schlussstein in einer rationalen Argumentation verwendet zu werden. So sind sie anschlussfähig an alle Arten von politischer Überzeugung, deren heilig-unheilige Gewissheit von Voegelin als gnostische Politik bezeichnet wurden. In dieser werden die Glaubensreste von jedem religiösen Inhalt entbunden und geraten als Gefühl, aus dem eine unerschütterliche Überzeugung wächst, in die Hände der falschen Propheten. In ihren Händen wird der Glaube zur größten Lüge. Die Sehnsucht nach Erlösung wird zur Unduldsamkeit gegenüber der Langsamkeit der Debatten.

Die Inbrunst der falschen Propheten, die als Abtreibungsgegner, Klimaaktivisten, Corona-Leugner und identitätspolitische Aktivisten von ihrem Auftrag beseelt sind, ist ebenso Ausdruck der gnostischen Politik wie die absolute Forderung, die im verletzten Gefühl begründet ist. Wer sich gekränkt oder diskriminiert fühlt, tritt in der Gestalt einer zornigen Gottheit auf, an der jeder Widerspruch zum Ausweis des Antichristen wird. Die Inbrunst der Überzeugung und die Gültigkeit des Gefühls erlösen von den kontingenzgelähmten Debatten, und zugleich zerstören die falschen Sicherheiten die Arbeit, die es macht, das bessere Argument herauszufinden.

Das Zitat von Carl Schmitt beweist seine Gültigkeit in jeder öffentlichen Auseinandersetzung. Die heutige Gestalt der Metaphysik ist der religiös zersplitterte Himmel, der als Wertstofflager dient, aus dem sich politische Überzeugungen bedienen. Zugleich liefert die Gestalt des unreligiösen Glaubens die Form, in der Rationalität und Irrationalität aufeinandertreffen. Was vom Glauben bleibt, ist in jeder Debatte zu besichtigen, in der Argumente auf Überzeugungen, Vernunft auf Meinung, Rationalität auf Populismus, Sachlichkeit auf moralische Inbrunst und Offenheit auf Ressentiment treffen. Übrig blieb nicht nur der Scherbenhaufen der Glaubenspartikel, sondern vor allem die Anmaßung, sich willkürlich die Versatzstücke aussuchen zu dürfen, die am besten zur eigenen Meinung passen.

Die Aufklärung hatte viel Mühe darauf verwendet, die endzeitliche Angst in rationale Fragen zu überführen. Die religiöse Dauererregung sollte in den sozialen Systemen neutralisiert werden. Aus dem Schicksal wird Rechtsprechung, und Gottes unergründliche Wege werden durch Forschung zu Naturgesetzen ausbuchstabiert. Doch das gnostische Erlösungsversprechen scheint von den säkularen Anstrengungen unbeeindruckt zu sein. Noch immer findet sich genügend Schrecken in der Welt und den Seelen, um die falschen Propheten der Gnosis zurückzuwünschen, die die Mühen der Aufklärung durch quasi-göttliche Entscheidungen beenden. Die durch das »gnostische Rezidiv definierte Politik verabschiedet den – für die neuzeitliche Politik essentiellen – Bestmöglichkeitsgedanken durch das – gegenneuzeitliche – Alles-oder-Nichts-Prinzip«.[44] Die Glaubensreste der Gnosis sind ein doppeltes Verfallsprodukt der Religion. Die Gnosis selbst gehört zur dunklen Seite des Christentums, und die politische Form der Gnosis gehört zur dunklen Seite des Projekts der Aufklärung. Die Gnosis macht aus dem Gläubigen den Gott des Selbst, und die politische Gnosis macht aus dem Projekt der Weltveränderung die Erlösungsideologien, deren Anhänger über Leichen gehen.

Das »metaphysische Bild«, das in unserer Zeit herrscht, verhindert nicht nur die Repräsentation des »Hyperobjekts«

Klimawandel, sondern es mangelt ebenso an einer Repräsentation für die massenhafte Individualität, die als Naturgewalt die Erde zerstört. So radikalisiert die gnostische Politik, indem sie Glauben und Wissen durcheinanderwirft, die partikularen Lösungswege, die das von sich selbst überzeugte Individuum als Heilslehren propagiert. Das Göttliche in der Gegenwart ist das anspruchsvolle Ich, das zwischen Ohnmacht und Allmacht nach dem säkularen Glauben greift. Dass die Repräsentation des Göttlichen dann vor allem der Repräsentation des Ich hilft, ist ein folgerichtiger Irrtum. Dass dieses Ich, gezeichnet von der Krankheit zum Tode, mit keiner Repräsentation mehr seinen Frieden findet, führt zur Krise der säkularen Demokratie.

RELIGION OHNE GLAUBEN

Der Modernismus besteht darin,
nicht an das zu glauben, was man glaubt.
Charles Péguy[45]

Über Religion wurde die längste Zeit nicht gesprochen, sondern sie wurde praktiziert. Ihre Sprache war eine religiöse Rede und ein religiöses Tun. Heilige Texte, Riten, Sakramente und Gebete machten den Glauben lebendig, aber sie mussten ihn weder begründen noch erklären. Die ersten Urheber dieser Rede waren Propheten, die Gottes Wort verkündeten, und in manchen Fällen sprach sogar Gott selbst. Erst im zweiten Schritt begann das Nachdenken über die religiöse Rede in Form der Theologie. Der Theologe steht zum Priester wie der Wissenschaftler zum Ingenieur. Der eine reflektiert, was der andere tut. Im besten Fall inspirieren sie sich gegenseitig. Im schlechten Fall kritisiert der eine das Tun des anderen, und beide fühlen sich unverstanden.

Mit der Säkularisation kommt eine dritte Art des Sprechens über Religion auf: die philosophische und politische Kritik. Die Religionsphilosophie hat in Deutschland ihren Höhepunkt mit Hegels großer Erzählung der Entwicklung der Weltreligionen. Von hier aus verzweigen sich die Pfade und verstricken sich in die zahlreichen Debatten der modernen Gesellschaft. Heute steht die praktizierte Religion, die in der Messe gefeiert und im Alltag gelebt wird, gleichrangig neben der theologischen Reflexion, der soziologischen Interpretation und der säkularen Indifferenz.

Die Nachfolger der Religionsphilosophie finden sich in den verschiedenen soziologischen Erklärungen, die sich im 20. Jahrhundert am Phänomen der Religion abarbeiten. Drei aufschlussreiche Ansätze stammen von dem französischen Soziologen Émile Durkheim, dem US-amerikanischen Psychologen William James und dem kanadischen Philosophen Charles Taylor. Jeder von ihnen hat einen neuen Gedanken in die Welt gesetzt, der bis heute unser Nachdenken über Religionen und damit auch die Religionspraxis beeinflusst.

¶

Die elementaren Formen des religiösen Lebens von Émile Durkheim ist 1912 erschienen. Mit diesem Buch beginnt die funktionalistische Beschreibung von Religionen, in deren Tradition Niklas Luhmanns Bestimmung von Religion als der Unterscheidung von Transzendenz und Immanenz steht.[46] Durkheims funktionalistische Definition von Religion ist bis heute folgenreich: »Eine Religion ist ein solidarisches System von Überzeugungen und Praktiken, die sich auf heilige, d. h. abgesonderte und verbotene Dinge, Überzeugungen und Praktiken beziehen, die in einer und derselben moralischen Gemeinschaft, die man Kirche nennt, alle vereinen, die ihr angehören.«[47] Sachlicher kann wohl niemand die Funktion von Religion zusammenfassen. Und glaubensloser ist wohl keine Aussage über Religion denkbar.

Durkheim untersucht religiöse Praktiken auf ihre Funktion hin, die sie für die Gesellschaft haben. Sein prominentes Beispiel ist eine totemistische Religion, in der er ein anschaulich einfaches Verhältnis von heiligen Überzeugungen und rituellen Handlungen findet. Das Totem, um das ein komplexer Kult gesponnen wird, ist eine Instanz, in der sich die Clan-Struktur, die den Kult feiert, wiederholt. Die einleuchtende Schlussfolgerung ist: Eine Totem-Religion passt zur Herrschaft eines Clans. Indem einzelne Objekte sakralisiert werden, verleihen sie der weltlichen Macht die Aura des überzeitlich Gültigen. Der Kult dient dem Bestehenden, indem er den Zusammenhalt der Gemeinschaft sichert. Die individuelle spirituelle Erfahrung tritt dabei in den Hintergrund.

Da sich die Systeme der Herrschaft ändern und Religion immer eine Funktion darin hat, bilden sich in unterschiedlichen Gesellschaften auch unterschiedliche Religionen und Kulte. Der grundlegende Unterschied der religiösen Funktion zu den anderen gesellschaftlichen Funktionen besteht aber darin, dass es in der Religion »etwas Ewiges [gibt], das das Schicksal hat, alle Einzelsymbole zu überleben, mit denen sich das religiöse Denken nach und nach bekleidet hat«.[48] Dieses Ewige, das in der Religion »Gott« oder »Totem« genannt wird, bleibt also auch für Durkheim ein unerklärlicher Rest. Indem er ihm aber eine Funktion zuweist, überführt er das Unerklärliche in eine irdische Erklärung. Die säkulare Absicht ist deutlich. Doch schaut man von der Seite des Glaubens auf diese Erklärung, so wird erkennbar, dass dieser unerklärliche Rest nicht nur eine Provokation für das rationale Denken ist, sondern dass dieses Unerklärliche und nicht die Funktion das Wesen der Religion ausmacht. Kulte und

Rituale schmücken nicht einfach ein festliches Beisammensein, wodurch der Zusammenhalt gestärkt werden soll, sondern die religiösen Handlungen gibt es nur, weil es etwas gibt, das durch sie gegenwärtig werden soll, ohne es jemals erreichen zu können.

Die Näherung an das Heilige, das sich allem Irdischen entzieht, stiftet in der Welt eine Bindung, die man je nach Epoche als göttlichen Auftrag, sittliche Gemeinschaft oder Lebenssinn empfunden hat. In den Epochen vor der Säkularisation bleibt das Ewige ein Rätsel. Die Säkularisation hat Durkheim in die Lage versetzt, ohne Furcht die gesellschaftliche Funktion von Religionen zu erforschen. Dabei ist er jedoch auf eine Grenze gestoßen, die er nicht überschreiten kann und die er dahingehend anerkennen muss, dass ohne diese Grenze zum Heiligen keine Religion möglich ist. Diese Grenze wird bis zu Luhmanns religiöser Unterscheidung – also bis heute – Bestand haben. Wer über Religion sprechen möchte und wer sie wissenschaftlich erforschen will, muss anerkennen, dass nicht alles an ihr besprechbar und nicht alles erforschbar ist. Diese Anerkennung des Göttlichen hält aber nicht davon ab, die Grenzen des Erklärbaren immer weiter auszuweiten.

Durkheim bewahrt eine Indifferenz gegenüber einem Gott, der nicht von Menschen gemacht ist. Damit unterscheidet er sich sowohl von der marxistischen wie auch der freudianischen Kritik. Bei diesen Religionskritiken wird das Göttliche zu einer politischen oder psychologischen Erfindung, die der Macht oder dem individuellen Befinden nützlich ist. Nicht nur die Religion, sondern auch der Glaube an das Göttliche wird auf eine Funktion reduziert, so dass auch die unverfügbaren Bestandteile zu menschlichen Artefakten werden.

Nicht nur die Riten und Totembilder sind dann von Menschen gemacht, sondern auch die darin angebetete Gottheit ist nichts anderes als eine menschliche Projektion. Doch weder Émile Durkheim noch William James treiben ihre Analysen über diese Grenze hinaus. Darum sind sie in unserem Zusammenhang interessanter als die endgültige Abschaffung aller Transzendenz durch die Kritiken von Marx und Freud.

¶

Eine entgegengesetzte Richtung hat William James in seiner berühmten Vorlesungsreihe über die *Vielfalt religiöser Erfahrung* eingeschlagen. In den Clifford-Lectures von 1900/1 macht er weder die funktionalen Aspekte der Religion noch das irritierende Wechselverhältnis von Rationalität und Erlösungssehnsucht zum Thema, sondern folgt einem anderen Aspekt der Säkularisation. Ihn interessiert die Vereinzelung des individuellen Glaubens. Seine Untersuchungen erstrecken sich nicht mehr auf die Erklärung der Historie oder der theologischen Systematik, sie befragen vielmehr den Einzelnen nach seiner religiösen Erfahrung. So leitet er einen Paradigmenwechsel ein, in dessen Verlauf die Frage nach der kirchlichen Gestalt des Glaubens verblasst und die Frage nach der innermenschlichen Transzendenz aufscheint.

Folgerichtig verweigert William James jede Definition von Religion, um die Vielfalt ihrer Erfahrungen nicht durch das Nadelöhr eines Begriffs zu schicken. Dennoch macht er in der zweiten Vorlesung einen bemerkenswerten Vorschlag, wie das weite Feld des Glaubens gefasst werden könnte: »Religion ist, was immer sie noch sein mag, die Gesamtreaktion eines Menschen auf das Leben.«[49] Im weiteren Verlauf schränkt er diesen weitestmöglichen Rahmen insoweit wieder ein, dass nicht jede Reaktion auf das Leben als religiös gelten kann. Im Zentrum dieser Einschränkung steht dann die uns schon häufiger begegnete Verknüpfung von menschlicher Freiheit und göttlichem Auftrag: »Es gibt einen Bewusstseinszustand, den ausschließlich religiöse Menschen kennen, in dem an die Stelle unseres Selbstbestätigungs- und Selbstbehauptungswillens die Bereitschaft tritt, zu verstummen und zu einem Nichts zu werden in den Fluten und Orkanen Gottes. In diesem Bewusstseinszustand wird das, was wir am meisten gefürchtet haben, zum sicheren Hort, und die Todesstunde unserer Moral wird zur Geburtsstunde unserer Spiritualität.«[50]

Die Verbindung von spiritueller Grenzerfahrung und religiösem Gemüt durchzieht die Vorlesungen von James. In immer neuen Beispielen aus der psychologischen Literatur seiner Zeit und den klassischen Texten der Religion zitiert er mystische Erlebnisse. Doch die Fluchtlinie aller dieser grenzüberschreitenden Erfahrungen liegt nicht in einer Anbetung Gottes oder gar der Unterwerfung unter den göttlichen Willen. Sondern der »Dreh- und Angelpunkt der von uns aufgezeichneten Religiosität ist das Interesse des Einzelnen an seiner persönlichen Bestimmung«. So scheut er sich nicht, zum Ende seiner Vorlesungen ein Fazit zu ziehen, das den Richtungswechsel des Glaubens im 20. Jahrhundert auf den Punkt bringt: »Die Religion ist, kurz gesagt, ein monumentales Kapitel in der Geschichte des menschlichen Egoismus.«[51]

Die Bausteine dieses Egoismus sind für James die religiösen Erfahrungen, die in mystischen und spirituellen Erlebnissen gemacht werden. Religion wird zur Steigerung des Menschseins erklärt. Die christliche Verbindung von Offenbarung und Demut wird dahingehend aufgelöst, dass die spirituelle Entgrenzung dem Selbst dient und die sinnstiftenden ethischen Gesetze an den Rand geschoben werden. Schon ganz in der Sprache einer positiven Psychologie, die erst mehrere Generationen nach seinen Vorlesungen populär werden sollte, beschwört James die begeisternde Wirkung der Spiritualität: »Der Mensch, der aus seinem religiösen Energiezentrum heraus lebt und von spirituellen Begeisterungsschüben angetrieben wird, unterscheidet sich vollkommen von seinem früheren sinnlichen Selbst. Das neue Feuer, das in seiner Brust brennt, verzehrt in seiner Glut die niedrigen ›Neins‹, von denen er früher besessen war, und schützt ihn dauerhaft vor dem Infiziertwerden von dem ganzen kriecherischen Teil seiner Natur.«[52]

Gegen Nietzsches Verdikt gerichtet, Christentum sei etwas für Sklavenseelen, wird hier Religion für die therapiesüchtigen, gestressten Menschen des 20. Jahrhunderts fit gemacht. Die spirituelle Erfahrung stärkt das Individuum, indem sie es für das Unbekannte öffnet. Der Schritt, wie aus dem einzelnen Erweckungserlebnis eine gemeinsame Religion wird, wird nicht gegangen. Glauben wird seitdem immer öfter als Glauben an sich selbst gelebt. Die Bindung des Glaubens stiftet keine Gemeinschaft, weder die der Gläubigen untereinander noch die des Gläubigen an Gott, sondern sie steigert die Lebenskraft des Einzelnen in seiner Vereinzelung.

William James' Vorlesungen sind für die Individualisierung des Gläubigen in einer säkularen Welt überzeugend, da sie in der Sprache der Wissenschaft das Geheimnis des Glaubens zu fassen versuchen. In einer ebenso legendären Rede, die er wenige Jahre zuvor gehalten hat, hatte er den psychologischen Kern dieses neuen Glaubens bereits herausgeschält. *Der Wille zum Glauben*, so der Titel seiner Vorlesung, ist eine rational kluge und darum egoistische Entscheidung. Denn seit der Pascale'schen Wette ist für jeden kalkulierenden Menschen einsichtig, dass es klüger ist, an Gott zu glauben, als es nicht zu tun. Die einfache Rechnung lautet, dass ein Gewinn, der unendlich wäre, in jedem Fall einem Verlust, der nur endlich wäre, vorzuziehen ist. Sollte es Gott geben, hätte der Gläubige alles gewonnen. Sollte es ihn nicht geben, so hätte der Gläubige so gut wie nichts verloren.

James geht von der Prämisse dieser Wette aus und entwickelt aus ihr das Kalkül, glauben zu wollen. Dieser Wille ist nicht nur eine kluge Entscheidung, sondern er ist auch ein psychologischer Trick. Denn die moderne Seele lebt in einer säkularen Umwelt, in der der Glaube keine Selbstverständlichkeit ist. Es braucht also die Entscheidung zum Glauben. Und die Entscheidung kann mit Hilfe der Wette auch dem säkularen Gemüt überzeugend erscheinen. Ist der Wille zum Glauben aktiviert, so bewirkt er nach James viel Gutes im Menschen. Er öffnet den Geist für das Übermenschliche, und erst durch diese Öffnung kann der Geist die Grenzen seiner Rationalität verstehen.

Es ist leicht, in dieser Argumentation einen vermeintlichen Zirkelschluss zu erkennen. Der Geist sieht ein, dass es gut wäre, an etwas zu glauben, das er nicht verstehen kann. Sobald er dies tut, empfindet er eine spirituelle Welt, die sein Denken übersteigt. Und diese Erfahrung lässt rückwirkend seinen Willen zum Glauben als gerechtfertigt erscheinen. Man will eine spirituelle Erfahrung machen und nimmt ihr Eintreffen zum Beweis, dass dieser Wille richtig war. Doch der Vorwurf des Zirkels, der hier in der Gestalt der sich selbst erfüllenden Prophezeiung auftritt, ist verfehlt. Denn er bleibt in den Grenzen der säkularen Vernunft, die das spirituelle Ereignis nur als selbstimaginiertes Phantasma verstehen kann. James unterscheidet sich von dieser Form des Atheismus. Er will gerade die Grenze der Rationalität überschreiten, weswegen er in den Clifford-Lectures viele Variationen von spirituellen Erlebnissen ausführt. Dabei folgt er der wissenschaftlichen Methode, dass die empirischen Fälle ein Muster erkennbar machen sollen.

Seine Ausführungen sind darum aus zwei Gründen bis heute interessant. Denn zum einen versucht er, mit rationalen Mitteln das Irrationale der Spiritualität zu erfassen. Und zum anderen müht er sich darum, den Glauben für die Gesellschaft des Individualismus neu zu fassen. Der erste Grund zeigt, dass eine rationale Argumentation zwangsläufig ihre eigenen Regeln übersteigen muss, will sie den Glauben nicht nur als psychologischen Trick im Sinne einer Selbstverzauberung beschreiben. Aber vor allem der zweite Aspekt ist bis heute relevant. Denn Glauben ist immer eine Provokation des Individuums und ein Angriff auf die Regeln des Individualismus. Der Glaube nötigt das eigenständige Denken, seine Autonomie in Frage zu stellen. Er bietet neben den Wahrheiten der Rationalität eine zweite Welt, die Verbundenheit mit dem Kosmos anzuerkennen. Und wer sich als verbunden erlebt, kann nicht mehr seinen Individualismus zum Wesen seines Selbst erklären. Doch James' Prognose hat sich als trügerisch erwiesen. Charles Taylor hat in seinen Ausführungen zur individuellen Religiosität gezeigt, dass diese Verbundenheit nicht nur in den Grenzen moderner Subjektivität gelebt werden kann, sondern dass sie sogar noch zur Steigerung des Individualismus dient. Auch die

Bindungskraft der Religion ist zu einer Triebkraft der Vereinzelung geworden.

Diese Tendenz zur Atomisierung und Steigerung des individuellen Anspruchs spiegelt sich in der Form der hier skizzierten Religionstheorien. Das gedankliche Dreieck, das Durkheim, James und Taylor bilden, macht deutlich, dass es im säkularen Zeitalter keinen Ort mehr gibt, von dem aus die Religion spricht, und dass es kein Phänomen gibt, das man als *die* Religion beschreiben könnte. Religion ist in einzelne Seinsbereiche zerfallen. Sie ist Gegenstand einer historischen Untersuchung oder kann als Teil einer Mentalitätsgeschichte betrachtet werden. Sie ist eine bestimmte Denkweise, in der ein Unbekanntes zum Teil des Denkens gemacht wird wie bei Émile Durkheim oder Niklas Luhmann. Oder sie ist ein psychologisches Phänomen, das in der Geschichte des Individualismus eine wichtige Rolle übernommen hat, wie William James und Charles Taylor ausführen.

¶

Der kanadische Philosoph Charles Taylor hat in umfangreichen Untersuchungen die säkulare Welt vermessen.[53] Dabei hat er das Wesen der neuen Seelen herausgearbeitet. War die Seele in religiösen Zeiten ein komplizierter Resonanzraum für das, was den menschlichen Geist aus unerreichbarer Ferne anruft, wird sie in säkularer Zeit zu einem Refugium, das sich mit vielfältigen Anstrengungen der Vernunft vor den unverständlichen Irritationen des Himmels schützt. Taylor nennt diese neuen Seelen das »abgepufferte Selbst« und die »desengangierte Vernunft«. Damit betont er, dass es vor allem die Grenzziehung ist, die das säkulare Gemüt von der gläubigen Seele unterscheidet. Wer die Natur für beseelt hält, der kann sie nicht erforschen. Und wer an Dämonen glaubt, der wird sich nicht ins Unbekannte wagen. Die säkulare Seele hat sich von den vielfältigen, unheimlichen Bindungen an die Natur und die Götter gelöst. Sie steht, getrennt von allem und in sich selbst gegründet, in der Welt. Nun müssen nicht mehr die Götter gnädig gestimmt werden, sondern das Ich tritt als Macht auf, die ihre Ansprüche in der Welt durchsetzen will.

Diese Autonomie führt zur doppelten Freiheit des Liberalismus: Woran ich glaube, ist heute meine eigene Wahl; und auch in der Frage, ob ich überhaupt an etwas glaube, steht mir die Entscheidung frei. Religiös illiberale Gesellschaften empfinden die doppelte Freiheit als Provokation, da in ihnen die Einheit von menschlicher Gemeinschaft und Glaubensgemeinschaft nicht von Menschen aufgekündigt werden kann. Es steht für sie nicht im menschlichen Ermessen, glauben oder nicht glauben zu dürfen. Der Glaube gilt vor jeder menschlichen Entscheidung. Die doppelte Freiheit des Liberalismus macht ihn hingegen zu einer Entscheidung, die jedes Individuum für sich treffen muss.

Die Freiheit der individuellen Wahl führt aber zu einer unerwarteten Dialektik für den einzelnen Gläubigen. Da niemandem seine Religion verboten werden und auch niemand zu einer Religion gezwungen werden kann, wird das persönliche Bekenntnis zum einzigen Weg, zu einem Glauben zu gelangen. Die Dialektik besteht darin, dass mit dem Niedergang der Einheit von Religion und Gesellschaft eine individuellere Art des Glaubens nicht nur erlaubt ist, sondern sogar die einzig mögliche Glaubensform wird. Die Freiheit der Religionswahl führt zu der Notwendigkeit, nur noch dann einer Religion anzugehören, wenn man sich aktiv zu ihr bekannt hat. Damit schwindet die Bindungskraft des Religiösen, die von einer homogenen Einheit von Religion und Volk ausgeht, und es steigen die Anforderungen der Glaubensrichtung, als wahrer Glaube zu gelten. Die überraschende Wendung liegt darin, dass durch die Freiheit die Hürden für den Einzelnen wachsen, sich für einen Glauben zu entscheiden und sich zu ihm zu bekennen. Sich inmitten der Freiheit für eine absolute Bindung zu entscheiden, wird zu einer oft unüberwindlichen Hürde.

Durch die Glaubensfreiheit wird aus Religion, die etwas allgemein Verbindendes meint, ein Glaube, der dem individuellen Bekenntnis entspricht. Religion ist dann nicht mehr die Bindung, die alle mit allem verbindet, sondern eine persönliche Bindung an etwas, das nicht von dieser Welt sein muss. Statt der institutionellen Kirche wächst die individuelle Spiritualität. Die Neuheit dieser Bindung besteht darin, dass nicht nur die Wahl des Glaubens individuell erfolgt, sondern dass damit eine Erwartung für das eigene Leben verknüpft wird. Man entscheidet sich nicht nur für einen Glauben, sondern dieser Glaube muss einem auch etwas geben. Damit vollzieht sich eine tiefgreifende Veränderung des Glaubens. Denn nun hat sich das Verhältnis zwischen dem, woran geglaubt wird, und dem Gläubigen vollständig gedreht.

War es im christlichen Glauben so, dass es eine Schuld des Menschen vor Gott gab, so steht im postchristlichen Bekenntnis der Gott, zu dem sich der Gläubige entschließt, in einer Bringschuld, dieses Bekenntnis auch zu belohnen. Der Glaube ist nicht mehr eine Gnade, die mit Gehorsam gegen Gott beantwortet wird, sondern er wird zu einer Erwartung in einem Handel. Das Gut, das gehandelt wird, ist die individuell empfundene Spiritualität, und erwartet wird, dass die religiösen Empfindungen durch die höhere Macht, auf die sie gerichtet sind, belohnt werden.

Charles Taylor sieht in dieser Stufe des Glaubens die letzte Konsequenz der säkularen Individualisierung, die er das »expressivistische Subjekt« nennt. Dessen Ich bildet sich nun dadurch, dass es seinen Gefühlen und Wünschen Ausdruck verleiht. Es formt sich erst, indem das Subjekt es schafft, sein Innenleben für andere sichtbar zu machen. Die Geschichte der emotionalen Ichbildung reicht von der empfindsamen Kultur des 18. Jahrhunderts über die Psychologie des 20. Jahrhunderts und findet in der Bekenntniskultur der sozialen Netzwerke ihre aktuelle Ausprägung. Selbstausdruck und Selbstverwirklichung werden zu den Leitbildern des expressivistischen Subjekts.

Niklas Luhmann bringt die Folgeprobleme dieser Subjektwerdung auf den Punkt: »Individualität ist Unzufriedenheit.«[54] Die Notwendigkeit der Selbstbildung und der Wille, sich selbst zu bilden, befördern den rasanten Aufstieg des modernen Individualismus, der alle bisherigen sozialen Systeme unter Stress setzt. Das Individuum bildet sich über die Ansprüche, die es an seine Umwelt formuliert. Je mehr es seinen Impulsen folgt, desto mehr erscheint von seiner Individualität für die anderen und für es selbst. Doch im gleichen Maße, wie es sich selbst in der Welt finden möchte, indem es sich selbst erfindet, findet es dort die individuellen Ansprüche seiner Mitmenschen. Individuen treffen auf Individuen, und beide konfrontieren sich gegenseitig mit der Erwartung, ihre Ansprüche zu befriedigen. Die große Irritation besteht darin, dass alle erwarten, dass ihren Ansprüchen entsprochen wird.

Die desengagierte Vernunft erfährt ebenfalls eine folgenreiche Dialektik: Die Distanz zur Welt korrespondiert mit der Hinwendung des Blicks in das eigene Innere. Der Glaubenssatz der desengagierten Vernunft lautet: Nur wer in sich selbst sein authentisches Ich findet, kann ein gutes Subjekt werden. Das, was gesucht wird, soll das sein, was immer schon da war. Die Paradoxie besteht darin, dass erst im gelungenen Selbstausdruck das Ich entsteht, das das eigentliche Ich sein soll. Das Paradox, das sich im neuzeitlichen Subjekt entfaltet, hat eine kettensprengende Kraft, und zugleich öffnet es die Tore zur Hölle. Denn hier klafft in jedem Einzelnen ein Abgrund. Ein wahrer Mensch ist seitdem nur noch, wer sich selbst gefunden hat. Doch ob das, was man als sein authentisches Selbst gefunden zu haben meint, auch wirklich das wahre Selbst ist, bleibt eine Frage, die ebenso wenig beantwortet werden kann wie in früheren Zeiten die Frage nach der Gnadenwahl.

Ob ihre Seelen erlöst oder verdammt werden, hat die Christen in die absolute Ungewissheit gestoßen, und dass sich niemand sicher sein kann, dass seine Seele erlöst wird, ist die offene Wunde des Gläubigen. Ob das Selbst gefunden wurde, wird für die desengagierte Vernunft zu eben dem unlösbaren Rätsel, das Gläubige zu allen Zeiten beschäftigt hat. Dass niemand sicher sein kann, auch wirklich sein ganzes Inneres erkannt und in seinem Leben entfaltet zu haben, ist die offene Wunde des neuzeitlichen Subjekts. Die Erlösung des Christen liegt im Jenseits, und die unbeantwortbare Frage verlieh, wurde sie mit Glauben gefüllt, die Kraft zum Gebot der Nächstenliebe. Die Erlösung des säkularen Subjekts liegt im Diesseits. Je mehr sie erstrebt wird, desto mehr verläuft sich der säkulare Glaube im Labyrinth der innerweltlichen

Paradiese. Beide Sphären der Erlösung sind gleich unerreichbar. Doch für die Christen ist die Transzendenz, die zu Lebzeiten nur erahnt werden kann, Ansporn, den Nächsten mit Liebe zu begegnen. Für das expressivistische Subjekt ist sein Lebensglück ebenso ungewiss, doch treibt diese Ungewissheit dazu, sich selbst und die vermutete Wahrheit seines Subjektseins in immer neuen Anläufen zu umkreisen.

¶

Seit das Band von Immanenz und Transzendenz gerissen ist, überlagern sich drei verschiedene Ebenen in den Seelen. Auf der ersten Ebene agieren sie wie Charles Taylor es beschrieben hat: Das Individuum verfügt über eine desengagierte Vernunft, mit der es sich in eine neutrale Distanz zur Realität bringt, um sie rational erkennen zu können. Als Konsequenz bildet sich das abgepufferte Subjekt, das sich vor irrationalen Einflüssen geschützt weiß. Distanz zur Welt und Schutz vor der Irrationalität führen zu der Verinnerlichung des Glaubens, der dadurch zur individuellen Wahl wird und zugleich der wahre Ausdruck unseres authentischen Selbst sein soll. Das zerrissene Band zum Himmel wird in jeder Seele individuell wieder zusammengeknotet. Der brüchige Ton, den diese millionenfach gerissenen und geflickten Saiten hervorbringen, ist individueller Ausdruck des expressivistischen Subjekts und bildet im Chor der Einzelnen den emotionalen Grundklang unserer Zeit.

Auf der zweiten Ebene agieren wir mit dem Selbstbewusstsein der Aufklärung. Wir sind stolz auf unsere Rationalität, die sich Schritt für Schritt aus den mythischen Erklärungen herausarbeitet. Wir sind nicht am sechsten Tag der Schöpfung aus Erde geformt worden, sondern in einer Millionen Jahre währenden Evolution durch Zufall und Selektion entstanden. Und der Pfarrer auf der Kanzel predigt nicht das Wort Gottes, sondern die Interpretation einer religiösen Geschichte. Wer sich einer Religion unterwirft, der demütigt seine Vernunft und steht in Gefahr, durch seinen Glauben zu radikalen Handlungen verführt zu werden. Wir sind nicht aus dem Paradies vertrieben, und auf uns lastet keine Erbsünde, sondern die Aufklärung ist der Ausgang aus der Unmündigkeit, in der Religion die Vernunft gefangen gehalten hat. Darum darf unsere befreite Vernunft nicht müde werden zu warnen, sich nicht durch Religion verführen zu lassen.

Auf der dritten Ebene schließlich kommt es zu der verwirrenden Verbindung der Rationalität mit dem säkularen Glauben. Die exzessive Gewalt, zu der die Ideologien des 20. und 21. Jahrhunderts führen, ist eine Folge dieser politischen Theologie. Der gnostische Glauben radikalisiert die politischen Inhalte zu Heilslehren und formt aus ihnen einen weltlichen Fundamentalismus. Der gefährliche Erfolg der falschen Propheten besteht darin, dass sie die schlechte Seite der Religion, den fanatischen Glauben, mit dem Hochmut der Rationalität, die Welt nach einem Plan neu zu bauen, verbinden. Die säkularen Seelen sind nicht mehr empfänglich für das Fremde der Transzendenz, sondern sie werden zum Einfallstor für die Manipulationen der Ideologien, die sich zur robusten Überzeugung einer Glaubenswahrheit verfestigen. Das Rätselwort der politischen Theologie umkreist dieses Phänomen, das Eric Voegelin als politische Gnosis beschrieben hat.

Religion ist kein Ort mehr, an dem die einzelnen Sinnbereiche und Existenzformen zusammenfinden und gemeinsam erlebt werden können. Die konkrete Folge dieses Zerfalls ist alltäglich zu beobachten, wenn spirituelle Elemente des Glaubens oder der Religion in anderen Kontexten auftauchen. So ist es bei den Führungskräften in aller Welt eine beliebte Technik des mentalen Trainings, sich in Meditationen zu versenken. »Zen-Buddhismus für Banker« oder ähnlich sind dann die eingängigen Bücher zur Selbstoptimierung übertitelt. In der politischen Theologie wiederum ist die Überzeugungskraft des Gläubigen zur fanatischen Entschlossenheit einer Ideologie geworden. Und die jesuanische Botschaft der Nächstenliebe ist zur Psychotechnik der Achtsamkeit geronnen, deren gesteigerte Ansprüche an den sensiblen Umgang innerhalb einer »Gesellschaft der Singularitäten«[55] zu immer neuen Volten aggressiver Ansprüche und empörter Kränkungen führt (siehe das Kapitel »Liebe«).

Die Reste des Religiösen sind überall und darum nirgends. Dieser Befund ist also kein Beweis für die Lebendigkeit des Glaubens und erst recht kein Hinweis auf eine Wiederkehr der Religionen. Die Zersplitterung in religiöse Partikel ist vielmehr eine Ursache für die Probleme individualistischer Gesellschaften. Denn die versprengten Teilchen weisen nicht mehr auf ein gemeinsames Zentrum des Glaubens, sondern sie erfüllen eine Funktion für gänzlich andere Zwecke. Mit Max Webers Beobachtung, wie die protestantische Ethik dem Aufstieg des Kapitalismus diente, ist diese Enteignung zum ersten Mal beschrieben worden. Seitdem hat sie sich in immer kleinere Zusammenhänge eingeschrieben. Man findet religiöse Spuren überall, doch nirgendwo sind sie mehr Teil einer gemeinsamen Religion, sondern die Glaubensreste sind als Scherben in völlig anderen Seelengebäuden eingemauert.

Dass die christlichen Kirchen auf den Ruinen der heidnischen Tempel und mit dem Marmor der römischen Prachtbauen errichtet worden sind, kann kaum als Beweis einer lebendigen antiken Religiosität gelten. Erst als niemand mehr an die heidnischen Götter glaubte, konnten ihre Altäre zum Baumaterial für neue heilige Orte werden. Ebenso wenig sind die verstreuten Partikel des Christentums ein Beweis seiner Lebendigkeit. Die Säkularisation hat in der Phase ihrer modernen Beschleunigung einen gewaltigen Scherbenhaufen angerichtet. Die Verteidiger des Fortschritts betrachten ihn als Monument der Befreiung aus den verkrusteten Traditionen. Auf den Trümmern der zerschlagenen Religion errichten sie die neuen Tempel der rationalen Vernunft. Und ihr Gottesdienst feiert nicht mehr den Erlöser der Welt, sondern heiligt das Ich, dessen Wünsche die neuen Gebote sind.

Nur einzelne Stimmen erkennen in dem Experiment ohne Gott die Gewalt, die in einer vollends aufgeklärten Welt als triumphales Unheil erstrahlt.[56] Ob das Projekt der Aufklärung einmal als eine glückliche Epoche der Menschheit gelten wird, ist zumindest seit dem zwanzigsten Jahrhundert fraglich. Aus den Jahrtausenden zuvor sind unzählige Kunstwerke und Bauten erhalten geblieben. Die philosophischen Schriften der Antike sind bis heute Maßstab der Philosophie. Das Mittelalter hat die Schönheit der Kathedralen erschaffen und die frühe Neuzeit das Wunder der Musik. Aber was wird vom zwanzigsten Jahrhundert bleiben? Die Atomkraftwerke, die noch Jahrtausende als strahlende Belastung bewacht werden müssen? Oder die Erinnerung an den Holocaust, die Stalin'schen Gulags und Mao'schen Hungerkriege.

Es gibt wenig in unserer Gegenwart, von dem man sich wünschen könnte, dass sich in tausend Jahren noch jemand daran erinnern sollte. Diese Armut an überzeitlicher Schönheit und Weisheit wäre kein neues Problem, denn schon viele Epochen sind untergegangen und haben der Nachwelt wenig zu schenken gehabt. Das Leben mag dennoch angenehm gewesen sein. Was unsere Zeit hingegen von allen vorhergehenden Epochen unterscheidet, ist, dass unsere Kultur des entfesselten Wachstums die natürlichen Grundlagen des Lebens so schnell zerstört, dass künftige Generationen darunter leiden werden. Die Kombination aus seelischer Wüste und grenzenloser Weltausbeutung müsste einer Epoche, die von sich selbst sagt, sie sei aufgeklärt, zu denken geben. Doch statt mit allen Kräften eine Metanoia zu vollziehen, trägt unsere Zeit ein Selbstbewusstsein zur Schau, das aus jedem Anspruch des Ichs einen Auftrag für die Welt macht.

Der moralische Hochmut, mit dem frühere Zeiten verurteilt werden, und die Herablassung, mit der auf technische Grenzen in der Vergangenheit geschaut wird, werden nur durch die Selbstgewissheit übertroffen, mit der auf die Religion herabgeblickt wird. Für eine Epoche, die bisher vor allem durch unfassbare Verbrechen, strahlenden Müll und ephemere Kunstwerke hervortritt, ist das eine gewaltige Verblendung. Doch der Gipfel dieser Verblendung besteht darin, dass diese Epoche sich selbst als Krone menschlicher Entwicklung bezeichnet. Der blinde Fleck der säkularen Gesellschaften scheint so groß zu sein, dass sie nicht einmal mehr erkennen können, wie groß ihre Not ist, endlich zu einer Umkehr ihres Lebens zu finden.

❡

Immer Neues und immer mehr vom Gleichen sind die Parolen, die täglich den Individualismus zum Konsum treiben. Dass dieser Weg in der Katastrophe mündet, ist bekannt. Doch dieses Wissen hat keine Bedeutung, da es nur eine weitere Frequenz im Rauschen der allgemeinen Erregungen ist. Wo alles zum Konsum wird, werden auch Apokalypse und Metanoia zu ästhetischen Ereignissen, die flüchtig begehrt sind und folgenlos bleiben. Wir sind Allesfresser katastrophischer Phantasien, die sogar ihre Angst zu Markte tragen. Der letzte Akt der Verzweiflung besteht darin, aus dem folgenlosen Wissen einen neuen Glauben zu machen. Doch der alltägliche Griff zu den Weltuntergangsphantasien ist eine Droge, die die Seelen immer weiter von dem entfernt, was nottäte. Wollen wir diesen Weg der atheistischen Apokalypse noch verlassen, benötigen wir eine energischere Metanoia, als Panikmache und ästhetische Erschütterungen sie bewirken können oder jeder Protest sie erzwingen kann.

Rettung kann nicht in der Radikalisierung des falschen Weges liegen. Eine Metanoia, die den Weg der Übertreibungen verlassen könnte, liegt in dem, was Religionen jahrtausendelang geübt haben. Sie haben Bindungen fühlbar gemacht, die dem egoistischen Drang widerstreben. Die Selbstentfremdung und die Entfremdung von der Welt können einem Bewusstsein der Verbundenheit weichen. Der Mensch ist nicht der Herrscher der Welt, der über der Natur schwebt, sondern jeder Mensch ist ein Organismus, der überwältigend viele natürliche Voraussetzungen benötigt, um überleben zu können. Diese Bedingungen des Lebens zu fühlen wäre die Voraussetzung dafür, sie nicht weiter zu zerstören, durch die Art, wie wir leben. Doch die desengagierte Vernunft verweigert diese Einsicht in die Gebundenheit des Lebens, da ihre Herrschaft über die Welt auf eben dieser Entfremdung beruht. Das säkulare Bewusstsein steht darum vor dem unlösbaren Problem, sein Wissen mit dem Glauben zu versöhnen. Dafür müsste wieder gelernt werden, was Religionen seit Jahrtausenden gewusst haben: Die Zeit währt länger als ein Menschenleben, und die Seele ist kleiner als das All. Die Gewalt unseres rationalen Könnens lässt uns jedoch glauben, wir seien auf dem Weg, die neuen Götter zu werden.

Ein Glaube, der noch nicht von der säkularen Gewalt der politischen Gnosis zerstört worden ist, müsste die Kraft aufbringen, das Gegenteil der Selbstgewissheit zu suchen. Die Reste der christlichen Religion erinnern in einer säkularen Welt daran, dass der Mensch die Wahrheit nicht kennt und dass er sich nicht an die Stelle des strafenden Gottes setzen soll. Ein solcher Glaube wäre das Gegenteil der Gnosis, und er wäre eine Warnung vor dem Hochmut der falschen Propheten. Doch was vom Glauben übrig bleibt, reicht gerade noch für die Ansprüche des Subjekts, sich zum Gott zu machen. Und was von den Religionen übrig blieb, ist in der postchristlichen Welt ein Häuflein verstummter Rituale, die für die wöchentliche Moralpredigt reichen, während sie in der politischen Gnosis autoritärer Regime oder den Ideologien des Islamismus und Christianismus von Wutpredigern zur Sprengladung des Fanatismus zusammengekehrt werden.

HOFFNUNG

GLAUBEN OHNE HOFFNUNG

Die Tugend der Hoffnung
ist die Tugend des »Noch nicht«.
Josef Pieper[57]

Der Mensch ist das Mängelwesen, das zu früh geboren wird. Vom ersten Atemzug ist es von der Not getrieben, geborgen zu werden. Niemals steht der Mensch sorglos und mit beiden Beinen in der Natur. Sein Dasein ist vom Anfang bis zum Ende ein Weg, den es zu finden gilt. Die Offenheit des Weges ist Ursprung der Angst wie der Hoffnung. Ohne diese Offenheit des Weges wäre das Leben kein menschliches.

Wenn Paulus die Hoffnung nach dem Glauben und vor der Liebe als Grundtugend des Christen beschwört, so tut er dies im Bewusstsein, dass sie ebenso häufig in Gefahr gerät, verloren zu gehen. Das Leben ist voller Stationen, in denen die Hoffnung sinkt. Und die Hoffnungslosigkeit gehört zu den schwersten Prüfungen des Menschseins. Wer in aussichtsloser Lage nicht die Hoffnung verliert, der erfährt allgemeine Bewunderung. Und in der Bewunderung schwingt die Ahnung mit, dass die unerschütterliche Hoffnung nicht allein im Menschen wurzelt. Ohne Gottes Beistand gibt es keine Hoffnung, denn ohne ihn wird die Hoffnung zu einem

Kalkül, das die Lage berechnet und seine Schlüsse daraus zieht. In der Hoffnung lebt ebenso wie im Glauben und der Liebe ein Geschenk, das wir uns nicht selber machen können. Ohne die Gnade der Hoffnung wird alles Planen zu einer sorgenvollen Abwehr des Schlimmsten und jeder Widerstand zu einem Menetekel des Endes. Wer ohne Hoffnung lebt, der lebt nicht nur in einer verschatteten Welt, sondern der entfernt sich in seinem Tun von Gott.

Unsere Zeit hat den Glauben ohne Glauben erfunden, und die Hoffnung fristet in ihr ein ebenso verzweifeltes Schattendasein. Die Hoffnung ist zu einem Geschäft geworden, in dem die Hoffnungslosigkeit die Ware ist. Wohin man schaut, wird die Hoffnungslosigkeit zu Markte getragen. Nichts verspricht mehr Aufmerksamkeit als die Beschwerde, und nichts erregt die Gemüter stärker als die Behauptung, dass alles immer schlimmer werde. Wer das Gute benennt, wird reflexartig mit dem Vorwurf überzogen, man wolle das Schlechte verstecken. Wer Hoffnung predigt, dem wird Leichtsinn oder Realitätsferne vorgeworfen. Der säkulare Glaube hat die Hoffnung von einer Gnade zu einem Kalkül herabgestuft, das objektive Fakten braucht, denen man Glauben schenken kann. Doch die Zuversicht, die aus der wissenschaftlichen Prognose folgt, ist etwas anderes als die Hoffnung, die uns als Gabe innewohnt.

Der Zweifel, der in der konkreten Situation ein sinnvoller Antrieb zur weiteren Arbeit sein kann, wird als Lebensgefühl der Hoffnungslosigkeit zum Gegenteil. Wenn die Hoffnung als naives Sentiment verlacht wird und wenn allein die Verzweiflung und der Protest als ernsthafte Haltung akzeptiert werden, lebt man in einer Welt der Gottferne. In den starken Worten der christlichen Theologie wird ein solches Leben als

Verdammnis bezeichnet. Die Erklärung hierfür ist so einfach wie für unsere Ohren ungewohnt: »Die Verdammung ist die unwiderrufliche Fixierung des Willens auf das Nichts.« Ist der Geist einmal auf das Nichts fixiert, so ist er untauglich, die Offenheit des Lebenswegs zu begrüßen. »Das seinshafte innere ›Noch nicht‹ wird schlechthin zum seinshaften inneren ›Nicht‹.«[58]

Es ist beängstigend, wie exakt diese Erklärung der Verdammnis den Zeitgeist der Jahrtausendwende in den westlich säkularen Gesellschaften erfasst. Überall entstehen Bewegungen, die das Ende der Welt nahe wähnen. Und überall wächst die Unversöhnlichkeit, dem Anderen sein Leben und seine Meinung nicht mehr zuzugestehen. Es ist, als wären alle von einem Nichts gebannt, das die Offenheit des Lebens zu einer schwarzen Nacht verdunkelt. Optimismus gilt als Mangel an Informationen, und wer lacht, hat die Tragödie noch nicht erlebt. Die Hoffnung wird zum Gegenstand des Spottes. Die Hoffnungslosigkeit wird zur Wut, die der Welt einen Denkzettel verpassen will, und die Predigt der Apokalypse wird zur leichtsinnigen Pose, in der die Resignation nach Bewunderung heischt.

Schaut man mit der Erklärung von Josef Pieper auf die Hoffnungslosigkeit unserer Zeit, so wird die Lähmung durch das innere ›Nicht‹ überdeutlich. Wenn die stärksten Energien aus dem Schwarzsehen erwachsen, wird die Hoffnungslosigkeit vom Lebensgefühl zur Politik und zum Geschäft. Der Handel mit der Dunkelheit verspricht vielfältigen Gewinn. Die Schattierungen der Hoffnungslosigkeit finden sich heute in den panischen Gefühlen, dem empörten Aufschrei und der anklagenden Betroffenheit.

Alle diese Gefühle würden als Ausdruck der Hoffnung

eine gänzlich andere Gestalt annehmen. Die Angst wäre eine Bitte um Hilfe, die Empörung würde sich beruhigen wollen, und die Betroffenheit würde Vertrauen und Nähe suchen. Doch im Zeitalter des großen Nichts setzen alle diese Gefühle ihre negative Seite absolut. Panik und Angst feiern sich als radikale Geste, die Empörung genießt ihre Selbsterregung, und die Betroffenheit sucht die Beschämung der Anderen.

Die Bekenntniskultur, die in den sozialen Netzwerken zelebriert wird, und die archaische Lust, den Anderen mit Ächtung zu verfolgen, sind die hässlichen Gesichter der Hoffnungslosigkeit. Die Selbstimmunisierung des säkularen Geistes ist von den eigenen Erfindungen so gebannt, dass er seine Verdammnis darin nicht zu erkennen vermag. So wird die enthemmte Skepsis als Illusionslosigkeit geadelt und zum Ausweis des kritischen Individuums erhöht. Das allgemeine Bescheidwissen stellt sich über jede Hoffnung und ist stolz auf sich selbst.

Diese Umwendung der Gefühle ist ein Kennzeichen unserer Zeit, in der die Glaubensreste ihr unseliges Eigenleben führen. Die beschwerliche Verweigerung der Hoffnungslosigkeit zeigt sich im großen Nichts des Nihilismus, im großen Nein des Protestes und in der Wut des Egoismus.

NIHILISMUS

Die Seelen werden blind für die Hoffnung, weil ihnen etwas fehlt und weil sie etwas überreichlich haben. Es fehlt ihnen die Verbundenheit mit der Welt und die Öffnung des Geistes für die Sphäre, die ihren Horizont übersteigt. Was sie überreichlich haben, sind Ansprüche an die Welt und der Stolz auf ihre technischen Fertigkeiten.

Der »Nihilismus« ist der Name für das Nichts, das die Seelen erblinden lässt und die Gesellschaften blockiert. Das Nichts auszuleuchten ist die verwirrende Aufgabe unserer Zeit. Der Nihilismus galt seinen Jüngern als radikale Konsequenz eines Lebens ohne Gott. Ihre Euphorie, in der sie sich von der jahrtausendelangen Bindung an die Götter befreiten, übertönte den Schmerz, den die Seelen erlitten, als sie sich vom Glauben losreißen mussten. Die Träumer des Absoluten (wie sich die russischen Anarchisten selbst bezeichnet haben), die nietzscheanischen Nihilisten, die den Übermenschen herbeiphantasierten, oder die Zornwellen wütender Menschen, die sich über die Welt ergießen: Sie alle sind Folgen der Begeisterung für das Nichts. Der Schock darüber, keine Heimat im Himmel mehr zu haben, münzt sich um in den Rausch, in dem sie jetzt als Herren ihrer selbst die Welt erobern. Schon Heinrich Heine hat in seiner *Geschichte der Religion und Philosophie in Deutschland* einen Vorgeschmack auf die Apokalypse des Nihilismus gegeben. Er prognostiziert mit Blick auf das geistige Erbe des Philosophen Johann Gottlieb Fichte einen Aufstand der verblendeten Politik-Idealisten, deren Ideale reine Gedanken sind und darum von keiner Wirklichkeit mehr erreicht oder widerlegt werden können: »Es werden bewaffnete Fichteaner auf den Schauplatz treten, die in ihrem Willens-Fanatismus weder durch Furcht noch durch Eigennutz zu bändigen sind; denn sie leben im Geist, sie trotzen der Materie, gleich den ersten Christen, die man ebenfalls weder durch leibliche Qualen noch durch leibliche Genüsse bezwingen konnte; ja, solche Transzendentalidealisten wären bei einer gesellschaftlichen Umwälzung sogar noch unbeugsamer als die ersten Christen, da diese die irdische Marter ertrugen, um dadurch zur himmlischen Seligkeit zu gelangen, der Transzendentalidealist aber die Marter selbst für eitel Schein hält und unerreichbar ist in der Verschanzung des eigenen Gedankens.«[59]

Der Übermensch, der seine Kraft zum grenzenlosen Leben feiert, und der Mensch des Ressentiments, der sich und die Welt verachtet, sind die beiden Seiten des Nihilismus. Das Gefühl der Freiheit ahnt seitdem, dass in ihm die Angst vor dem Nichts schlummert. Der Aufwand, den unsere nihilistischen Kulturen betreiben müssen, um Freiheit und Bindung in Balance zu bringen, ist exorbitant. In allen politischen Programmen und in allen sozialen Systemen muss an der Erfindung und Durchsetzung von Regeln gearbeitet werden, wie maximale Sicherheit mit maximalem Individualismus vereinbart werden kann. Doch nicht erst seit Kafkas dystopischen Phantasien einer ins Mystische umschlagenden Bürokratie dämmert den anspruchsvollen Zeitgenossen, dass die bodenlose Freiheit einen unendlichen Regress von Einhegung und Unsicherheit nach sich zieht. Jede politische Entscheidung und jede neue Regel provozieren zwanghaft ihren Widerspruch.

Die Talkshow mit ihren ritualisierten Disputen ist die Messe des nihilistischen Weltbeobachters. In ihr wird dem Widerspruchsgeist als Königsdisziplin des säkular befreiten Gemüts gehuldigt. Die eigentlich subversive Tat innerhalb der vorgebahnten Wege des Streits wäre das Einverständnis. Die von René Girard gestellten Fragen »Warum kämpfen wir? Und wie hören wir wieder auf?«[60] werden ignoriert. Die Beantwortung der letzten würde zum Innehalten auffordern, denn sie lautet: mit der Nächstenliebe. Doch nichts erscheint dem individuellen Rechthaber unvorstellbarer, als die Richtigkeit des eigenen Standpunkts in Frage zu stellen und die Möglichkeit einzuräumen, der Andere könnte recht haben. Der Widerspruchsgeist ist der Heilige Geist des Nihilismus. In ihm schafft sich nicht nur jedes Argument sein Gegenargument, sondern auch jedes Gesetz schafft seine eigene Ausnahme, die zwanghaft von der individuellen Freiheit ausgenutzt wird. Wenn die Talkshow und das tägliche Meinungsgewitter die Messen des Nihilismus sind, dann sind die Bücher mit den *Tausend legalen Steuertricks* und der Beschreibung: *Hass – Von der Macht eines widerständigen Gefühls* die Bibeln des gewieften Egoisten.

In einer nihilistischen Welt wird der existentielle Grundklang immer dissonanter. Denn das moderne Lebensgefühl will sich auf die systemische Ordnung verlassen können und zugleich dem Drang nach individueller Freiheit folgen dürfen. Die Autonomie des Einzelnen vertraut dabei nicht nur auf die Gültigkeit der Gesetze, sondern erwartet vor allem, dass der Freiheitsanspruch nicht für jeden und für alles gilt.

Man besteht auf seiner Autonomie und klagt mit dem Bürgerlichen Gesetzbuch seine Rechte gegenüber den Ansprüchen der Mitmenschen ein. Man erwartet vom Sozialstaat, dass er sich um alles kümmert, was einem wichtig erscheint, aber ist empört, wenn man selbst einen Teil der Belastung übernehmen soll. Man trägt seine Identität wie eine Monstranz vor sich her und erwartet, dass ihr gehuldigt wird. Zugleich findet man es unerträglich, mit welchem Anspruch die Mitmenschen das gleiche verlangen.

Und was im sozialen Leben gilt, soll auch für die Beschäftigung mit sich selbst gültig sein. Die Selbsterkundung verlässt sich darauf, dass bei dem Gang ins Innere die Welt weiterhin ihren Dienst erfüllt. Und nicht nur die Welt soll funktionieren, auch die Abgründe der Seele sollen nicht zum Absturz führen, sondern eine abenteuerliche Reise bereithalten. Man schaut auf sich selbst und möchte von der Selbstentfremdung nicht unangenehm überrascht werden. Man träumt sich in ferne Welten und fährt mit dem Zug zum geplanten Ziel. Der Anspruch, dass beides zugleich passiert, erscheint dem modernen Zeitgenossen nicht einmal mehr ein kurzes Wundern wert. Dabei ist das größte Wunder nicht die Technik des Verkehrs oder die Selbstdisziplin einer aufgeräumten Psyche, sondern der Anspruch des Individuums, über Welt und Seele wie ein Gott herrschen zu wollen.

Die nihilistische Gesellschaft muss gewaltige Energien aufwenden, um das Funktionieren des Individualismus zu gewährleisten. Und das Individuum braucht gewaltige Anstrengungen, um den Riss zwischen seinem Freiheitsdrang und seiner Angst vor der Bindungslosigkeit zu überspannen. Aus der Perspektive einer vorsäkularen Welt erscheinen diese Anstrengungen übertrieben, und sie erinnern nicht von ungefähr an die Nöte eines Lebens außerhalb des Paradieses. Der säkulare Mensch übernimmt eine Funktion, die zuvor Gott erfüllt hat. Mit dieser Aufgabe ist er, so sieht es der gläubige Mensch, vollständig überfordert. Denn der Mensch, der sich und seine Systeme für eine gottlos gültige Realität hält, in der er sein neues Paradies errichten will, verläuft sich zwangsläufig in einem Labyrinth von Paradoxien.

Die Stress-Symptome des modernen Lebens sind Ausdruck eines Lebens, das sich in diesen Paradoxien verlaufen hat. In ihnen wechseln sich Blockaden und Beschleunigung unablässig ab. Man sucht die persönliche Freiheit und findet überall Gesetze. Man will sein Lebensglück finden und sieht sich überall von den Ansprüchen der Mitmenschen bedroht. Man scheut die Bindung des Glaubens und steht erschrocken vor der Einsamkeit der Existenz. Und auch der umgekehrte Weg ist paradox: Man sucht nach Heimat und findet die alltäglichste Verrichtung im globalen Netz der Missgunst und Manipulation verstrickt. Man sucht Verbindlichkeit und stellt fest, dass überall die Veränderung den Ton angibt. Man sucht nach einem Mitmenschen und trifft Individualisten. Man sucht sich selbst und findet ein Meer von Möglichkeiten.

Über der Gesellschaft der Einzelnen wölbt sich der allesbergende Staat. Wie der Allmächtige Gott wird er für jedes Schicksal verantwortlich gemacht, und wie eine Armee von ungläubigen Hiobs stehen die Bittsteller vor den Pforten der Bürgerämter. Die Dialektik von Entmündigung und Erlösungserwartung überbietet sich im bürokratisch regierten Staat immer wieder. Der neue Gott ist je nach medialer Gestimmtheit »der Kanzler«, »die da oben« oder einfach nur »der Staat«. Die Dialektik von Gängelung und Unsicherheit besteht darin, dass die naive Erlösungserwartung nicht nur aus einem verirrten Glauben herrührt, sondern von der Regierungsmethode produziert wird. Wenn jeder Lebensvollzug von bürokratischen Regeln bestimmt wird, deren Einhaltung peinlich beachtet werden muss, bleiben die Folgen für die Seele nicht aus. Die zahlreichen Regeln, die im Levitikus (3. Buch Mose) aufgeschrieben sind, werden heute von jedem Leihvertrag für ein Paddelboot in den Schatten gestellt.

In der Allgegenwart der Regeln manifestieren sich die säkularen Glaubensreste. Jeder muss sie beachten, und zugleich erzeugt die Abhängigkeit eine unerfüllbare Erwartung an die Instanz, die diese Regeln erlässt. Es wird aber niemals eine Erlösung in der Bürokratie geben, denn ihre Funktion besteht darin, die individuellen Ansprüche durch Ordnung vom Konflikt abzuhalten. Den Befunden, dass ein allesüberwölbendes Ordnungswerk nicht nur Frieden, sondern auch Frustration erschafft, und dass die Unterwerfung unter Regeln, die niemand mehr alle kennen kann, metaphysische Sehnsüchte weckt, kann nicht wiederum mit bürokratischen Mitteln begegnet werden. Die Erlösungserwartung wird ohne Hoffnung auf Resonanz formuliert. Die alltäglich produzierten Glaubensreste, deren Hoffnung ebenso oft frustriert wird, bilden den Grundklang einer säkularen Verwaltung.

Sind Seele und soziales Leben säkularisiert, stehen Mensch und Welt in dem mühsamen Verhältnis der permanenten Aushandlung. Da dieser Prozess unendlich dauert und keine Erlösung mehr denkbar scheint, werden Welt und das eigene Leben je nach Weltanschauung als absurd, als kontingent oder als tödlich erkrankt erlebt. So erzeugt das große Nichts des Nihilismus die Verdammnis der Hoffnungslosigkeit, gegen die er als Protest dann ankämpfen wird.

PROTEST UND UNFEHLBARKEIT

Viele werden sich vom Glauben abwenden,
einander verraten und hassen.
Falsche Propheten werden in großer Zahl
auftreten und viele verführen.
Matthäus 24, 10–11

Wenn Gott tot ist, dann ist alles erlaubt, so wurden die Nihilisten niemals müde zu beteuern. Dass sie damit ihre Autoritätshörigkeit offenbaren – erst wenn der Lehrer die Klasse verlässt, können die Schüler über die Bänke toben –, scheint sie nie gestört zu haben. Nur ohne Autorität fühlen sie sich frei, und das reicht ihnen.

Das krumme Holz, aus dem der Mensch gezimmert sein soll, zeigt im Nihilismus besonders viele Verwachsungen. So soll der Tod Gottes entweder aus einer seelischen Ermattung des letzten Menschen oder aus dem Überschwang des Übermenschen erfolgt sein. Entweder sind wir zu müde oder zu lebendig, um an Gott glauben zu können. Das Resultat ist für die Nihilisten das gleiche: Die Menschen der Moderne sind nicht mehr glaubenswillig. Diese bedenkliche Diagnose versetzt das krumme Holz in aggressive Schwingungen. Ohne Gott fühlt es sich plötzlich frei, seinen Gedanken endlich Taten folgen zu lassen. Der strafende Vater ist tot, die Kinder können so leben, wie sie wollen. So schlicht diese Vorstellung auch ist, so wirkungsvoll ist die Tradition, die sie begründet hat. Der Relativismus der Werte soll seine wichtigste Folge sein. Ohne eine letzte Instanz fällt der Mensch in die Vielfalt der Wahrheiten. Ohne den autoritären Vater kann sich das Individuum zum Gott erklären und seine eigene Welt erschaffen.

Eine besonders verlockende Gestalt fand das krumme Holz im Weltgefühl der Absurdität. Für den Gläubigen stellt die *absurdia* die größte Prüfung dar. Das »*credo, quia absurdum est*« gehört seit den Urchristen zum Kern des Glaubens. Ich glaube, weil es meine Vernunft übersteigt. Menschen können Gott nicht erkennen, und sie können ihn auch nicht beweisen. Der Glaube folgt gänzlich anderen Gründen, als sie der rationalen Vernunft bekannt sind. So folgt aus dem Glauben die Demut. Denn nur im Glauben, der von Menschen nicht begründet werden kann, gibt es die Öffnung für das Göttliche, das den menschlichen Geist übersteigt.[61]

Die Weltanschauung des Absurden, die im 20. Jahrhundert populär wird, ist jedoch kein Kind des Glaubens, sondern des Nihilismus. Das Gefühl der Absurdität soll nun die plausible Antwort auf das Leben des nervösen Großstädters sein. Entfremdet von den Rhythmen der Natur, konkurrierend mit den Bedürfnissen seiner Mitmenschen und gestresst von den Zwängen der Arbeit, erscheinen ihm Leben und Welt wie eine überdrehte Maschine. Ihr Sinn besteht allein darin, dass sie sich immer weiter und immer schneller dreht. Doch die Schlussfolgerung, die die Verfechter des Absurden daraus ziehen, ist weniger harmlos. Es erscheint ihnen allzu verlockend, sich den Stillstand der Welt vorzustellen. Das Leben im Hamsterrad ist vollendet sinnlos, so provoziert es die Phantasien der Sabotage.

Die Absurdität und die Revolte sind geistige Zwillinge. Ihre gemeinsame Botschaft ist so einleuchtend wie folgenreich: Die Mühe, die es macht, die Maschine am Laufen zu halten, ist unendlich und sie ist ebenso unendlich sinnlos. Alles, was ist, ist nur die Folge von Regeln, die willkürlich entstanden sind und jetzt behaupten, sinnvoll zu sein. Die Revolte gegen die moderne Maschine, die sich als Leben ausgibt, beginnt mit der Einsicht, dass alles nur Willkür ist. Das krumme Holz hat in dem Bemühen, ein wenig Heimat in der Welt zu finden, ein Dickicht von Zwängen erschaffen. Wer nicht begreift, wie abgründig sinnlos das alles ist, der hält die Zwänge für sein Leben. Wer fleißig mitläuft, ist, so stellen die Jünger des Absurden triumphierend fest, ein Idiot.

Es ist leicht zu verstehen, warum die Gedankenspiele der Revolte und des Absurden ganze Generationen von Heranwachsenden in ihren Bann geschlagen haben. Die Entlastung war zu verlockend. Nicht mehr das eigene krumme Holz bedarf der bildenden Arbeit, sondern das Gesamt des Lebens ist sinnlos, weswegen es nicht zu schlechtem Gewissen führt, wenn man sich unpassend dazu verhält. Krumm zu sein ist die einzig sinnvolle Antwort auf eine absurde Welt. Krumm zu sein bedeutet, selbst der Sand zu sein, der ins Getriebe der falschen Abläufe geworfen werden muss. Allein die Revolte verspricht ein richtiges Leben im falschen. Der Revoltierende zeigt, dass er die Verblendungszusammenhänge durchschaut hat. Seine Freiheit ist die Verwirklichung des Nihilismus, und sie ist zugleich die moralische Tat, sich dem falschen Ganzen gegenüber zu verweigern.

Doch in der Verkopplung von Revolte und Absurdität liegt ein Widerspruch verborgen, der zum Betriebsgeheimnis der nihilistischen Revolte gehört: Auf der einen Seite propagiert der Nihilismus die Relativität aller Werte. Die Welt ist eine absurde Anstrengung, weil es nichts Schönes, Wahres und Gutes gibt, das für alle gelten kann. Auf der anderen Seite erhebt der Revoltierende für sich den Anspruch, die einzig richtige Haltung zur Sinnlosigkeit einzunehmen. Moralisch ist, wer gegen das Sinnlose revoltiert. Der Mensch in der Revolte ist gut, indem er propagiert, dass es nichts Gutes gibt. Er ist wahr, weil er die Unwahrheit der Anderen entlarvt. Und seine Revolte ist schön, weil sie das hässliche Ganze stört. Mit einem Wort, das große Nein der Revolte ist die innerweltliche Erlösung des Nihilisten. Es ist also verständlich, dass ihr Betriebsgeheimnis gut verborgen bleiben muss. Denn die Revolte ist weder schön noch wahr oder gut, sondern sie verwandelt den Widerspruch zur Welt in eine paradoxe Haltung, die zum Grundgefühl des Menschen in der Moderne gehört.

¶

Ist die Revolte die nihilistische Schwester des religiösen Fanatismus, so ist der Protest der bürgerliche Zögling der Revolte. Protest gehört zum Selbstbild des Individuums, das seine Ansprüche durchsetzen will. Im Protest tritt das Ich mit der Autorität einer höheren Wahrheit auf. Diese Wahrheit reklamiert, die Verbesserung der Welt oder zumindest des eigenen Lebens bewerkstelligen zu können. Man ist dagegen, weil man etwas Gutes will. Die Antwort moderner Gesellschaften auf den Protest ist ebenfalls paradox. Wer protestiert, darf, je größer der Widerstand gegen seinen Protest wird, darauf hoffen, eben hierfür Aufmerksamkeit und Zuspruch zu bekommen. Es ist also nicht nur der Protestierende zugleich dagegen und dafür, sondern auch die Gesellschaft reagiert mit Abwehr, die zur Anerkennung führt.

Diese Form der Kritik und Kritikakzeptanz ist ein Markenzeichen offener Gesellschaften. Sie scheinen damit bisher deutlich besser zu fahren als die autoritären Systeme, in denen Protest als gefährlicher Widerstand verfolgt wird. In geschlossenen Gesellschaften ist es nicht möglich, gleichzeitig dafür und dagegen zu sein. Sie verweigern das Paradox und ziehen die Eindeutigkeit vor: Wer nicht für sie ist, ist gegen sie. Der Zwang zur Eindeutigkeit führt zu der Geschlossenheit, die vor allem darin besteht, dass Gesellschaft und Protest sich einander verschließen und so verhindern, dass sie voneinander lernen können. Die Bekämpfung von Protesten führt in autoritären Systemen also nicht nur dazu, dass das Leben unfreier ist, sondern sie führt vor allem dazu, dass Innovationen unterdrückt werden.

Denn jeder Protest birgt in sich das Potential einer positiven Veränderung. Das bedeutet nicht, dass jeder Protest ein positives Ziel hat, aber selbst ein Protest mit negativen Zielen kann in der Gesellschaft einen Widerspruchsgeist wecken, der dann positive Wirkungen haben kann. Systeme brauchen Probleme, und Gesellschaften brauchen Proteste, um nicht in der Gewohnheit zu erstarren. Sind die Reaktionen auf den Protest hingegen nur davon bestimmt, dass die Autorität ihre Macht verteidigt, dann bleiben Probleme unbenannt, und es kann sich kein gesellschaftliches Selbstbewusstsein bilden. Je vehementer die Herrschenden den Protest unterdrücken, desto dümmer werden ihre Handlungen und desto erosionsanfälliger wird die Basis ihrer Macht.

Der Protest scheint eine gelungene Form zu sein, in der sich die individuelle Meinung wieder zum Gesamt der Gesellschaft verhalten kann. Die Gefahren des modernen Protestes liegen auf einer unerwarteten Ebene. Es ist nicht mehr die Macht, die sich vor dem Protest fürchten muss, sondern es ist der Inhalt des Protestes, der Schaden nehmen kann. Die Gefahr geht vom Erfolg des Protestierenden aus. Denn je mehr die Erfahrung gemacht wird, dass das Dagegensein das Dabeisein stärkt, desto mehr wird der Protest zu seinem eigenen Ziel.

Die Revolte war ein Ausdruck des einsamen Subjekts, das seine bindungslose Existenz als Wahrheit behauptet und damit zum Fundament eines neuen, radikal individuellen Sinns gemacht hat. Die Revolte bezieht ihren Impuls aus diesem radikalen Außerhalb der Gesellschaft. Der Protest hingegen resultiert aus dem Willen, das Falsche in der Gesellschaft verändern zu wollen. Doch das positive Ziel des Protestes gerät, je erfolgreicher er ist, immer mehr in die Rolle der Revolte, in der das Ich seine Verneinung der Welt feiert. Die Aufmerksamkeit, die Protest in säkularen Gesellschaften erfährt, treibt ihn in die Sackgasse der Selbstbeschäftigung. Je mehr der Protest mit dem Impuls der Revolte verschmilzt, desto mehr wird der Protest zu seinem eigenen Inhalt und desto ferner rückt die konkrete Veränderung. Es lohnt sich also, die irritierende Verbindung von Revolte und Protest noch einmal zu betrachten.

¶

Wer nicht nihilistisch auf die Welt schaut, erkennt, dass Veränderungen durch Arbeit im Inneren der Systeme erfolgt. Diese Einsicht führte zu politischen Parolen, die den langen Marsch durch die Institutionen verlangen oder zur Einsicht in die Mühen der Ebene auffordern. Der Protest will diesen Schritt überspringen und sucht nach einer Abkürzung. Die Ursachen hierfür können vielfältig sein. Entweder wird nicht mehr an die Reformierbarkeit der Systeme geglaubt, oder die Reformen erscheinen zu langwierig und das eigene Leben als zu wertvoll, um es im Dienst der Reform zu verschleißen. Proteste, die sich auf den Klimawandel beziehen, fügen eine neue Komponente hinzu. Nun ist es nicht mehr die eigene Lebenszeit, die als zu knapp oder zu kostbar empfunden wird, sondern der Welt insgesamt wird nur noch eine sehr kurze Lebensspanne zugemessen, in der Veränderungen möglich sein sollen. Aus diesem Grund wird der Protest, der eine schnelle magische Lösung erzielen soll, zur einzigen Option.

Der erfolgreiche Protest in der Gegenwart organisiert Angriffe auf die Reputation des Systems, um seine Legitimation in Frage zu stellen. Dass ein verlassenes Dorf, das vom Braunkohletagebau weggebaggert werden soll, keine reale Funktion mehr hat, ist allen Beteiligten klar. Doch schafft es der Protest, dieses Dorf zum Symbol zu erklären, an dem sich das Schicksal der Menschheit entscheidet, dann führt seine Verteidigung zu einer Massenmobilisierung. Die Räumung durch die Polizei wird zu einer Inszenierung, die genau die Bilder liefert, die der Protest braucht. Der Staat muss mit Gewalt den weiteren Kohleabbau durchsetzen. Die fossile Energiequelle nimmt weiteren Schaden an ihrer Reputation. Der Preis für die Kohle steigt in die Höhe, und es könnte zu der ökonomischen Abwägung kommen, ob der Preis noch gerechtfertigt ist. Sollte das Unternehmen zu der Entscheidung kommen, dass der Imageschaden die Gewinne überwiegt, hat der Protest gewonnen. Doch er hätte auch einen Erfolg erzielt, wenn das öffentliche Bewusstsein über die Kosten der fossilen Energie gewachsen wäre. In beiden Fällen ist es unwichtig, ob die Blockade die Räumung nur einige Tage oder gänzlich verhindert hat.

Die politische Erkenntnis liegt darin, dass ein Protest, wenn er es geschafft hat, ein Symbol für sein Anliegen zu erzeugen, in jedem Fall profitiert. Die Repräsentation des Problems ist die notwendige Voraussetzung, dass es bearbeitet werden kann. Ein Staat, der Unternehmerinteressen mit Gewalt durchsetzen muss, produziert Bilder, in denen gezeigt wird, dass das System eine gewalttätige Seite hat. Diese Botschaft ist die eigentliche Absicht des Protestes. Doch ist diese Botschaft angesichts der Dimension des Klimawandels nicht mehr als ein Nadelstich.

Die Klimaproteste sind also in einer verzweifelten Lage. Sie haben nur die Wahl zwischen der Skylla der Nadelstiche des Protestes, die harmlose Impulse für die Innovation des Bestehenden geben, und der Charybdis der Revolte, die sich in der Intensität der Selbststeigerung verläuft. Das freundliche Gesicht von Fridays for Future hat ein Klima-Bewusstsein geweckt, das von Werbebotschaften und Politikversprechen eingelullt wird. Und die Panik der Letzten Generation hat sich in die Meinung verrannt, mit Sekundenkleber die Apokalypse aufhalten zu können. Solange ein Protest der individuellen Profilierung und systemischen Perfektionierung dient, bleibt er in der Welt gefangen, die es zu verändern gilt. Und solange die Revolte mit dem Nihilismus kokettiert, bleibt ihr großes Nein ein Rausch, der vor allem das Ich stärkt. Der Protest kommt nicht aus einer anderen Welt, und die Revolte will nicht eine neue Welt erobern.

Protest und Revolte sind zu Wirkkräften im System der allgemeinen Beschleunigung, Innovation und Weltzerstörung geworden. Wenn es kein Außen mehr zum »Weltinnenraum des Kapitals«[62] gibt, dann ist jeder Widerstand ein Marsch durch die Institutionen. Diese triste Einsicht soll aber vermieden werden, und so kleidet sich die säkulare Seele, die sich in den Widerstand wirft, ins Gewand vergangener Heldentaten. Damit versteckt sie notdürftig das T-Shirt, auf dem bereits das Motto ihres Protestes prangt, das weltweit vermarktet wird. Wenn aus der Überzeugung eine Ware gemacht wird, ist es unwahrscheinlich, dass eine Situation entsteht, die in die Nähe der Metanoia führt. In jedem Geschäft, sei es mit Waren, Erlebnissen oder Protestformen, steckt der Unernst der Kontingenz. Die bedenkliche Eigenart der Kontingenz besteht darin, keine Veränderung zu verhindern, aber die Veränderungen einer Metanoia undenkbar zu machen.

Der Protest verfehlt ebenso wie die nihilistische Revolte die Dimension des Klimawandels. Das ist aber kein Zeichen für die falsche Strategie, sondern folgt aus der noch unbekannten politischen Gestalt des Anthropozäns. Die Geschichte kannte bisher nur politische Konstellationen, in denen sich Gruppen von Menschen gegenüberstanden. Im Anthropozän tritt die gesamte Menschheit als geologischer Faktor auf. Das ist so neu, dass es noch immer in den Kategorien vorheriger menschlicher Konflikte beschrieben wird. So sollen wahlweise die Reichen besondere Schuld tragen oder alle Menschen des Westens, die übermäßig konsumieren, oder China und Indien sind besonders schuldig, da sie die industrielle Revolution im gigantisch vergrößerten Maßstab nachholen. Es scheint keine politische Gestalt denkbar, in der es nicht einen menschlichen Schuldigen gibt, den es zu bekämpfen gilt.

Doch die Lage ist in dieser Konstellation nicht einzufangen. Alle Menschen, die bisher gelebt haben und in Zukunft leben werden, sind Teil des geologischen Faktors des Anthropozän. Ihre milliardenfache Anzahl ist die menschgewordene Skalierung der individuellen Fähigkeiten zur Ressourcennutzung. Die tödliche Qualität des Menschseins besteht in dem Geschick, mit dem Tiere gezüchtet und qualvoll gemästet werden, den technischen Fertigkeiten, mit denen aus Äckern und Meeren maximaler Ertrag erzielt wird, und dem Erfindungsreichtum, mit dem die letzten Winkel der Erde erobert, ausgebeutet und mit Giften belastet werden können.

Es gibt im Anthropozän keinen menschlichen Feind mehr, der von Menschen bekämpft werden könnte. Es gibt nur noch das Kollektiv der acht und bald zehn Milliarden Individuen, die im Rahmen ihrer Möglichkeiten das bestmögliche Leben leben wollen. Eine Änderung der Lage ist nur noch vorstellbar in dystopischen Phantasien, wo Epidemien, Kriege, Migrationsströme und Klimakatastrophen millionenfach Tot und Elend bringen. In einer solchen Lage einen Protest zu versuchen oder gar eine Revolte gegen das Ganze im Namen des Nichts zu wagen, ist bemerkenswert verzweifelt und vergeblich zugleich.

Papst Pius XII. machte 1950 erst das zweite Mal in der Geschichte vom Dogma der päpstlichen Unfehlbarkeit in kirchlichen Lehrentscheidungen Gebrauch. Er verkündete, kraft seines Amtes, dass die Jungfrau Maria leibhaftig in den Himmel aufgefahren sei und dort zusammen mit Gott und Jesus über der Welt throne. Das Entsetzen der katholischen Welt über dieses absurd anmutende Dogma war leise, aber nicht weniger groß als das allgemeine, säkulare Unverständnis. Wie konnte ein Papst in der Mitte des 20. Jahrhunderts, im Angesicht der Atombombe und der Schrecken zweier Weltkriege, so eine märchenhafte Geschichte zum christlichen Glaubenskern erklären? Wie ernst das Dogma gemeint ist, zeigt die rituelle Schlusswendung der päpstlichen Sendung: »Wenn daher, was Gott verhüte, jemand diese Wahrheit, die von Uns definiert worden ist, zu leugnen oder bewusst in Zweifel zu ziehen wagt, so soll er wissen, daß er vollständig vom göttlichen und katholischen Glauben abgefallen ist.«

Die argumentativen Verrenkungen, die katholische Theologen und Pfarrer überall auf der Welt unternehmen mussten, um diese neue Lehrmeinung als Glaubenswahrheit zu verkünden, waren exorbitant.[63] Bis heute löst das Ammenmärchen Kopfschütteln aus, und spätestens mit dem Zweiten Vatikanischen Konzil wurde dieses Dogma lautlos in den Archiven des Vatikans abgelegt.

Allein C. G. Jung versuchte sich 1952 an einer bemerkenswerten Rettung der Mariä Himmelfahrt. Er verwies auf etwas, was von den Verteidigern wie Kritikern des Dogmas außer Acht gelassen worden war. Die Zahl der Marienerscheinungen hatte seit dem 19. Jahrhundert stark zugenommen. Vor allem Kinder hatten die Muttergottes gesehen. So stellte er die naheliegende Frage, was der Wunsch, Maria im

Himmel mit Jesus und Gott vereinigen zu wollen, eigentlich psychologisch bedeute. Er kam zu der irritierenden Antwort, dass sich in dieser Sehnsucht der Wunsch manifestierte, es möge im Himmel »ein Heilbringer, ein Friedensstifter, ein ›mediator pacem faciens inter inimicos‹ geboren werden«.[64]

Seine Schlussfolgerung ist bis heute atemberaubend. Er attestiert dem päpstlichen Dogma eine Einsicht in die »archetypischen Entwicklungen in der Seele des Einzelnen wie der Masse« und eine Fühlung »mit jenen Symbolen, welche die wahrhaft apokalyptische Weltlage zu kompensieren bestimmt sind«.[65] Das Marien-Dogma ist eine Antwort auf das globale Repräsentationsproblem der Massenvernichtung und der Atombombe. Eric Voegelin hatte zur selben Zeit gesagt, dass sich die Zukunft einer jeden Gesellschaft daran entscheidet, ob sie für die wesentlichen Probleme eine Repräsentation findet. Denn Probleme, die politisch und seelisch nicht realisiert werden können, treiben die Gesellschaft dem Abgrund zu.

Jung lässt sich also nicht auf die Frage ein, ob es Gott gibt oder das Doma einen wahren Tatbestand beschreibt, sondern er bezieht sich allein auf die psychische Dimension des Wunsches, der in dem Dogma eine religiöse Gestalt findet. Und dieser Wunsch besteht darin, dass jedes einzelne Ich im Individuationsprozess eine Begegnung zwischen dem Bewussten und Unbewussten erfahren muss. Da das Unbewusste nicht in der Sprache des Bewusstseins, also nicht in Begriffen spricht, greift es auf die Sprache der Symbole zurück. In ihnen zeigt sich eine Wahrheit, die der rationalen Vernunft nicht zugänglich ist.

Die Himmelfahrt der Gottesmutter ist das Symbol für die Sehnsucht, dass ein neuer Gott geboren werden möge. Dieser

Gott ist jedoch kein zweiter Jesus, sondern er inkarniert sich in jedem einzelnen Individuum. Die Geburt des Göttlichen im Menschen glückt nur, wenn das Ich sein gesamtes Selbst, das aus den Inhalten des Unbewussten besteht, anerkennt. Die Hoffnung liegt also darin, dass der Mensch, nachdem Maria zum Himmel aufgefahren ist, vollständiger sein wird, als es der entfremdete, von der Krankheit zum Tode gezeichnete und darum gierig-ängstliche Mensch ist. Der Papst hat, so deutet es Jung, diese Sehnsucht nach einem vollständigeren Menschsein erkannt und will ihr mit dem Marien-Dogma helfend zur Seite stehen.

Die Unfehlbarkeit des Papstes stellt sich quer zum absoluten Nein der Träumer des Absoluten und gegen die apokalyptischen Glaubenssätze der existentialistischen Revolte. Zwischen diesen drei Variationen von Transzendenz muss die aufgeklärte Vernunft im 20. Jahrhundert navigieren. Welcher Variation geglaubt und welche belächelt wird, ist aber weniger rational, als es die Vernunft sich selbst glauben machen will.

Das Marien-Dogma ist Wahrheit und falscher Wegweiser zugleich. Gerade weil es dem rationalen Kopf lächerlich vorkommt, sowohl auf der Ebene der religiösen Handlung als auch im symbolischen Gehalt seiner Botschaft, hätte es die Kraft zur Metanoia entfalten können. Doch eben diese performative Provokation und ihre symbolische Gegenwartsfremdheit hat die Ohren und Seelen verschlossen.

Nach C. G. Jung handelt es sich hierbei um einen bemerkenswerten, aber gescheiterten Versuch der katholischen Kirche, in den Lauf der Geschichte einzugreifen. Seine grandiose Wirkungslosigkeit kann als weiterer Beweis für den Fortschritt der Säkularisation gelten. Was vom Glauben übrig bleibt, reicht noch für ein Dogma, aber es reicht nicht mehr dazu, dass das Dogma den säkularen Glauben belebt. Die unglaubliche Dimension einer leiblichen Himmelfahrt konnte die Sehnsucht nach tiefgreifender Veränderung nicht unterstützen. So folgt der Prozess der Menschwerdung weiterhin den Bahnen des Individualismus. Hier zählt nicht das Unbewusste mit seinen Bindungen an den Kosmos des Lebens, sondern die Rationalität des abgepufferten Selbst und die Ansprüche des desengagierten Ich regieren die Welt.

¶

Schaut man unter dem Aspekt der Repräsentation von Transzendenz auf das Dogma, so wird die Leerstelle sogar noch größer. Eine Göttin, die dem einzelnen Gläubigen helfen soll, aus dem Gefängnis des Nihilismus auszubrechen, ist nicht nur unglaublich, sondern erscheint sogar lächerlich. Und zugleich ist man an Bruno Latours Versuche zum Beginn des 21. Jahrhunderts erinnert, eine Repräsentation für das Anthropozän zu finden, indem er an die Urmutter Gaia erinnert.[66] Gaia soll, so sein Vorschlag, ein neues Prinzip genannt werden, das die Menschen an die Erde und ihr Eigenleben bindet. Er möchte damit den Wettbewerb um die glaubwürdigste Transzendenz überwinden, um zu einer neuen Präsenz des Menschen zu kommen. Nicht als Revoltierender, nicht als Protestierender und auch nicht als Dogmengläubiger ist das für ihn möglich. Die Wegstrecke ist weiter und zugleich irdischer. Nur wenn der Mensch mit seinem ganzen Bewusstsein begreift, dass er auf der Erde lebt, ist ein Sinneswandel möglich, der ihn aus der Welt- und Selbstentfremdung befreien kann. Das säkulare Subjekt verhindert diese

Erdverhaftung ebenso wie der gottsuchende Blick in den Himmel. Doch sowohl die christliche Maria wie auch die mythologische Gaia wecken vorschnelle Urteile und öffnen in den säkularen Seelen kaum einen Weg zu den verschütteten Bindungen der Religion.

Wie sehr eine Repräsentation der globalen Gefährdung fehlt, zeigt sich heute darin, wie hoffnungslos die Versuche wirken, noch eine Gottheit nennen zu wollen, in der sich das ganze ökologische Weltsystem symbolisch vereinigen lässt. C. G. Jungs Deutung des Marien-Dogmas blieb zwar ebenso folgenlos wie das Dogma selbst, doch schimmert in ihm noch ein Funken von Hoffnung. Das Religiöse wird von ihm nicht als vergangener Glaube zurückgewünscht, sondern er vermag es, die psychische Dimension des Glaubens so zu beschreiben, dass zumindest verständlich wird, welche Sehnsucht in den Seelen darauf wartet, einen Halt im Himmel zu erhaschen.

Eine Individuation, die nicht den Weg des Nihilismus einschlägt, sondern die Verbundenheit mit der Erde sucht, könnte eine Metanoia bewirken. Ob es dafür Maria oder Gaia braucht und ob diese Göttinnen die nötige Erschütterung in den Seelen auslösen können, ist fraglich. Doch dass die Kraft dieser Glaubensversuche nicht ausgereicht hat, um über eine belächelte Provokation hinauszuwachsen, sollte die säkulare Vernunft nicht mit Stolz erfüllen, sondern mit Sorge. Denn damit wurden zwei weitere, vielleicht göttliche Fingerzeige verpasst, um in dem Experiment ohne Gott andere als die von Menschen gemachten Wege zu beschreiten.

So wird bis auf weiteres das Experiment weitergeführt. Doch entgegen der autoritätshörigen Hoffnung der Nihilisten ist ohne Gott nicht alles erlaubt, sondern alles bekommt einen doppelten Boden. Der eine Boden ist der der Kontingenz: Alles ist möglich, aber nichts ist notwendig. Der zweite Boden ist der des Nichts, das sich in der Revolte zeigt: So wie es ist, kann es nicht bleiben. Die Überzeugung des Nichts muss sich gegen die Skepsis der Kontingenz behaupten. Und die liberale Kraft der Kontingenz muss sich gegen die Energien der Empörung behaupten. Beide Seiten spielen nach denselben Regeln der säkularen Vernunft. Doch in diesen Regeln ist eine Trickkiste verborgen, mit der geschickte Jongleure mal die eine und mal die andere Wahrheit ins Licht stellen. So lautet die Formel des Nihilismus in Zeiten, in denen er als Kapitalismus herrscht: Wenn Gott tot ist, ist nichts mehr erlaubt, aber alles ist möglich für den, der das Geschäft mit den Paradoxien beherrscht.

GLAUBENSHÄRTE

Die wirksamsten Glaubenspartikel sind von der Religion in die Politik gewandert. Wo die Glaubensüberzeugung in der Welt sichtbar wird, tritt sie im Gewand der Politik auf. Der Selbstmordattentäter, der sich für seinen Gott inmitten von Ungläubigen in die Luft sprengt, ist die radikalste Form des politischen Glaubens. Doch auch der Pfarrer, der von der Kanzel die Fragen der Zeit beantwortet, spricht als Politiker. Wer seine Predigt mit der Floskel begründet, was wohl Jesus heute getan hätte, der feiert keinen Gottesdienst, sondern will seine politische Meinung mit der höchsten Autorität ausstatten. Aber auch in der umgekehrten Richtung kleidet sich der Glaube immer öfter ins Gewand der politischen Rede. Bruno Latours Erinnerung, dass Engel keine Informationen übermitteln, sondern die Seelen erschüttern, wird als unmögliche Aufgabe der Religion abgelehnt (siehe das letzte Kapitel). Die Verführung, durch eine zeitgemäße Sprache den Adressaten zu erreichen und durch eine fortschrittlich wirkende Weltanschauung Anklang zu finden, scheint nicht nur für Politiker, sondern auch für christliche Würdenträger unwiderstehlich.

Die Klagen der christlichen Amtskirchen über den Mitgliederschwund zeigen, dass sie die Glaubenskrise nicht religiös, sondern nur säkular deuten können. Die Krise der

Kirche manifestiert sich aber nicht in der Anzahl ihrer Mitglieder, sondern in der Art, wie die Kirche ihre Krise versteht. In ihrer Beschwerde über die Kirchenaustritte offenbart sich, dass die Kirche vor allem auf sich selbst und ihren Status in der Welt schaut, statt dass ihr Blick auf die religiös Ertaubten gerichtet wäre. Ihre Klagen sind in derselben Sprache formuliert wie die von säkularen Institutionen: Man befindet sich in einer Krise, hat Vertrauen verloren und muss die Anzeichen des Bedeutungsverlustes ernst nehmen. Bedeutung wird in Mitgliederzahlen gemessen wie bei Wahlen oder im Warenumsatz. Und um die Menschen wieder vom Produkt zu begeistern, gelobt man Veränderungsbereitschaft und will sich den neuen Herausforderungen stellen. Ungläubiger könnten priesterliche Augen kaum auf die Scherben ihrer zersprungenen Gemeinde schauen.

Man stelle sich einen Moment vor, die Kirchen hätten nicht auch den Prozess der Säkularisation durchlaufen. Dann wäre ihre Sprache die des Glaubens und ihre Sorge gälte nicht der eigenen Institution, sondern den Seelen der Menschen. Nicht die Kirche wäre in der Krise, weil immer weniger ihr Angebot annehmen wollten, sondern die Menschen wären in Gefahr, da sie sich von Gott entfernten. Eine solche Ansprache wäre eine Provokation, denn sie verträte den Anspruch, eine Wahrheit über das Seelenheil teilen zu können. Vermutlich würde die Provokation zu weiteren Kirchenaustritten führen. Und wahrscheinlich wäre die Anmaßung so ungeheuerlich, dass eher am Verstand des Predigers gezweifelt als über den Sinn seiner Botschaft nachgedacht würde. Nach dreihundert Jahren des Experiments ohne Gott begreifen Ungläubige wie Gläubige den zersprungenen Glauben nur noch mit dem abgepufferten Geist.

Aber nicht nur aus den Klagen der Amtskirchen spricht der säkulare Geist, auch die Messe entfernt sich von der Feier des Mysteriums und wird zur Übermittlung von Alltagsbotschaften, die den Ohren der wenigen Anwesenden schmeicheln wollen. Die religiöse Rede verwandelt sich von einer rituellen Sprache, die Teil einer heiligen Handlung ist, zur politischen Sprache, die Informationen und Meinungen kundtut. Ist dieser Weg einmal beschritten, so drängt er aus sich selbst immer weiter in die Säkularisation. Sind Worte nicht mehr Gebete, werden sie zu Forderungen, deren Gründe diskutiert werden müssen. Sind Sätze nicht mehr rituelle Handlungen, die eine Präsenz des Abwesenden erzeugen, werden sie zu Aussagen, deren Wahrheitsgehalt geprüft werden muss. Und wird die heilige Messe als Inszenierung durchleuchtet, in der mit Gesang und formelhafter Sprache ein irrationales Ereignis imaginiert werden soll, ist der Glaube durch das ästhetische Bewusstsein ersetzt. Die religiöse Sprache wollte Andacht und Gebet. Die politische Sprache nutzt die Glaubenspartikel, um Meinungen zu verbreiten und Kritik anzuregen. Nichts scheint heute unverständlicher als der Ausspruch des Mailänder Kardinals Carlo Martini (1927–2012): »Die Kirche erfüllt nicht Erwartungen, sie feiert Geheimnisse.«[67]

Diese Ernüchterung vollzieht sich aber nicht nur in die eine Richtung, in der ein kühler Beobachter das Heilige als falschen Zauber entlarvt, sondern die eigentliche Entzauberung geht von demjenigen aus, der die heiligen Handlungen ohne innere Bereitschaft ausübt und die heiligen Worte ohne seelische Resonanz ausspricht. Sakramentale Worte sind, wie Bruno Latour es formuliert hat, Worte, »die denjenigen, der sie ausspricht, verpflichten, zu tun, was sie sagen«.[68] Ob

Worte beseelt sind oder nur Informationen mitteilen, ist mit rationaler Sprache nur schwer zu erklären, aber selbst der nüchternste Zeitgenosse bemerkt den Unterschied. Michel Foucault hat für diesen Unterschied einst ein altes Wort aus der antiken Rhetorik bemüht. Die *parrhesia* ist eine Rede, die überzeugt, weil die Überzeugung des Redners in ihr erscheint. Im Vertrauen begegnet uns diese Qualität, und wir spüren, ob jemand das Gesagte ernst meint oder nur die Worte ausspricht. »Derjenige, der *parrhesia* gebraucht, ist jemand, der alles sagt, was er im Sinn hat: Er verbirgt nichts, sondern öffnet sein Herz und seinen Sinn.«[69] Das Sprechen in der heiligen Messe kann gar nicht anders vorgestellt werden denn als eine solche Offenbarung des Menschen. Wie eine solche Offenheit, in der die Seele erscheinen kann, zu erlangen ist, gehört zu den Geheimnissen des Glaubens.[70] Wenn man die tagesaktuelle Nachricht als arm an *parrhesia* empfindet und stattdessen eine ungestillte Sehnsucht nach einem *vollen* Sprechen hat, könnte die Messe auch als eine Feier der Erschütterung erhofft werden.

Aber Religion gilt nicht mehr als Anstrengung, sich mit einem Ort jenseits der alltäglichen Welt zu verbinden, sondern als emotionale oder moralische Kraft innerhalb des politischen Raumes. Nun könnte man fragen, ob das jemals anders war. War Moses nicht auch ein Anführer, der sein Volk aus der ägyptischen Gefangenschaft geführt hat? War Jesus nicht auch ein Zelot, also ein jüdischer Kämpfer gegen die römische Besatzungsmacht? Und war Mohammed nicht auch ein Kaufmann, der seine Gefolgsleute einen kämpferischen Glauben gelehrt hat? Folgt man dieser Fragestellung, dann findet man nicht den politischen Kern aller Religion, sondern man entzaubert den Glauben, da man ihn zu einer politischen Strategie macht. Dieser Blick ist uns so vertraut, da die Säkularisation ihn seit drei Jahrhunderten einübt. Dass Moses, Jesus und Mohammed Gottgesandte sein sollen, wird zum entscheidenden Teil ihrer Politik. Denn niemand kann eine höhere Autorität beanspruchen, als wer Gottes Auftrag erfüllt. Keine menschliche Macht kann einem Herrscher von Gottes Gnaden widerstehen. Hält man Moses, Jesus und Mohammed für irdische Anführer, so wird ihr Auftreten als Religionsstifter zu einer machtvollen Inszenierung. Ihr politisches Genie bestand darin, sich zu Propheten oder Göttern zu erklären.

Dass heutige Anführer eben diese Strategie für sich nutzen wollen, indem sie vorgeben, eine höhere Wahrheit zu verkörpern, zeigt, wie eng Mission und politische Rationalität miteinander verwoben sind. Doch der politische Streit hat sich durch die Verbindung mit den religionslosen Glaubenspartikeln unlösbare Probleme eingehandelt. Solange sich rationale und religiöse Positionen gegenüberstanden, waren die Unterschiede offensichtlich. Die rationale Seite argumentierte mit nachvollziehbaren Aussagen, die religiöse Seite führte ewige Wahrheiten des Glaubens an. In der post-christlichen Zeit ist diese Trennung durcheinandergeraten. Die religiöse Seite bemüht eine politische Sprache, um ihren Glauben noch verständlich zu machen. Und die politische Seite greift immer selbstverständlicher zu irrationalen Behauptungen, für »das Volk«, »die Wirtschaft«, »die Opfer« oder »das Klima« zu sprechen, um ihrer Meinung die Aura das Absoluten zu verleihen.

Die Folgen sind für beide Seiten verhängnisvoll. Rationalität verliert ihre befriedende Kraft, Entscheidungen anhand des bestmöglichen Tatsachenwissens treffen zu können. Und

Religion wird zu einer säkularen Moralpredigt, in der Meinungen bestätigt, statt Erschütterungen ausgehalten werden. Für beide Fehlentwicklungen gilt, dass sie aus Glauben und Wissen das Quasi-Objekt der gefühlten Wahrheit machen. Dadurch verliert der Glaube nicht nur seine religiöse Bindung, sondern er gerät in einen Strudel von Weltlichkeit, aus dem er nicht mehr herausfindet. Denn je mehr sich der Glaube zum Teil von Politik macht, desto mehr muss er Debatten führen, denen er nicht gewachsen ist. Der Anspruch, zu allen Dingen des Lebens eine Meinung zu haben, die mit der göttlichen Wahrheit übereinstimmt, wird zu einer Hypothek, an der Gläubige wie kirchliche Amtsträger scheitern müssen.

Die desolate Lage der Kirche in säkularen Gesellschaften scheint darum unausweichlich, denn es gibt keine göttliche Position, die noch widerspruchsfrei zwischen den chaotischen Zielkonflikten in der Moderne manövrieren könnte. Wer mit dem Anspruch einer allgemeinen Wahrheit auftritt, zerschellt am ersten Widerspruch in der Realität. Ist es christlich, der überfallenen Ukraine mit Waffen zu helfen, oder gilt das Gebot, dass der Angegriffene auch die andere Wange hinhalten soll? Ist es christlich, Flüchtlinge im Kirchenasyl vor dem staatlichen Zugriff zu schützen, oder untergräbt ein solches Sonderrecht den allgemeinen Gleichheitsgrundsatz und öffnet damit die Tür zur Anomie? Ist es christlich, Frauen ein Selbstbestimmungsrecht über ihren Körper und damit auch eine Abtreibung zuzugestehen, oder ist das Leben des ungeborenen Kindes so kostbar wie das der Frau? Ist es christlich, sich auf die Straße zu kleben, um gegen den Klimawandel zu protestieren, oder instrumentalisiert es den Mitmenschen und führt zu wütenden Reaktionen, die die

Veränderungsbereitschaft zur Klimapolitik zerstören? Wer auf diese Fragen eine eindeutige Antwort hat, der leitet diese nicht aus seinem Glauben, sondern aus seiner politischen Haltung ab. Und wer seine Haltung öffentlich macht, der muss mit Widerspruch rechnen und braucht dann gute Argumente. Die Spekulation, was wohl Jesus getan hätte, ist nicht nur der Religion, sondern auch der Rationalität gegenüber unlauter.

¶

Das Verstummen der religiösen Sprache gegenüber den politischen Konflikten ist aber kein Zeichen für eine aus der Zeit gefallene Tumbheit des Glaubens, sondern sie resultiert im Gegenteil aus dem säkularen Versuch, religiöse Rede dadurch zu retten, dass man aus ihr eine politische Rede macht. Doch die Sprache der Religion folgt anderen Gesetzen. Ihre aktuell ausweglose Situation ist nicht in ihren Glaubenswahrheiten begründet, sondern in der Art, wie in säkularen Gesellschaften Widersprüche kommuniziert werden. Gelänge es, die Sprache des Glaubens wieder von den Regeln der politischen Kommunikation zu befreien, gäbe es Hoffnung, ihre eigentliche Gestalt für die Gegenwart wieder lebendig machen zu können. Statt diesen Weg zu wagen, folgt die Entwicklung der religiösen Sprache der genau entgegengesetzten Richtung. Sie versucht sich an der ältesten Form von Politik, in der die Interessen der eigenen Gruppe zum Motor des Konflikts werden.

Unter dem Label der Identitätspolitik sammeln sich verschiedene Wir-Gruppen, deren aggressives Auftreten zu regressiven Bewegungen und einer Zunahme autoritärer Gesellschaften führt. Die falschen Propheten unserer Zeit bedienen sich der Identitätspolitik, um ihre egoistischen Interessen durchzusetzen. Die globale Renaissance der archaischsten Form von Machtpolitik hat zwei Ursachen. Zum einen nutzen alle autoritären Herrscher die älteste Legitimation von Macht: Sie schweißen ihr Volk durch einen gemeinsamen Feind zusammen. Diese reaktionäre Form von Identitätspolitik wird seit der 1968er-Bewegung zu einer sich progressiv nennenden Form fortentwickelt. Zum anderen finden sich in der neuen Variation der alten Identitätspolitik Wir-Gruppen darüber zusammen, dass sich alle als Opfer empfinden. Das Wir-Gefühl basiert dann nicht mehr auf einer behaupteten gemeinsamen Stärke, wie im Nationalismus, sondern auf einer gemeinsamen Leidensgeschichte.

Die falschen Propheten der neuen Identitätspolitik sind so erfolgreich, da sie ihren regressiven Kern verbergen können. Vordergründig scheint die Verführungskraft der Opferversion von Identitätspolitik als Reflex auf den Niedergang der christlichen Kirchen verständlich. Die Wesensverwandtschaft wirkt groß, da beide die Welt in Opfer- und Tätergruppen einteilen. Getreu der christlichen Botschaft gehört den Unterdrückten das Himmelreich. Die Aufwertung des Opfers kann als wichtiger Teil des christlichen Glaubens betrachtet werden, und die zivilisierende Kraft, die davon ausgeht, reicht bis heute. Doch die Opfer-Identitätspolitik unterscheidet sich in einem elementaren Bereich vom Christentum. Der Fehlschluss der identitätspolitischen Anwendung besteht darin, dass sie aus der Aufmerksamkeit für das Opfer eine Abwertung der Täter ableitet. Der falsche Glaubenssatz der Identitätspolitik lautet: Die Opfer haben immer recht, und nur wer Opfer ist, darf sich zum Leiden äußern.

Aus der Konkursmasse des Christentums hat sich Identitätspolitik nur die Werte herausgenommen, die in ihre Agenda passen. Aus dieser strategischen Auswahl von Glaubenspartikeln entsteht der bedenkliche Kosmos der doppelten Standards: Opfer haben immer recht und brauchen jede Art von Unterstützung. Täter haben niemals recht, und für ihre Verurteilung reicht die Anklage durch die Opfer.

Dass es sich hierbei nicht um christliche Werte handelt, ist offensichtlich. Die christliche Provokation besteht gerade darin, nicht nur dem Opfer zu seinem Recht zu verhelfen, sondern das gleiche Recht für alle Menschen gelten zu lassen. Auch der Täter braucht die Fairness der Nächstenliebe. Erst in dieser Gleichheit besteht die bis heute unerfüllbare Forderung des Christentums. Die christliche Lehre der Nächstenliebe verlangt einen Universalismus der Gleichheit.[71] Identitätspolitik nimmt nur die eine Hälfte des Christentums – die Achtung vor der Unschuld des Opfers – und verbindet sie mit der vorchristlichen Lehre der Rache. In dieser Kombination entsteht der Wiedergänger einer religiösen Ordnung, die es so nie gegeben hat und die das Schlechte des Guten in sich vereint.

Die Rachsucht der vorchristlichen Welt verbindet sich mit der manichäischen Einteilung der Welt in Gut und Böse. Die Behauptung, unerschütterlich auf der Seite der Opfer zu stehen, gibt dieser Wiedergänger-Religiosität den Anschein einer guten oder christlichen Politik. Doch Identitätspolitik ist eine weitere Variation der gnostischen Politik, in der religiöse Versatzstücke mit politischen Ideologemen verbunden werden. Der missionarische Eifer, mit dem die falschen Propheten des identitätspolitischen Aktivismus auftreten, und das Sendungsbewusstsein, das in ihrer »woken«, also erleuchteten Sicht auf die Welt aufscheint, lassen unschwer ihre religiösen Wurzeln erkennen.

Aber entgegen des christlichen Universalismus wird Ungleichheit gepredigt. Menschen werden in gute und böse eingeteilt, für die verschiedene Maßstäbe gelten sollen. Ebenso mangelt es dem woken Eifer an religiöser Demut, die verhindern könnte, dass aus der Gewissheit ein Fanatismus wird, und die verhinderte, dass die Straflust das gute Ziel überdeckt. Das Ziel der Opfer-Identitätspolitik ist keine bessere Welt ohne Hierarchien, sondern eine neue Hierarchie, in der die Opfer die Macht haben.

Bei der globalen Renaissance der Identitätspolitik handelt es sich um das wohl aktuell wirkungsvollste Phänomen des zersprungenen Glaubens. Die Frage, warum eine regressive und paradoxe Form von Politik so erfolgreich sein kann, lässt sich nur beantworten, wenn man die Glaubensreste des Christentums beachtet. Denn die Empfänglichkeit für die Stimme des Opfers ist eine seit fast zweitausend Jahren eingeübte Aufmerksamkeit. Den Schwachen zu helfen und nicht nur die Starken zu bewundern gehört zum Kern der christlichen Botschaft. Sein zivilisatorischer Wert ist unbestritten. Und doch birgt das offene Ohr für die Schwachen die Gefahr, missbraucht zu werden.

Bertolt Brecht hat in seinem Modelldrama *Der gute Mensch von Sezuan* diese Dialektik vorgeführt. Die gütige Shen Te erhält von den Göttern ein Geschenk, mit dem sie nun viel Gutes tun will. Doch ihre Freigiebigkeit lockt nicht nur alle Armen des Viertels an, sondern auch solche, die ihre Güte ausnutzen wollen. In kurzer Zeit droht ihre Existenz unter dem Ansturm zu zerbrechen. Kurz vor dem Untergang erfindet sie sich einen Doppelgänger, den Vetter Shui Ta, der das Gegenteil des guten Menschen ist. Er ist geschäftstüchtig und trifft harte Entscheidungen. Brechts dialektische Aussage lautet: Es gibt zu viele Unglückliche auf der Welt, als dass ein einzelner guter Mensch diese retten könnte. Damit nicht mehr die Güte des Einzelnen gegen die Armut kämpfen muss, braucht es eine Revolution der Verhältnisse. Der böse Vetter ist darum nicht die Lösung, sondern er zeigt als Symptom, wie falsch die Welt sich dreht. Wenn nur ein böser Mensch in ihr Erfolg haben kann, muss die Gesellschaft verändert werden.

Die sozialistische Hoffnung auf Erlösung hat aber die brutalsten falschen Propheten hervorgebracht. Doch trotz der blutigen Folgen dieser gnostischen Politik lebt die Idee einer gerechten Gesellschaft weiter. Ein Versuch, im Falschen das Richtige zu tun, besteht darin, das Ohr für die Opfer weit zu öffnen. Dieser christliche Versuch provoziert aber in der säkularen Welt, die von Konkurrenz geprägt ist, die gleiche dialektische Antwort, wie sie die Güte Shen Tes erhält. Je mehr Resonanz eine Klage findet, desto verlockender wird es, die Rolle des Klagenden anzunehmen. Die Dialektik, die sich zwischen den offenen Ohren und einer immer lautstärkeren Klage entwickelt, setzt folgenreiche Prozesse in Gang. Auf der Ebene des Staates werden immer mehr Gesetze erlassen, in denen Sonderrechte für vulnerable Gruppen festgeschrieben werden. Auf der Ebene der politischen Debatten entbrennt ein Wettbewerb darum, Bevorzugungen beanspruchen zu dürfen.

Je mehr Vorteil ein Nachteil verspricht, desto heftiger werden die Kämpfe ausgetragen, welche Opfer-Gruppe am meisten benachteiligt wird. Die Härte, mit der diese Ansprüche vorgebracht werden, führt zu der Erhitzung öffentlicher Debatten. Die Gemeinsamkeiten, nach denen eine lösungsorientierte Debatte suchen würde, gelten identitätspolitischen Ansprüchen als Hindernis. Denn nur wer es schafft, dass sein Opferstatus als einzigartig und unvergleichlich anerkannt wird, erhält die maximale Bevorzugung. Die allgemeine Verhärtung der Fronten erklärt sich aus den Glaubenssätzen, die den identitätspolitischen Positionen zugrunde liegen. Wenn es Vorteil verspricht, besonders benachteiligt zu sein, darf die öffentliche Darstellung des Opferstatus nicht die erreichten Verbesserungen zugeben. Nur wer seine Verletzung mit maximaler Empörung öffentlich kundtut, darf auf Anteilnahme und Bevorzugung hoffen. So wird die Dialektik der Aufmerksamkeit von den individuellen Ansprüchen angefeuert, noch nicht genügend anerkannt zu sein.

Identitätspolitik ist die älteste Politikform, doch erfährt sie mit dem Rückenwind der christlichen Glaubensreste im Zeitalter des Individualismus eine gewaltige Renaissance. Da die Ansprüche des Individuums grenzenlos sind, sind die Möglichkeiten für die Gefühle des Gekränktseins ebenso uferlos. In einer Gesellschaft, in der jeder sich jederzeit gekränkt fühlt, ist Identitätspolitik der Wundbalsam für die leidende Seele, der sich als Brandbeschleuniger entpuppt. Aus der Verbindung von individuellen Ansprüchen mit identitätspolitischen Methoden erwachsen die falschen Propheten einer dauerempörten Gesellschaft, die seit einigen Jahrzehnten die westliche Welt dominieren. Da inzwischen alle politischen Lager die Methode der Selbstviktimisierung entdeckt haben, ist keine Entspannung der verhärteten Fronten zu erwarten.[72]

In der Opfer-Identitätspolitik finden sich alle problematischen Eigenschaften, die die Glaubensreste heute kennzeichnen: Individualismus und Nihilismus, die beide nach Orientierung und Freiheit zugleich suchen. Eine rigorose Wahrheitsbehauptung, die einer manichäischen Einteilung in Gut und Böse folgt. Ein paradoxer Umgang mit den doppelten Standards für Opfer und Täter. Und als treibende Kraft die Sehnsucht nach einer Erlösung, die darin besteht, als Opfer anerkannt und dadurch aus der Schar der Sünder, die heute »Täter« heißen, herausgehoben zu werden.

Innerhalb säkularer Gesellschaften scheint die Verlockung, diese Glaubensreste für die eigenen Ansprüche nutzbar zu machen, unwiderstehlich. So unterschiedlich Islamismus,[73] Identitätspolitik und Moralismus in der Vehemenz ihres Auftretens und der Radikalität ihrer Forderungen sind, so sind sie doch vergleichbar in ihrer Methode, Religion ins Feld der Politik zu verlagern. Wenn das Wort Gottes als identitätspolitische Aussage verstanden wird, zerstört diese Funktionalisierung nicht nur seinen religiösen Gehalt, sondern es wird Teil der Angriffe, die gegen die Errungenschaften der Aufklärung geführt werden. Der politische Islam gilt dem säkularen Westen als die global aggressivste Erscheinungsform, die aus Religion eine toxische Verbindung von instrumentalisierten religiösen Gefühlen mit einer politischen Agenda gemacht hat. Aber auch in Debatten, die innerhalb des Westens geführt werden, ist die gefährliche Tendenz zu beobachten, die aus der Verbindung von Identitätspolitik und Religion entsteht. Die militanten Abtreibungsgegner, die sich auf einen christlichen Fundamentalismus berufen, sind hierfür ein Symptom, aber auch die moralisierende Predigt instrumentalisiert Religion, wenn sie von der Kanzel herab eine politische Gesinnung mit der Bibel weihen will. Hat Religion sich so unvorsichtig mit den politischen Händeln der Zeit eingelassen, wird Gottes Wort zum politisierten Alltagsgeschwätz und die politische Rede weiht sich mit der höheren Wahrheit des Individuums.

Wie folgenreich die Auflösung von Religion in Politik sein kann, hat, um ein letztes Beispiel zu geben, die Corona-Zeit gezeigt. Die Hygiene-Vorschriften verlangten, dass der an Corona Sterbende, aber auch alle anderen Schwerkranken keinen seelischen Beistand mehr bekommen durften. Die letzte Ölung und der Trost am Sterbebett waren verboten, weil der Pfarrer sich dem Bett des Kranken nicht mehr nähern durfte. Diese Vorschrift wurde befolgt, denn kein Geistlicher wollte sich des Vergehens gegen die Corona-Regeln schuldig machen. Das älteste Gebot, die Sterbenden zu begleiten, musste sich der neuen Wissenschaftsgläubigkeit unterwerfen. Diese Unterwerfung unter den säkularen Geist war so vollständig, dass es keinen hörbaren Versuch eines Bischofs gab, der es gewagt hätte, dem neuen heiligen Gebot zu widersprechen.[74] So erwies sich die verdünnte Religion als gelehrige Schülerin des Zeitgeistes. Sie schwamm im Strom der Regeln und verriet, noch ehe das Robert-Koch-Institut dreimal dazu ermahnen musste, ihren Gott.

Dass eine Religion, die die Sterbenden vergisst, niemand vermisst, sollte die Kirchenoberen nicht verwundern. Und dass die säkularen Teile der Gesellschaft daran erinnern müssen, wie man aus den richtigen Gründen das Falsche tun kann, lässt erahnen, wie weit die Kirche auf dem Weg ihrer Selbstminderung fortgeschritten ist. Ein Priester, der den Hygiene-Verordnungen mehr glaubt als seinem Glauben, der hält auch Predigten, die sich vor der vermuteten Weltanschauung der Gemeinde verneigen, statt vor seinem Gott. Beides verweigert sich dem Fundament des Glaubens, da ein solch weltkluges Tun den Abgrund zwischen Glauben und Wissen ignoriert, indem es Sprache und Sakrament politisiert.

Die kleinmütige Klugheit, die sich in der Klage über den Schwund der Gemeindemitglieder oder dem Weichen vor der Macht der Hygiene-Vorschriften zeigt, ist die Kehrseite der Glaubenshärte, die sich im engherzigen Hochmut der politischen Predigt oder im brutalen Triumph eines fundamentalistischen Glaubens zeigt. Der kleinmütige Glaube gehört zum Verhängnis der Glaubenshärte. Er ist ihre entkräftete Seite. Ein solcher Glaube bleibt in der Härte des Bescheidwissens gefangen. Darum ist er trotz der oberflächlichen Ähnlichkeit das Gegenteil der Glaubensschwachheit. Ein harter Glaube ist ein Kind der Hoffnungslosigkeit.

LIEBE

GLAUBEN OHNE LIEBE

Die Liebe sagt: Gut, daß es dich gibt.
Josef Pieper[75]

Der einfache Satz von Josep Pieper macht sein Verständnis der Liebe fasslich. Das große Ja zum anderen ist die Summe aller Teile, die sich in dem Rätselwort der Liebe finden. Schaut man auf die vielen Aspekte, die sich in der griechischen und lateinischen Vielfalt der Begriffe finden, so kreisen sie doch um dieses Zentrum des Ja. In der Agape wird die selbstlose Liebe beschrieben, die von den Christen zur Gottesliebe umgedeutet wurde. Im Abendmahl wird die Agape gefeiert. In der Caritas wird die Barmherzigkeit in den Vordergrund gestellt, während im Eros die sinnliche Anziehung überwiegt. Amor scheint unserer romantischen Vorstellung von Liebe am nächsten zu kommen, da in ihr die Einzigartigkeit des Gefühls betont wird. Amor und Liebe sind keine aktiven Tätigkeiten, sondern sie werden als Passion erlitten, gegen die keine Macht der Welt etwas ausrichten kann. So unterschiedlich die Aspekte sein mögen, Josef Pieper ist zuzustimmen in seiner Kernaussage, dass überall das Ja zum anderen den Ton angibt.

Am nachdrücklichsten ist das Ja in dem berühmten Paulus-Wort ausgedrückt, in dem die Liebe zum Fundament des Glaubens und des ganzen Menschseins erkoren wird: »Wenn ich mit Menschen- und mit Engelszungen redete und hätte die Liebe nicht, so wäre ich ein tönendes Erz oder eine klingende Schelle.« (1. Korinther 13,1) Im Griechischen, das Paulus schreibt, verwendet er für die Liebe das Wort »Agape«. Wer ohne Agape auf die Welt schaut, der mag manches darin erkennen, doch wird alles nur ein blasser Schatten sein. Was in den paulinischen Worten unmittelbar überzeugt, muss für das Zeitalter der Säkularisation ausführlicher belegt werden.

Der kanadische Philosoph Charles Taylor hat in seinen Untersuchungen zur Religion zahlreiche Beispiele angeführt, wie die moderne Seele sich von einer empfänglichen Offenheit zu einer »abgepufferten« Instanz verändert hat.[76] Diese Abschließung gegenüber den höheren Mächten wird als Erfolgsgeschichte des Individualismus erzählt. Denn erst als die Vernunft sich als eigene Instanz begriffen hatte, konnte sie über sich und die Welt herrschen. Die »desengagierte« Vernunft, die keiner Wahrheit außerhalb ihres eigenen Denkenkönnens verpflichtet ist, ist das Werkzeug, mit dem die Welt erforscht und in technischen Zurichtungen beherrscht werden kann.

Die Erfolgsgeschichte der autonomen Vernunft ist überwältigend. Sie ist inzwischen so gewaltig, dass von einem neuen Erdzeitalter gesprochen wird. Das Anthropozän ist das Zeitalter, in dem die desengagierte Vernunft herrscht. Was in dieser Herrschaft zusehends vergessen wird, ist ihre Voraussetzung. Die Abschließung des menschlichen Denkens gegen seine Umwelt ermöglicht es, die Gesetze der Natur in mathematischer Sprache zu erfassen. Sie vergisst aber, dass es ein Wunder ist, dass sich das Universum in der Sprache der Mathematik erfassen lässt. Der Stolz auf das technische Können blendet die unzähligen unverstandenen Bedingungen des Verstehens aus.

Die Autonomie der Vernunft trennt den Geist von den vielen spirituellen Beziehungen, die die Seele einst unterhielt. Dass uns Heutigen, wenn wir uns daran zu erinnern versuchen, nur noch der Aberglaube einfällt, zeigt, wie desengagiert unser Geist inzwischen ist. Die Welt ist uns nur noch in unseren eigenen Kategorien zugänglich. Die Empfänglichkeit für das Unbekannte ist zu einer rationalen Beobachtung der Umwelt geworden. Die Liebe im Sinne der Agape hatte den Geist geöffnet. Eine solche Trennung, wie sie das abgepufferte Subjekt lebt, ist darum ein Widerspruch zur Agape. Das Ideal der Wissenschaften, *sine ira et studio* die Welt zu erforschen, meint soviel wie ohne Eifer und Liebe auf die Welt zu schauen. Das wissenschaftliche Studium ist nur um den Preis der Aufgabe der Agape möglich.

Aber nach dreihundert Jahren, in denen die Säkularisation immer neue Sphären erobert hat, wird eine Dialektik der lieblosen Vernunft offenbar. Je mächtiger die Techniken der Weltbeherrschung werden, desto größer werden die Krisen der ökologischen Systeme, und je dominanter die desengagierte Vernunft in alle Lebensbereiche vordringt, desto bedrohlicher überfordern ihre technischen Möglichkeiten den menschlichen Geist. Schon die Folgen der Kernspaltung sind von Menschen nicht zuverlässig zu beherrschen, welche Überforderungen werden Gentechnik und Künstliche Intelligenz mit sich bringen?

Doch der gefährliche Hochmut der technischen Vernunft zeigt sich auch am Umgang mit der Spiritualität. Da in der Rückschau die religiösen Denkverbote die Erkenntnisfähigkeit eingeschränkt haben, werden bis heute alle Ahnungen, die über das wissenschaftlich Beweisbare hinausreichen, als esoterischer Unsinn abgelehnt. Das Verhältnis von Rationalität und Irrationalität ist nachhaltig gestört. Aber wenn sich aufgeklärte Vernunft gegenüber jeder Irrationalität verschließt, überlässt sie die Spiritualität den ungelenken Versuchen der Privatreligionen. Je weniger die spirituelle Ahnung, dass es mehr gibt, als Wissenschaft erklären kann, eine öffentliche Resonanz findet, desto individueller werden die Antworten, die das Unverstandene begreiflich machen wollen. Das Spirituelle zieht sich in private Glaubenssysteme zurück und wird trotzig. Damit reagiert es auf den Stolz der säkularen Welt, die aus Angst vor der Rückkehr des Irrationalen der Spiritualität mit Abwehr begegnet. Blockade und individueller Trotz bringen Rationalität und Spiritualität in ein destruktives Verhältnis.

Ein typischer Ausdruck für die heimatlose Spiritualität ist der ungläubige Glauben. Man will sich auf einer Flugreise mit einem Talisman schützen, doch zugleich wäre man erschrocken, wenn das Flugzeug von Astrologen konstruiert wäre. Die ungläubigen Glaubensreste produzieren eine Vielzahl paradoxer Verhaltensweisen. Die verwirrende Konsequenz besteht darin, dass Glauben zu einer Eigenart des Wissens gemacht wird. Das Unverfügbare wird als verfügbar gedacht. Und zugleich wird die weltliche Wahrheit der Vernunft zur überweltlichen Wahrheit erklärt. Die Glaubensreste verleihen dem Wissen die falsche Macht, nicht nur bis zur Widerlegung zu gelten, sondern absolut gültig zu sein. Und in der umgekehrten Richtung verwandelt das Wissen den Glauben in eine psychologische Funktion, die in objektiver Unsicherheit mit individuellen Trostformeln helfen will.

Glauben ohne den religiösen Ernst der Agape ist wie Wissen ohne argumentative Begründung: Beides wird zur subjektiven Meinung.

¶

An drei Rätseln der Menschheit kann exemplarisch gesehen werden, wie die Liebe und ihr Fehlen die Grundlagen der Existenz bestimmen. Am Anfang der Thora sowie des Alten Testaments und im Koran steht die Geschichte vom Sündenfall. Die Menschen verwirken durch einen Fehler die Liebe Gottes. Doch dieser Fehler ist mysteriös. Obschon es ein Rätsel ist, wie Menschen, bevor sie die Unterscheidung von Gut und Böse gelernt haben, dagegen verstoßen können, wird damit erklärt, warum die Menschen aus dem Paradies vertrieben wurden und warum Not das menschliche Leben bestimmt. Das Leben außerhalb des Paradieses ist ein Leben, in dem die Liebe Gottes ungewiss ist.

In der *Krankheit zum Tode* diagnostiziert Kierkegaard, wie die Seele, die keine Agape mehr fühlt, in die innere Unendlichkeit stürzt. Das hohl tönende Erz der paulinischen Warnung ist das moderne Individuum, das in seiner Einsamkeit stirbt. Und im Ressentiment schließlich wird die Krankheit zum Tode epidemisch. Der allgemeine Mangel an Agape stößt die einsamen Seelen in das Gefängnis ihrer Rachsucht.

Der Sündenfall, die Krankheit zum Tode und das Ressentiment sind drei irritierend exakte Beschreibungen, wie eine Welt aussieht, in der die Liebe Gottes fehlt, und wie sich die Psyche verschattet, wenn sie zum Ja nicht bereit ist. Doch ohne die Kraft zum Ja wird die atheistische Apokalypse zum alltäglichen Gefühl: banal und panikstiftend zugleich.

VERTRIEBEN AUS DEM PARADIES

Im Paradies hat man keine Geschichten erzählt, denn im Paradies wussten Adam und Eva noch nichts von Gut und Böse. Die biblische Geschichte über die Vertreibung aus dem Paradies steht am Beginn aller Geschichten über Gut und Böse. Erzählt werden konnte sie aber erst, als die Menschen nicht mehr im Paradies wohnten. Sie ist darum in zweifacher Hinsicht ein Dokument der Vertreibung. Zum einen ist die Existenz einer Geschichte, die die Trennung von Gott schildert, ein Beweis, dass die Menschen nicht mehr im Paradies wohnen, und zum anderen gibt sie eine Deutung, was sich ereignet haben mag, als die Menschen sich von Gott und der Natur abgelöst haben.

Dabei ist der kurze Abschnitt in der *Genesis* nicht die erste und auch nicht die einzige Geschichte, in der die Menschen im Paradies wohnen, doch sie ist die eindringlichste Beschreibung des Schicksals, das die Menschen erlitten haben, als sie anfingen, Menschen zu werden. Als Text ist das dritte Kapitel aus dem 1. Buch Moses nur einige Seiten lang und dauert, wollte man es vorlesen, nur wenige Minuten. Aber wohl niemand, der diesen Text einmal gehört hat, wird ihn wieder vergessen. Dabei steckt er wie ein Märchen voller Ungereimtheiten, die auf einer schwer greifbaren Ebene einen faszinierenden Zusammenhang ergeben.[77]

Am Anfang ist Adam – der Mensch – allein im Paradies. Doch da es nicht gut ist, dass der Mensch allein sei, erschafft Gott die Tiere, die Adam vorgeführt werden, damit er ihnen Namen gibt. Aber die Tiere können die Einsamkeit des Menschen nicht ausfüllen. So erschafft Gott aus Adams Rippe die Frau, die Fleisch von seinem Fleisch und Bein von seinem Bein ist. Dann spricht Gott dem jungen Paar das berühmte Verbot aus: Von allen Früchten dürfen sie essen, nur vom Baum der Erkenntnis nicht.

Hier stellt sich bereits die Frage, wie ein Verbot überhaupt verstanden werden kann, wenn die Erkenntnis von Gut und Böse noch nicht gemacht wurde? Kann es ohne Gut und Böse überhaupt Verbote geben? Und die noch weitreichendere Frage zielt auf die Allmacht Gottes. Wenn er doch alles weiß und alles beherrscht, wieso pflanzt er dann den verbotenen Baum mitten ins Paradies, und warum weiß er nicht, dass dort eine sprechende Schlange wohnt, die Eva verführen will? Und schließlich die schwerwiegendste Frage: Wenn Gott doch allmächtig und allwissend ist, wieso weiß er dann nicht, dass die Menschen verführbar sind? Dass diese Fragen gestellt werden können, ist ein Beleg dafür, dass wir nicht mehr im Paradies wohnen. Wer so vorlaut die Regeln der Logik auf das Handeln Gottes anwendet, der steht bereits in kühler Distanz zu ihm. Doch diese Fragen führen mitten in das Geheimnis der Erzählung.

Bekanntlich wird die Schlange Eva überreden, doch von den verbotenen Früchten zu probieren. Ihr schwer abzulehnendes Argument lautet, dass die Menschen dann wie Gott sein würden. Eva kostet vom Apfel und reicht ihn Adam. Der lässt sich ebenfalls verführen und beißt auch hinein. Und in dem Augenblick geschieht die Verwandlung. Es ist, als würden ihnen zum ersten Mal die Augen geöffnet, und sie sehen, dass sie nackt sind. Sogleich pflücken sie Feigenblätter, um ihre Blöße zu bedecken. Nun kommt Gott zurück und findet die beiden nicht in seinem Paradiesgarten. Die nackten Menschen haben zum ersten Mal ihre Nacktheit erkannt und sich vor Gottes Blicken versteckt. Und tatsächlich kann Gott die sich verbergenden Menschen nicht mehr sehen. Erst als er sie ruft, treten sie schamhaft aus dem Gebüsch. An ihrer Scham und den Blättern, die unbeholfen ihre Nacktheit bedecken sollen, erkennt er, dass sie vom Baum der Erkenntnis gegessen haben. Die Trennung hat also bereits im Paradies stattgefunden. Gott sieht seine Menschen nicht mehr, und die Menschen fürchten Gottes Blick. Gott erzürnt, und die Menschen erleiden Scham. Das Bewusstsein, das durch die Verführung geweckt wurde, trennt von nun an und für alle Zeiten Menschen, Gott und Natur.

Als Reaktion auf diese Trennung und als ihre Konsequenz folgt die göttliche Strafe, die bis heute in der Welt und in den Seelen nachhallt: Adam und Eva werden aus dem Paradies vertrieben. Eva soll unter Schmerzen ihre Kinder gebären, und Adam soll unter Mühen seinen Acker bestellen, der von Gott verflucht wurde, damit er nur Unkraut trägt. Und auch die Schlange wird verflucht, dass sie nur noch auf dem Bauch über den Boden kriechen kann und für immer der Feind der Menschen sein wird. Ein Abgrund hat sich seitdem geöffnet, der das sündig erwachte Bewusstsein des Menschen von seiner eigenen Natur wie von der Natur der Tiere und der Pflanzen trennt.

Bevor die ersten Menschen das Paradies verlassen müssen,

macht Gott ihnen jedoch noch ein Abschiedsgeschenk. Aus Fellen hat er ihr erstes Kleidungsstück genäht, das er ihnen nun eigenhändig anzieht. Zum erwachten Bewusstsein und der Scham hat Gott die Gabe der Selbstversorgung geschenkt. Ein Mängelwesen ist entstanden, das getrennt von allem Leben in der Natur existieren muss und dessen Geist getrennt von sich selbst als einem tierischen Körper überleben muss. Als hinter den beiden unbegabten Neulebewesen die Pforten zum Paradies zugefallen sind, stellt Gott noch bewaffnete Engel davor, die mit Flammenschwertern jede Rückkehr verhindern werden. Denn es gibt noch einen zweiten Baum, von dem die Menschen auf keinen Fall essen dürfen: der Baum des ewigen Lebens.

Die logischen Ungereimtheiten – ein allwissender Gott, der Adam und Eva falsch einschätzt und sie dann nicht findet – bilden das Zentrum der Geschichte. Ohne diese Fehler, die Gott macht, gäbe es keine Geschichte vom Sündenfall. Sie öffnen den Raum für die bis heute folgenreichen Interpretationen: Handelt es sich um einen grausamen Gott, der in dem Wissen, dass die Menschen der Verführung nicht widerstehen können, eine unlösbare Aufgabe stellt, um einen Vorwand zu haben, sie aus seinem Paradies zu vertreiben? Auf einer solchen Interpretation ließe sich schwerlich eine Religion gründen. Denn mit der Vertreibung aus dem Paradies wäre auch das Band zwischen Gott und Menschen zerrissen.

Also handelt es sich wohl eher um einen göttlichen Test, um den Gehorsam der Menschen zu prüfen? Eva und Adam fallen grandios durch diese Prüfung. Ihr Fehler besteht also in ihrem Ungehorsam gegenüber dem göttlichen Gesetz. Daraus folgt, dass schon vor dem Apfelbiss die Möglichkeit zum

Ungehorsam im Menschen war. Denn ein Test ist nur dann sinnvoll, wenn die Probanden die Wahlfreiheit haben. Sind sie determiniert, kann man nichts testen. Sind sie aber schon vorher frei, brauchte es keine verbotene Frucht, um die Wahl zwischen Gut und Böse in ihnen zu erschaffen. Der Apfel verleiht dann keine neue Erkenntnis, sondern er ist nur ein Symbol für die Verlockung, der es zu widerstehen gilt. Der Baum der Erkenntnis war nur ein gewöhnlicher Apfelbaum, der von Gott zur Prüfung erklärt worden ist. Der Ungehorsam der Menschen und nicht der Apfel weckt in ihnen die neue Erkenntnis der Scham und des Schuldgefühls. Aus dieser Deutung folgt, dass die Menschen an ihrem Unglück selber schuld sind. Hätten sie sich nicht gegenüber Gott versündigt, würden sie noch heute im Paradies wohnen. Die lange und verhängnisvolle Geschichte der Erbsünde gründet sich auf dieser Interpretation. Da die ersten Menschen gesündigt haben, werden alle Menschen im Stand der Sünde geboren. Menschsein heißt seitdem, nicht nur zu wissen, was Gut und Böse ist, sondern auch bereit zu sein, das Böse zu tun.

Eine noch tiefere Ebene der Interpretation verortet das Böse in der erwachten Sexualität. Erst nach dem Apfelbiss werden Adam und Eva gewahr, dass sie nackt sind. Die Scham ist das Gefühl, das seitdem mit dem Drang der Sexualität kämpft. Vor allem Augustinus hat die Erbsünde, die sich in der Sexualität zeigt, zum Fundament der menschlichen Existenz erklärt. Seine Verkopplung von Sexualität und Sünde hat den unheilvollen Weg der katholischen Kirche bestimmt. Doch trotz der Kenntnis dieser verhängnisvollen Tradition spricht auch eine irritierende Einsicht aus seiner Verdammung. Das *originale peccatum*, die Ursünde, ist seit Augustinus die Sexualität. Oder genauer gesagt: Die Lust, die den Menschen zur Sexualität treibt, ist der Trieb, der das Böse in die Welt bringt. Menschsein heißt nun, dass der tierische Leib und der menschliche Geist voneinander getrennt sind und beide Seiten niemals ganz heimisch in ihrer jeweiligen Welt werden können. Die Menschen können nicht zu Engeln werden, und die Leiber können nicht zu Tieren werden. Versuchen sie es doch, geraten sie in die unheilvolle Geschichte, die seit der Vertreibung aus dem Paradies bis heute weitergeschrieben wird.

In seinen *Bekenntnissen* beschreibt Augustinus eine Episode, die bis heute zu den ungewöhnlichsten Aussagen gehört, die man über sich selbst machen kann. Als Jugendlicher war er mit seinem Vater in einer Therme. Dort wurde offensichtlich nackt gebadet. Der heranwachsende Augustinus bekam hier, für alle sichtbar, eine Erektion. Sein Vater schaute voller Stolz auf die erwachende Mannbarkeit seines Sohnes und freute sich auf die Enkel. Doch seine Mutter, die berühmt-berüchtigte Monica, die ihren Sohn zum christlichen Glauben erziehen wollte, erschrak über diese unwillkürliche Regung der Sexualität. Sie sah darin die Vorboten eines sündigen Lebens, womit sie nicht ganz unrecht behalten sollte. Denn Augustinus' weiterer Lebensweg sollte von seiner ersten Erektion an noch viele Jahrzehnte und viele uneheliche Orgasmen dauern, bis Monica sich durchsetzen konnte und Augustinus endlich bekehrt worden ist. Die Episode in den Thermen bleibt aber sein ganzes Leben prägend für seine Deutung des Sündenfalls. Denn in ihr zeigte sich ihm die Ohnmacht seines Geistes gegenüber dem Fleisch.

Dass der Mensch über seine Sexualität nicht so verfügen kann wie über seine anderen Gliedmaßen ist für Augustinus die Folge des Sündenfalls. Die Ohnmacht gegenüber dem

Eigenleben der Sexualität ist der Beweis, dass die Sünde noch immer den Menschen beherrscht. Erst im Stand der Gnade kann die amoklaufende Sexualität wieder dem Willen des Menschen unterworfen werden. Im *Gottesstaat* gibt er eine Beschreibung, wie eine Sexualität aussähe, die aus dem Stand der Sünde befreit wäre: »Auf den Wink des Willens hin hätten sich jene Glieder bewegt wie die übrigen auch, und ohne den verführerischen Stachel der Leidenschaft, vielmehr mit der Ruhe des Geistes und des Körpers … hätte der Gatte sich in den Schoß der Gattin ergossen.«[78] Sexualität und Orgasmus werden in dieser Phantasie zu Handlungen, die den Rahmen des Alltäglichen nicht verlassen.

Der Sündenfall ist für Augustinus die Entdeckung der Sexualität, die ein unbeherrschbarer Drang ist. Und da die Lust nicht dem menschlichen Willen unterworfen ist, versteckt er sie mit Scham. Denn die eigenwillige Lust ist eine permanente Erinnerung daran, dass der Mensch aus dem Paradies vertrieben worden ist. Die negative Fixierung der christlichen Religion auf die Sexualität erklärt sich aus dieser Tradition. Und selbst Jesus, der die Sünden des alten Adam von allen Menschen nehmen sollte, konnte an diesem Verhängnis nichts ändern. Zwar tritt er für die Ehebrecherin Maria Magdalena ein, doch die Evangelien legen größten Wert darauf, dass in seiner Jüngerschar nur Männer sind und dass Jesus kein Verhältnis zu einer Frau hat. Es gehört bis heute zu den größten Gotteslästerungen, Jesus eine Geliebte oder gar Kinder anzudichten. Selbst Gottes Sohn, der doch frei von dem *originale peccatum* sein müsste, hat keine Sexualität, die nicht schamhaft verborgen werden müsste.

Zölibat, Jungfräulichkeit und Enthaltsamkeit sind seitdem die Versuche christlicher Selbstdisziplinierung, um der Ursünde Herr zu werden. Da diese Versuche nur eine Dämpfung bewirken können und immer nur individuelle Erfolge oder Misserfolge zeitigen, bleibt der Sündenfall für die gesamte Menschheit bestehen. Er taugt also nach wie vor als Erklärung, warum es so viel Unheil in der Welt gibt. Der Mensch ist sündig, darum macht er Fehler und darum darf Gott ihn bestrafen. Der Beweis für seine Sündhaftigkeit besteht in der fortwährenden Dominanz seiner Sexualität. Sie bestimmt sein Leben, sei es, dass sie schamhaft eingehegt werden soll, sei es, dass sie schamlos ausgelebt werden will.

¶

Seit der Mensch aus dem Paradies vertrieben wurde, wünscht er sich dorthin zurück. Die Mühen des Lebens in der Welt halten die Erinnerung an einen Zustand ohne Arbeit, Schmerzen und ohne Sünde als Wunsch wach. Die tiefen Verbindungen von rhythmischen Körperbewegungen, rituellen Handlungen und dem sexuellen Akt sind in allen Kulturen bekannt und werden als Weg zurück ins Paradies erprobt. Die Verschmelzung geht mit der Einschränkung der Ich-Kontrolle einher. Und die Einschränkung des Ichs lässt es aufgehen in einer übergeordneten Gemeinschaft. Durch einen gemeinsamen Rhythmus die Geister zu synchronisieren, funktioniert so zuverlässig, dass es in den Massengesellschaften des 20. Jahrhunderts planvoll und zumeist für entmenschlichende Ziele eingesetzt wurde: Marschiere im Gleichschritt, und du wirst eine Kampfeinheit. Brülle und singe im Chor, und du wirst eine Nation oder zumindest ein Fußball-Fan.

Bedenkt man diesen Aspekt der Entgrenzung, so bekommen die Engel mit den Flammenschwertern eine konkrete Bedeutung. Die Rückkehr des verfluchten Menschen ins Paradies ist mit Leichen gepflastert. Denn die Mittel, mit denen das eigene Ich verlassen werden soll, führen dazu, dass die zur Gemeinschaft verschmolzenen Subjekte zu einer Masse werden, die ins Verderben getrieben werden kann. Es ist also nicht so, dass die Vertreibung aus dem Paradies ein einmaliges Ereignis wäre, das irgendwann am Anfang der Menschwerdung passiert ist, sondern die Vertreibung ist der Riss, der unaufhörlich durch jedes einzelne menschliche Leben läuft. Wir sind alle aus dem Paradies vertrieben. Aber nicht, weil unsere Urahnen einst gesündigt haben und darum aus der Liebe Gottes gefallen sind. Sondern das menschliche Leben ist durch einen elementaren Riss von allem anderen Leben in der Natur getrennt. Dieser Riss ist unausweichlich da und bildet sich in jedem Moment neu.

Die Sehnsucht nach einer Aufhebung des Bewusstseins in der Welt und einer Verschmelzung des Selbst mit seiner Umwelt gehört zum Menschsein. Die Übungen, Rauschmittel und Ekstasen sind so vielfältig wie die Kulturen, in denen die Trennung von Welt und Mensch bearbeitet wurde.

Die Sehnsucht nach der Verschmelzung ist die gleichstarke Gegenkraft zu dem Gewinn, der aus der Trennung von der Natur gezogen wird. Die Beherrschung der Tiere und die Erforschung der Welt sind erst durch die kategorische Trennung möglich geworden. Und zugleich ist diese Trennung der Ursprung des Schmerzes, den jeder fühlt, wenn er der Trennung von allem anderen Leben gewahr wird. Die Trennung ist so unhintergehbar, dass die Einsamkeit des Menschen als existentielle Grundstimmung gelten kann. Als ein solcher Einsamer wiederholt der menschliche Geist die Strukturen des Lebens und lebt doch unendlich von ihnen getrennt. Die Einsamkeit ist der Zustand des *originale peccatum.*

¶

Folgt man der Erzählung vom Sündenfall, ist diese böse Dialektik eine gerechte Folge des *originale peccatum.* Denn um die Grenzen des eigenen Geistes zu überschreiten, braucht es die sexuellen Energien der körperlichen Vereinigung, die nach der Interpretation von Augustinus die wesentliche Strafe für den Ungehorsam von Adam und Eva sind. Ohne das *originale peccatum* gäbe es keine Vertreibung aus dem Paradies, und das wesentliche Kennzeichen für die Vertreibung ist die menschliche Sexualität. Denn diese unterscheidet sich von der tierischen Sexualität dadurch, dass sie mit Scham behaftet ist und dass sie eine Triebkraft ist, die den Willen übersteigen kann. Dass die Sexualität die Grenzen des menschlichen Geistes sprengt, macht ihre große Kraft zur Verführung aus, und zugleich ist sie eine Gefahr, da sie den menschlichen Geist zu dominieren droht. In der Sexualität können die Grenzen des Ichs verlassen werden, doch ist dieses Übersteigen nur möglich, weil dabei die Kontrollen des Ichs ausgesetzt werden. Die Rückkehr ins Paradies braucht die Sexualität, und zugleich ist die Sexualität genau die Triebkraft, die eine Rückkehr unmöglich macht.

Die mit flammenden Schwertern bewaffneten Engel, die den Eingang zum Paradies bewachen, sind die treffende Allegorie dieser Paradoxie. Denn wer es schafft, durch die Entgrenzung seines Ichbewusstseins bis zu den Toren des Paradieses zu gelangen, dessen Geist steht in den Flammen der Sexualität, die sein Ich verbrennen. Die sexuelle Energie kann als Gewalt oder als Rausch erscheinen. Die Rückkehr verlangt in allen Fällen die Zerstörung des Ichs, das sich seiner Triebe schamhaft bewusst ist.

Die Mystik weiß in allen Religionen um die Doppelgesichtigkeit der Enthemmung. Darum ist es ungewiss, ob es jemals gelingen kann, die Engel zu überwinden. Denn so wie die Vertreibung aus dem Paradies in jedem Moment wiederholt wird, in dem das »Ich denke« uns von der Welt trennt, so schlummern die Engel in jedem einzelnen Menschen, und ihre Flammenschwerter lodern auf und verhindern die Rückkehr, wann immer die Sexualität erwacht. So beschwört die Enthemmung, die es braucht, um die Grenzen des kontrollierenden Geistes zu überwinden, genau den Zustand der Paradiesferne, den sie verlassen will.

Die Erzählung vom Sündenfall ist eine klug konstruierte dialektische Geschichte. Sie beschreibt einen Zustand, der allen Menschen bekannt ist, und erklärt ihn mit einer Handlung, die einfach und rätselhaft zugleich ist. Jeder sehnt sich nach einem Paradies und wähnt sich in den Momenten der Ekstase in seiner Nähe. Doch spätestens seit Friedrich Nietzsche und Umberto Eco sind alle Leser wieder daran erinnert: *post coitum omne animal triste est.* Das Erwachen nach der Ekstase ist traurig, weil die Lust nicht ewig ist und der Alltag umso grauer erscheint. Das Paradies erwacht im Akt der Sexualität, und durch genau diesen Akt wird es unmöglich, dauerhaft ins Paradies zurückzukehren. Die Sünde der Sexualität resultiert also nicht aus einer moralischen Verdammung, sondern sie besteht in ihrer diabolischen Kraft. Denn mit *dia-bolisch* ist eine Kraft gemeint, die etwas zerteilt (*dia*) und die Teile dann durcheinanderwirft (*ballein*). Die Sexualität verführt den Geist, bis er atemlos vor den flammenden

Schwertern an den Pforten steht, und die Sexualität entzündet eben diese Flammen, die eine Rückkehr unmöglich machen.

¶

In der Dialektik des Eros liegt die Erklärung für die paulinische Agape. Die Geschichte vom Sündenfall liefert einen Grund dafür, dass Menschen Religion brauchen. Im Paradies gab es keine Geschichten, und es gab auch keine Religion. Gott sprach direkt mit den ersten Menschen. Religion wird erst dann notwendig, wenn der Kontakt zu Gott abgerissen ist. Erst vor den verschlossenen Toren des Paradieses entsteht die Sehnsucht nach einer unerreichbaren anderen Welt, in der die Fragen dieser Welt beantwortet werden können. Und da diese andere, transzendente Welt auf dem direkten Weg unerreichbar ist, braucht es die vielfältigen Formen der religiösen Sprache. Religion ist die Suche nach Gottes Liebe. Und die Antwort, die die christliche Religion anbietet, lautet, dass der Mensch zu Gott findet, wenn er Agape für seine Mitmenschen fühlt. Die Nächstenliebe ist der Ausweg aus dem unlösbaren Streit darüber, ob ein Gespräch mit Gott glaubwürdig oder nur ein Priestertrug, wenn nicht gar ein Selbstbetrug ist. Die irdische Agape ist das Paradies der Gottesliebe, das Menschen sich selbst schaffen können.

Ein Leben außerhalb des Paradieses ist ein Leben, das die Religion braucht. Denn ein solches Leben hat den Kontakt zu Gott und zur Welt verloren. Ab jetzt stehen wir Menschen der Welt mit unserem Bewusstsein gegenüber. Dass Adam und Eva die Augen aufgingen und sie sahen, dass sie nackt waren, bedeutet, dass ihnen die Augen für die Natur verschlossen wurden. Ab jetzt schauen sie mit menschlichem Blick um sich her und auf sich selbst. Und ab jetzt sehen sie alles, was passiert, unter der Frage, ob es gut oder böse ist. Ihre Scham ist ein Reflex auf einen Körper, der plötzlich nicht mehr zu ihnen gehört, sondern ins Reich der Natur.

Ob Adam und Eva die Felle, die Gott ihnen als Abschiedsgeschenk genäht hat, gerne angezogen haben, ist ungewiss. Dieser Beweis seiner Agape ist ein Ausdruck nüchterner Sorge und zugleich ein Hinweis, dass seine Liebe nicht erloschen ist. Von weiteren Geschenken für den alltäglichen Gebrauch erzählt die Bibel leider nichts. Ab jetzt ist der Mensch mit der Welt alleine. Die Liebe Gottes wird zum ewigen Rätsel unseres Glaubens. Sie dereinst wiederzugewinnen steht für das Ende der Zeiten. Der Weg dahin ist unbekannt. Doch ohne das Vertrauen des großen Ja wird niemand ihn finden können.

DIE KRANKHEIT ZUM TODE

Eine der sieben Todsünden ist die *acedia*. Man könnte sie mit »Trägheit« übersetzen, aber auch mit einer leeren Betriebsamkeit, was eine Form der Lieblosigkeit wäre. Für uns Zeitgenossen, die wir in einer Arbeitsgesellschaft leben, ist die Verwandtschaft von Trägheit und Betriebsamkeit irritierend. Unser Arbeitsethos unterscheidet deutlich zwischen den Faulen und den Fleißigen. Die Verwandtschaft erklärt sich erst, wenn man bedenkt, dass mit »*acedia*« auch die seelische Schwachheit gemeint ist. Wessen Seele zu träge ist, um sich ihrer Würde bewusst zu werden, der verfällt einer leeren Tätigkeit. Josef Pieper schreibt darum: »Der metaphysisch-theologische Begriff der Trägheit bedeutet also, daß der Mensch seinem eigenen Sein letztlich nicht zustimmt; daß er, hinter aller energischen Aktivität, dennoch nicht eins ist mit sich selbst; daß ihn, wie das Mittelalter es ausgedrückt hat, Traurigkeit erfaßt angesichts des göttlichen Gutes, das in ihm selbst wohnt.«[79]

Die Betriebsamkeit so zu begründen eröffnet einen ungewohnten Blick auf unsere Zeit. Der Hinweis von Josef Pieper ist nicht nur darum bemerkenswert, weil er 1947/8 im zerstörten Münster gegeben wurde, sondern er schreibt auch den dunklen Gedanken von Søren Kierkegaard fort. Seine *Krankheit zum Tode* ist eine theologische Beschreibung der gottlosen Arbeitsgesellschaft. In Kurzform lautet die 1849 gegebene Diagnose: Ein Mensch, der verzweifelt er selbst sein will und ebenso verzweifelt nicht er selbst sein will, wird zu einem dämonischen Charakter, in dessen Seele der Glaube erstirbt.[80] Die Beschreibung ist fast zwei Jahrhunderte später noch immer faszinierend, und noch immer bedarf es einiger Anstrengung, um die verführerische dunkle Formulierung aufzuschlüsseln. Denn was ist damit gemeint, verzweifelt man selbst sein zu wollen und verzweifelt nicht man selbst sein zu wollen?

Auf den ersten Blick fallen einem viele Momente des Alltags ein, in denen man sich wünscht, man wäre jemand anderes, oder in denen man sich wünscht, die anderen würden doch erkennen, wer man eigentlich ist. In der ersten Situation fühlt man sich überfordert und wünscht sich Fähigkeiten, über die man nicht verfügt. In der zweiten Situation fühlt man sich von den anderen nur unvollständig gesehen und wünscht, sie möchten doch den ganzen Menschen wahrnehmen. Im ersten Fall will man ein anderer sein, im zweiten Fall will man ganz der sein, der man ist. Doch diese alltäglichen Nöte sind nur ein erster, harmloser Aspekt der Krankheit zum Tode.

Ein tiefergehender Versuch der Deutung könnte so aussehen: Wer sich selbst nicht als Teil des Allgemeinen empfinden kann, will verzweifelt ganz für sich ein Selbst sein. Dieses Selbstsein-Wollen gelingt jedoch nicht. Das Selbst wird gesucht, weil das Ich sich in der Welt nicht beheimatet fühlt. Doch je vehementer das Selbst zur Heimat des Ichs gemacht wird, desto größer wird der Riss, der sich zwischen Ich, Selbst und Welt auftut. Auf der Suche nach der Möglichkeit, ganz man selbst zu sein, entfernt ein solches Ich sich unendlich weit von den Menschen und damit auch von sich als Mensch.

Kierkegaard legt mit dieser Beobachtung die Wunde des Individuums offen. Das Individuum ist gerade keine Identität, die unteilbar ist, sondern sie ist ein Kompositum, das aus einem Ich und einem Selbst besteht. Das Verhältnis zwischen diesen beiden Seiten ist überaus rätselhaft. Denn wer spricht eigentlich mit wem, wenn das Ich mit dem Selbst hadert? Wie kann es sein, dass das Ich mit sich selbst diskutiert? Kierkegaard untersucht diesen Abgrund nicht als Psychologe, sondern als jemand, der die Seelenlage in ihrer Verbindung zum Göttlichen erfährt. Wenn das Ich verzweifelt es selbst sein will, dann trennt es sich von dem Göttlichen, das sich in dem Gattungswesen Mensch offenbart. Wer ganz er selbst sein will, der entfernt sich davon, dass jedes Ich vor allem ein Mensch ist und damit eine unhintergehbare Gemeinsamkeit mit allen anderen Lebewesen aus der Gattung Mensch hat. Der Riss des Verzweifelten wird darum, je dringender das Ich bei sich selbst ankommen will, umso größer gegenüber sich selbst als Mensch. Und indem das Ich sich von sich als Mensch trennt, desto mehr entfernt es sich von allen anderen Menschen, und schließlich wendet es sich von Gott ab. Die Krankheit zum Tode verhindert, ganz ein Mensch zu werden, da das Ich verzweifelt ein Selbst sein will. Diese Krankheit führt zum Absterben der Seele. Denn je verzweifelter das Ich ganz es selbst sein möchte, desto größer wird der Abgrund, und desto verzweifelter wird die Suche nach dem Selbstsein. Die Krankheit steigert sich selbst und lässt das lebende Ich zu einem Toten auf Raten werden.

Die Krankheit zum Tode kann aber auch aus der Perspektive des Selbst beschrieben werden. Dann vollzieht sich dieselbe Steigerung, doch wird sie nun nicht als Handlung des Ichs, sondern als Verweigerung des Selbst erfahren: Das Selbst des Verzweifelten will sich in einem Riss bilden, der zwischen dem abstrakten Wollen und dem konkreten Sein verläuft. Das Wollen ist abstrakt, da es die Not des einsamen Ichs durch eine Steigerung der Einsamkeit beenden will. Es will ganz es selbst sein, was bedeutet, dass es nicht so sein will wie die anderen. Dieses Wollen entspringt aus der Verzweiflung über die Not der Einsamkeit, und es produziert die Not der Vereinsamung. Das Selbst, das die Not lindern soll, wird zur Wüste der Verzweiflung.

Begreift man die Formulierung, verzweifelt ganz man selbst zu sein, in diesem Sinne, so wird sie zu einer Prophezeiung für eine Welt, in der wir inzwischen alle leben. Es ist die kürzeste Beschreibung des doppelt freien Subjekts. Es will ganz es selbst sein und steht dabei vor einem leeren Horizont. Niemand empfindet sich mehr als Teil der Menschheit, und darum sind alle Verbindungen zwischen der Welt und dem freien Subjekt auf eine subjektive Perspektive verkürzt. Jeder empfindet sich als einzigartiges Subjekt, das die Welt in der ihm eigenen Weise empfindet. Alle Wege sind möglich, doch kein Ziel ist mehr zu erkennen, das außerhalb des subjektiven Wollens liegt. Die Freiheit, die die Bindungen des Menschseins vergisst, wird zu einer abstrakten Idee. Das Selbst, das verzweifelt ein Selbst sein will, jagt einem Ziel nach, das wie der Schwanz der Katze sich immer weiter entfernt, je näher die Katze ihm kommen will. Ein solches Leben nennt Kierkegaard verzweifelt, denn es rührt von einem Wollen her, das niemals erfüllt werden kann. Je mehr das Selbst selbst sein will, desto breiter wird der Graben zwischen seinem Tun und seinem Leben. Der Wille zum Selbst treibt das Selbst von sich weg, da es die Welt in sich auslöscht. Das Selbst ist ein Ziel, das unerreichbar ist, da es eine Existenz sucht, die nicht im Allgemeinen lebt, sondern in der Trennung davon.

Ist dieser Prozess weit fortgeschritten, dann ist das Selbst so verzweifelt von sich selbst und vom Allgemeinen getrennt, dass die Verzweiflung zu einem Hass gegen das Dasein wird. Dann ist das dämonische Selbst entstanden. Mit dem Hass des dämonischen Selbst beginnt der gefährliche und faszinierende Umschlag von der Verzweiflung in den Stolz. Das dämonische Selbst ist stolz auf seine monströse Sonderheit. Im Anfang war es der Hilfe bedürftig, die es vor dem Selbstverlust in der Leere der abstrakten Freiheit hätte bewahren können. Damals hatte es Angst, dass ihm diese Hilfe versagt wird. Doch diese Hilfe ist ihm nicht versagt geblieben, weil die Welt sie verweigert hätte, sondern sie ist ihm versagt geblieben, weil seine Suche nur nach sich selbst Ausschau gehalten hat. Je mehr es sich in sich selbst vergraben hat, desto ferner rückten die Menschen. So ist aus den selbstproduzierten Enttäuschungen das dämonische Selbst geworden, das stolz auf seine Isolation ist und mit der Kraft seiner Selbstsetzung prahlt. Jetzt kehrt das verzweifelte Ich sein dämonisches Selbst nach außen und will Rache an dem Allgemeinen nehmen, das ihm nach seiner Einschätzung die Hilfe versagt hat. »Damals hätte ich noch gerettet werden können«, ist die entsetzliche Anklage, die das dämonische Selbst gegen die Welt richtet. Und dann spricht es über sich das abschließende selbstherrliche Urteil: »Jetzt bin ich allen und der Welt zum Feind geworden.«

Ist die Phase des dämonischen Selbst erreicht, das sich

selbst verloren hat und als leere Hülle umso aggressiver seine Subjektivität behauptet, beginnt die Phase des verzweifelten Nicht-man-selbst-sein-Wollens. Diese negative Selbstliebe wird man ab Nietzsche als Ressentiment benennen. Das verschlossene Selbst sucht nun unentwegt nach Ausflüchten, um seiner Existenz zu entfliehen. Die abstrakte Reflexion gehört hierzu, aber auch die Bosheit, der Stolz und das Selbstmitleid. Das Selbst wird unfrei und beharrt auf seiner Unfreiheit als Fundament einer Kraft, die der Welt als dämonisch erscheint. Während es das demütige Selbst drängt, sich selbst als Lebewesen in der Welt zu verstehen, richtet das dämonische Selbst seine Verzweiflung als Waffe gegen die Welt.

Die theologische Pointe dieser Dialektik liegt in Kierkegaards überraschender Aussage, dass das dämonische Selbst zu keinem Ernst mehr fähig ist. Indem die Seele das Allgemeine und damit den Zugang zum Ewigen in sich zerstört hat, ist sie zur absoluten Relativität verurteilt. Wer nicht über sich selbst ernsthaft wird, der bleibt, trotz aller dämonischen Anwandlungen, ein Spaßvogel. Seine Schlussfolgerung ist darum einfach und anspruchsvoll: Nur wer es versteht, das Allgemeine des Menschseins in sich zum ernsten Grund seiner Existenz zu machen, entkommt der Krankheit zum Tode. Und hier öffnet sich seine Analyse zum christlichen Glauben. Denn das Allgemeine des Menschseins ist die Ewigkeit des Göttlichen. Was eine materialistische Philosophie als das »Gattungswesen Mensch« bezeichnet hat, ist für Kierkegaard der Mensch als Christ. Die Krankheit zum Tode ist darum nicht nur der psychische Defekt einer radikalen Bindungslosigkeit, sondern eine Todsünde. Sie besteht darin, dass der Mensch ohne göttliche Gnade versucht, sich selbst zu entwerfen.

Die Dialektik dieses sündigen Selbstentwurfs ist bis heute atemberaubend komplex. Denn in ihr wird die absolute Notwendigkeit gedacht, dass jeder Mensch sich erst als Mensch selbst begreift. Diesen Gedanken werden die Existentialisten des 20. Jahrhunderts dankbar aufgreifen. Ihr Glaubenssatz lautet dann: Erst durch die freie Tat wird der Mensch zu dem, der er sein soll. Doch bei Kierkegaard ist diese Selbstsetzung unlösbar verbunden mit der Aufgehobenheit im Christentum. Die Selbstsetzung des Menschen ist notwendig, doch sie kann nur gelingen, wenn sie in Demut vor der göttlichen Gnade passiert. Eine Selbstsetzung, die dieses Allgemeine, oder wie er sagt, diese Ewigkeit vergisst, endet zwangsläufig in der Krankheit zum Tode. Und die Krankheit ist nicht nur der seelische Tod zu Lebzeiten, sondern sie ist eine Todsünde, weil sich in ihr der Mensch, der nicht an Gott glaubt, selbst zum Dämon macht. Seine Verzweiflung ist der Unglaube. Und die Strafe für diesen Unglauben ist die irregehende Dämonie. Die Ausflüchte der verzweifelten Seelen sind bis heute vielfältig.

Das moderne Individuum will das Allgemeine abstrakt begreifen, als mystische Einheit erfahren oder metaphysisch denken. Der Irrtum ist der immergleiche, denn das Individuum macht sich selbst zum Nadelöhr, durch das die Welt hindurchpassen muss. Kierkegaards Urteil über diesen Hochmut ist radikal. In allen Fällen »will man die Ewigkeit nicht ernsthaft denken; man hat Angst vor ihr, und die Angst verfällt auf hundert Ausflüchte. Doch das ist eben das Dämonische«.[81]

Die Hoffnung, die im menschlichen Wollen immer mit vorhanden ist, wird vom sich selbst entwerfenden Individuum verfehlt. Denn verzweifelt nicht man selbst sein zu wollen könnte auch bedeuten, das Allgemeine zur Grundlage der eigenen Existenz machen zu wollen. Doch dieses richtige Wollen muss misslingen, wenn allein das Selbst es will. Das Allgemeine ist kein Ziel, das ohne die Hilfe des Allgemeinen – was bei Kierkegaard das Göttliche ist – zu erreichen ist. Ohne die Gnade ist kein Glauben möglich. Der Mensch kann das, was ihn mit der Welt und seinen Mitmenschen verbindet, nicht allein in seiner Existenz finden. Es braucht für die Verbindung beide Seiten. Und so droht derselbe Absturz, den der Einzelne erfährt, wenn er für sich selbst ein Einzelner werden will.

Wie schmerzhaft die vergebliche Sehnsucht nach dem Allgemeinen ist, kann jeder erfahren, wenn er versucht, in einer Gruppe von fremden Menschen erste Kontakte zu knüpfen. Wer hier auf Ablehnung stößt, wird immer mehr den Mut verlieren. Und je drängender die Begegnung gesucht wird, desto abweisender wird die Welt ihm begegnen. Der Kreislauf aus Hoffnung und Ablehnung führt in den Teufelskreis der Verzweiflung. Mit jedem Schritt, den der Einzelne auf die Welt zugeht, entfernt sie sich weiter von ihm. Je verzweifelter das Selbst aus seiner Haut schlüpfen will, desto mehr verliert es das Allgemeine des Menschseins. Denn das Allgemeine ist vom Selbst alleine nicht zu erreichen. Wer die Gnade der Anerkennung durch die Mitmenschen nicht erfährt, der wird in eine Verzweiflung gestoßen, an deren Ende der Dämon des Welthasses steht.

Die Diagnose, die in der Krankheit zum Tode gegeben wird, ist für uns Menschen des 21. Jahrhunderts unschwer zu erkennen. Das gesamte Leben ist auf das einzelne Selbst und seine Verwirklichung gerichtet. Der Individualismus führt zu den virtuosen Spielen der Reflexion, zur Ästhetisierung der Existenz und zur Selbstbezüglichkeit der Egozentrik. Was einst »Postmoderne« genannt wurde, versammelt einen bunten Strauß von Beschreibungen, die das Leben in der Krankheit zum Tode feiern wollen. In der Postmoderne wird ersichtlich, warum Kierkegaard diesen Zustand der radikalen Subjektivität als dämonisch und unernst zugleich beschrieben hat. In ihr wird die Wahrheit des Glaubens durch die Wahrheit der Verzweiflung ersetzt. Und diese Verzweiflung feiert sich als Freiheit in einem Meer von Wahrheiten, die alle absolut relativ sind. Die relative Wahrheit ist kategorisch abgeschnitten von dem Ernst der menschlichen Existenz. Und die verzweifelte Wahrheit ist dazu verdammt, den Weg der Vereinzelung immer weiter zu beschreiten. Je mehr das Selbst ganz bei sich ankommen will, desto verzweifelter wird es sich selbst als Abwesenden erfahren, der getrennt ist von der Wahrheit der Existenz.

Ist die absolute Relativität zur alltäglichen Normalität geworden, wird die Krankheit zum Tode zur Seuche der Einsamkeit und erhält die Bezeichnungen der »Depression«, der »Erschöpfung« und des »Burnout«. Der Unernst der dämonischen Betriebsamkeit ist der Grundton unserer Zeit. Hier verbinden sich die radikalen Ansprüche der Subjektivität mit dem Jammer über den Stress der Freiheit, und vereint finden sie in der Daueranklage des Ressentiments ihren unerlösten Ausdruck. Das moderne Individuum ist so sehr mit sich selbst beschäftigt, dass es weder Welt noch Gott erfahren kann. Es fühlt nicht mehr die Realität des Gegenstandes, und es fühlt nicht die Anwesenheit Gottes, da es vollständig mit dem Fühlen des eigenen Gefühls ausgefüllt ist. »Der Mensch kommt nicht mehr von sich weg; die Bahn seiner Akte erhält eine eigentümliche Krümmung und endet – zu seiner namenlosen Verzweiflung – bei ihm selbst.«[82]

Will man die Krisen unserer Zeit verstehen, so kann die Not, die aus der Vernutzung von Welt und Menschen entsteht, nicht allein als ökonomisches oder politisches Problem behandelt werden. Die Ursachen der Überanstrengung liegen tiefer. Erst wenn die religiösen Ursachen mit den Worten unserer Zeit gedacht werden, kann die Krise in ihrer seelischen Dimension erfahren werden. Erst dann kann verstanden werden, wie der dämonische Furor, mit dem wir die Welt zerstören, seine Ursache in einem tiefen Unernst hat, der verhindert, dass wir die Bindungen des Lebens fühlen können. Die *acedia* der Seele und die Überanstrengung von Menschen und Welt sind gleichursächlich.

Die Verzweiflung der Krankheit zum Tode ist heute in jedem Moment des Alltags konkret zu erleben. Die Gier ist unendlich. Das Selbst fühlt sich niemals erlöst, da es noch immer etwas gibt, das ihm vorenthalten wird. Und die Verbindung mit der Welt ist so zerrissen, dass jeder meint, in sich seine eigene Wahrheit finden zu können. Die Krankheit ist in einem Stadium der kollektiven Verzweiflung angekommen, und die Dämonie der entfesselten Seelen hat ein Gebäude der Ausbeutung errichtet, das Kierkegaard sich wohl niemals hätte vorstellen können. Dass heute das Ressentiment als die epidemische Verbreitung der Krankheit zum Tode die Gestalt der Welt bestimmt, übertrifft die schlimmsten Vorbehalte, die frühere Zeiten gegenüber der säkularen Selbsterlösung gehegt haben mögen. Gottes Fluch, mit dem er die Menschen aus dem Paradies seiner Liebe vertrieben hat, formt sich in jeder Zeit zu einem neuen Verhängnis.

RESSENTIMENT

Wer sich fürchtet, der ist nicht völlig in der Liebe.

I Johannes 4, 18

Seit Nietzsche das Christentum als Sklavenmoral beschimpft hat, ist die Nächstenliebe unter Verdacht geraten. Kern seiner Beschuldigung ist, dass sich in der Liebe nur die Rache versteckt. Wer zu schwach ist, um mit offenem Visier den Kampf aufzunehmen, verfällt auf den Trick der Sklavenmoral. Der Schwache predigt Nächstenliebe, um den Starken schwach zu machen. Und zugleich verkehrt er die bisherigen Werte, indem er behauptet, dass der Schwache auch der Gute sei, während der Starke automatisch der Böse sein soll. Nietzsches Vorwurf ist bis heute folgenreich. Denn er trifft in das Zentrum des christlichen Glaubens, indem er eine Verbindung zwischen Ressentiment und dem Gebot der Nächstenliebe herstellt.

Das Ressentiment ist die Krankheit der Seele, die aus ihrer Kränkbarkeit entsteht. Seit ihren Anfängen ist die menschliche Kultur damit befasst, Kränkungen zu vermeiden und die bösen Folgen, die von gekränkten Seelen ausgehen, einzuhegen. Aber das Leben außerhalb des Paradieses ist auch in diesem Punkt erbarmungslos. Im selben Maß, wie Kultur Kränkungen vermeiden will, ist sie deren Ursache.

Kränkungen entstehen, wenn ein Mensch sich in seinem Selbstwert nicht geachtet fühlt. Wer in der Warteschlange ignoriert wird und sieht, wie andere ihm vorgezogen werden, fühlt den Schmerz der Zurücksetzung. Dieser Schmerz, der in einer alltäglichen Situation beiläufig entsteht, kann zu einem lebensbestimmenden Gefühl werden, wenn er eine dauerhafte Erfahrung wird. Das Leben verteilt die Kränkungen ungleich, und ebenso reagieren die Menschen auf ihre Kränkungen unterschiedlich. Es gibt die Glückskinder des Lebens, die mehr Zuspruch als Kränkungen erfahren, so dass eine Resilienz entsteht, durch die sie die unausweichlichen Kränkungen schmerzfreier verarbeiten können. Auf der anderen Seite des Schicksals gibt es die Menschen, denen schon frühzeitig ihr Selbstwert durch Missachtung oder gar Strafen verwehrt wird. Hier kann sich nur mühsam ein resilientes Selbst bilden, und die Wahrscheinlichkeit ist hoch, dass ein Teufelskreis entsteht. Die erlittenen Kränkungen breiten ihr seelenzerstörendes Gift aus, was die Ausstrahlung eintrübt, woraufhin die Welt mit noch mehr Zurückweisung reagiert. Wer argwöhnisch auf die Welt schaut, weil er schon zu oft gekränkt wurde, dem wird mit Argwohn begegnet. Und wer Kränkungen erwartet, wird sie auch in harmlosen Situationen empfinden. Wird der Argwohn chronisch, verschließt sich die Seele vor der Welt und brütet die Kränkungen in sich selbst aus. Spätestens seit Nietzsche wird diese Deformation der Seele mit dem schwarzen Begriff des Ressentiments benannt.

Das Ressentiment ist ein Gefühl, das sich in der Erinnerung an das erlittene Unrecht verbohrt. Der Stachel der Kränkung wird nicht herausgezogen, sondern er wandert immer tiefer ein. Dem ersten Pfeil der Verletzung, der jeden Menschen trifft, schickt das Ressentiment einen zweiten Pfeil hinterher. Damit bohrt es die erste Verletzung noch tiefer in seine Seele. Die Wunde wird chronisch. Und mit jeder Erinnerung an die erlittene Verletzung wird ein weiterer Pfeil nachgeschickt. Dem ersten Pfeil entkommt kein Mensch, ob aber der zweite Pfeil nachfolgt, liegt in der Entscheidung des Einzelnen. Ein Ich, das sich durch die Wiedererinnerung immer neu verletzt, verschließt sich immer weiter vor der Welt und fixiert sich auf den eigenen Schmerz.

Der Glückliche antwortet auf die Zurücksetzung mit Geduld oder vermag auf seine unglückliche Lage aufmerksam zu machen. Der Mensch des Ressentiments fühlt sich hingegen ohnmächtig. Er hatte bereits die Zurücksetzung erwartet und findet nun, wenn sie eintritt, keine Kraft mehr, der Welt seine Not zu zeigen und um Hilfe zu bitten. Seine böse Ahnung wurde bestätigt, was wiederum seine Abkehr von der Welt zementiert. Die Verletzung führt nicht mehr zum Schmerzensschrei, der für alle vernehmlich ist, sondern zum Verstummen. Der unterdrückte Schrei wandert als der zweite Pfeil in die eigene Seele.

So entsteht der Kreislauf des Ressentiments: Gekränkt zu werden bestätigt die böse Ahnung, dass einem die Welt feindlich begegnet. Der Glückliche antwortet auf die Kränkung mit dem gesunden Selbstbewusstsein dessen, der nicht damit rechnet, dass die Welt ihm übelwill. Der Mensch des Ressentiments erwartet bereits die Kränkung und schluckt jede neue Kränkung wie eine weitere bittere Pille. Der Glückliche und der Mensch des Ressentiments leben in verschiedenen Welten. Der Glückliche lebt in der realen Welt, und das Ressentiment lebt in sich selbst.

Diese erste Annäherung an das Ressentiment zeigt, wie alltäglich und gewöhnlich diese Erkrankung der Seele ist. Doch weil sie so verbreitet ist, ist sie nicht nur ein individuelles Schicksal, sondern auch ein Spiegel der Kultur. Das Ressentiment ist nicht nur die seelische Selbstvergiftung des Individuums, sondern auch eine Seelenlage, die zur Grundausrichtung einer Gesellschaft werden kann.

¶

Nietzsches Verknüpfung von Ressentiment und Christentum ist bis heute wirksam, da seine Beobachtung so einfach wie überzeugend klingt. Das Christentum ist die Religion der Schwachen. Im Kult der Helden, den die Antike zelebrierte, war das Leid der Menschen ein Schauspiel für die Götter. Die Starken triumphieren, weil sie stark sind. Und die Schwachen leiden, weil sie schwach sind. Das Christentum, so wie es Paulus ausformuliert hat, stellt die Schwachen unter den besonderen Schutz des neuen Gottes. Seine Revolution der antiken Werte besteht in dem neuen Glaubenssatz: Ich bin gut, weil ich schwach bin.

Eine solche Aussage wäre für einen Menschen der Antike unverständlich. Denn gerade seine Stärke ist der Beweis für seine Gunst, die er bei den Göttern erfährt. Nur der Starke kann seinen Willen durchsetzen, darum ist das Leben der Starken ein glückliches. Die Schwachen müssen hingegen die Starken erdulden, darum ist ihr Leben ein unglückliches. Wenn es eine entsprechende Formel in der Antike gegeben hätte, dann würde sie genau umgekehrt zum paulinischen Glauben lauten: Ich bin gut, weil ich stark bin. Und du bist nicht gut, weil du schwach bist. Dem Schwachen wird das

Gutsein aberkannt, weil er gar nicht über die Mittel verfügt, gut sein zu können. Und seine Schwäche gilt als Beweis, dass die Götter ihn nicht lieben.

Nietzsches Beobachtung der christlichen Umwertung der antiken Werte ist abgründig: Die Menschen der Schwäche machen ihr Schwachsein zur Tugend, da sie ihr Schwachsein als Zeichen für ihr Auserwähltsein von Gott deuten. Im Himmelreich, in das ein Reicher ebenso wenig kommt, wie ein Kamel durch ein Nadelöhr geht, urteilt das letzte Gericht nach der neuen Regel: Der Starke ist böse, weil ich schwach und darum gut bin. Formuliert man das Christentum in diesem nietzscheanischen Sinne um, so wird es zu einer einzigen Feier des Ressentiments. Die Schwachen ziehen aus ihren Kränkungen die Gewissheit, dass ihre Seelen gut sind und im Himmelreich belohnt werden. Die Starken hingegen, die ihnen die Kränkungen beibringen, sind böse, weil sie über die Kraft verfügen, sie kränken zu können.

Die Umwertung der Werte besteht darin, dass ein moralisches Urteil an den Standpunkt in der menschlichen Hierarchie geknüpft wird. Das Ressentiment sinnt nicht nur auf Rache an den Starken, sondern es hat auch eine Moral erfunden, die grundsätzlich auf der Seite der Schwachen ist. Eine größere Rache als die immerwährende Verdammung der Starken und die Gewissheit, dass man als Schwacher zu den Guten gehört, ist nicht denkbar.

¶

Ausgehend von Nietzsche entwickelt Max Scheler die umfangreichste Theorie des Ressentiments. Seine Definition verbindet die beiden seelischen Hauptkräfte, die zur reaktiven

Haltung führen. Zum einen handelt es sich beim Ressentiment »um das wiederholte Durch- und Nachleben einer bestimmten emotionalen Antwortsreaktion [...], durch die jene Emotion eine gesteigerte Vertiefung und Einsenkung in das Zentrum der Persönlichkeit sowie eine damit einhergehende Entfernung von der Ausdrucks- und Handlungszone der Person erhält«.[83] Das Wieder-Fühlen, das im französischen »re-sentiment« benannt wird, wird von Scheler in seiner lähmenden Eigenart erkannt. Die Erinnerung an die erlittene Kränkung stärkt nicht das Selbstgefühl, sondern sie schwächt die »Handlungszone«, da sie den inneren Blick auf den eigenen Schmerz fixiert. Die Erinnerung an das eigene Erleben verfestigt den Moment der Kränkung zum dauernden Zustand. So wird aus einem negativen Ereignis ein Wesenszug, der das Selbst charakterisiert.

Die zweite Eigenart des Ressentiments formuliert diese Tendenz zur Negativität aus. Die Erinnerung speichert ein negatives Gefühl, das zu einer Feindseligkeit gegenüber der Welt führt. Die Welt hat mich verletzt, also bin ich der Welt feindlich gegenüber eingestellt. Max Scheler nennt diese Stimmung den »Groll«, der ab jetzt gegen die Welt gehegt wird. »Das ›Grollen‹ ist ja solch dunkel durch die Seele wandelndes, verhaltenes und von der Aktivität des Ich unabhängiges Zürnen, das durch wiederholtes Durchleben von Haßintentionen oder anderen feindseligen Emotionen schließlich sich bildet.«[84]

Das Ich definiert sich fortan als beleidigt. Man wurde verletzt und ist nicht bereit, diese Verletzung zu verzeihen. Denn die Verletzung wird immer wieder durchlebt und damit wachgehalten und zum Wesenskern des Ichs geformt. So erwächst aus dem erlittenen Leid der Groll, der zwischen Welt und Ich den Graben der Feindseligkeit aufreißt. Das Opfer wird zu einer Identität, die ihr erlittenes Leid tyrannisch gegen die Welt wendet.[85] Niemand kann es dem Opfer mehr recht machen, denn es bezieht seine ganze Ich-Stärke aus der Unversöhnlichkeit.

Der Mensch des Ressentiments schöpft aus seinem Groll so starke Energien, dass sich das »falsche Selbst« bildet. Es ist voller »Arroganz, Rachegelüsten und Feindseligkeit«.[86] Die Ich-Fixiertheit der Opferidentität findet in diesem falschen Selbst ihre Heimat. Das Schauspiel, das die Seele hier mit sich selbst aufführt, besteht darin, dass sie sich eine Welt erfindet, in der das Selbst absolut unschuldig ist und von einer feindlichen Umwelt bedroht wird. Nur wenn das Selbst keine Verantwortung für die Situation hat, in der es verletzt wurde, kann es sich als reines Opfer fühlen.

Dieser Zirkelschluss ist bemerkenswert. Die Kränkung wird durch das ewige Wiederfühlen zum Wesenszug verfestigt. Aus der Konservierung des Leids entsteht der Groll, der sich aber nicht als Handlung, sondern als feindselige Einstellung äußert. So entzieht sich die Welt in einer erwarteten Enttäuschung, und zugleich ist sie eine stetige Bedrohung, da sie auf die eigene Distanz mit Abweisung reagiert. Alles ist unerreichbar, weswegen das Opfer hilflos ist, und gleichzeitig ist alles gefährlich nah, weswegen das Opfer keine Sekunde sein Leid vergessen darf. In der Opfer-Identität werden Leid und Ohnmacht festgeschrieben, die sich im Groll als feindselige Einstellung zeigen. So wird jedes positive Band zwischen dem Ich und der Welt gekappt. Die Hölle des Einzelnen besteht darin, dass man damals, als das Leid geschah, hilflos war, und heute, da das Wiederfühlen des Leids das Ich geformt hat, die Welt nur noch als Bedrohung erleben kann.

Der einzige Weg, der der Opfer-Identität noch bleibt, ist die Anklage, denn die Welt tritt dem Ressentiment nur noch als Täter gegenüber. So findet der Groll unendlichen Anlass, um sich in seinen schlimmsten Befürchtungen bestätigt zu sehen.

Die Selbstbindung aller Kräfte wird stärker, je öfter der Kreislauf des Ressentiments durchlaufen wurde. Das einzelne Ich bestätigt sich selbst in seiner Ohnmacht. Seine Klage lautet: Ich habe es versucht, aber es funktioniert nicht. Das kollektive Ich des Ressentiments brüllt seine Anklage gegen die Welt. Seine Klage lautet: Wir haben alles versucht, aber nichts hat sich verändert. Ich und Kollektiv sind sich in ihrem Ressentiment gegen die Welt einig. Dieser Groll steigert sich mit jedem Kreislauf, den die Reaktion des Ressentiments durchläuft, und dieser Kreis wird umso unentrinnbarer, je häufiger er durchlaufen wird. Denn er verhindert die Veränderung gerade dadurch, dass er die fehlende Veränderung beklagt. Das Ressentiment fordert Handlungen, indem es sein eigenes Handeln verweigert. Die elaborierte Passivität ist der Wesenszug einer nach Innen gewendeten Aggression.

In der alltäglichen Praxis kann das Ressentiment-Ich eine »querulatorische Paranoia«[87] ausbilden. Dann sucht es seinen Krieg mit der Welt beispielsweise vor die Gerichte zu bringen. Dort erhofft es sich vom großen Anderen der Justiz die endgültige Verurteilung der Bösen, die sein Leben zur Hölle machen. Kein Anlass ist zu nichtig, um an ihm nicht exemplarisch das Unrecht zu beklagen. Die Verlagerung des Grolls in die Justiz könnte als zivilisatorischer Fortschritt erachtet werden. Doch die querulatorische Paranoia zeigt, wie tief die Verkehrung der Werte durch das Ressentiment reicht.

Denn das Gericht soll keine neutrale Instanz sein, die Recht spricht, sondern es soll der Arm des Ressentiments sein, der die Täter bestraft. Es geht nicht um die Beseitigung eines Missstands, sondern um die Befriedigung der Straflust. Entsprechend dieser Projektionen auf die Justiz kann kein Urteil zufriedenstellen und keine Strafe hoch genug sein. In letzter Instanz wünscht sich das Ressentiment die Friedhofsruhe, die den Tod der ganzen Welt bedeutet.

In der Sucht, jeden Widerspruch an eine höhere Instanz zu verweisen, drückt sich die Bosheit des Ressentiments aus. Es will keine Gerechtigkeit, sondern es will recht haben. Es will den Widerspruch nicht auflösen, sondern es will die Ursache des Widerspruchs verschwinden machen. Sein Übelwollen richtet sich gegen alles, was kränken könnte. Darum ist seine Herabsetzung der Anderen grenzenlos, da von der Vielfalt der Welt eine unendliche Gefahr ausgeht. In der querulatorischen Paranoia macht das Ressentiment keine Unterschiede mehr zwischen Freund und Feind. Die Feinde sind eine Gefahr und müssen darum beseitigt werden. Die Freunde sind eine Bedrohung, da sie glücklicher sein könnten. Darum muss ihr Leben entwertet werden. So wird alles kleingedacht. Und die Methode des Ressentiments besteht wiederum darin, die Gefährlichkeit der Feinde ebenso wie das Glück der Freunde besonders groß zu machen. Alles ist überwältigend, darum muss es zunichte gemacht werden. Nichts wird in seinem eigenen Maß empfunden oder in seinem eigenen Wert geachtet. Alles ist verdammungswürdig, allein weil es ist und darum dem Ich eine Kränkung zufügen könnte.

So fürchtet der Mensch des Ressentiments permanent, in eine Falle zu geraten. Jedes Angebot hat einen doppelten Boden, und jede Verführung lockt ins Gefängnis des Begehrens.

Das Ich ist von seiner giftigen Angst so aufgebläht, dass ihm Augen und Ohren zugequollen sind. Das erschütternde Bild einer solchen zerstörten Seele hat Nietzsche gegeben: »So ist der Mensch des Ressentiments weder aufrichtig, noch naiv, noch mit sich selber ehrlich und geradezu. Seine Seele schielt.«[88]

¶

Søren Kierkegaard, der die Grenze zwischen der säkularen und der religiösen Welt immer wieder neu vermessen hat, ist dabei auch dem Phänomen des Ressentiments nachgegangen. Die Krankheit zum Tode war von ihm als ein wachsender Riss zwischen dem Ich und dem Selbst diagnostiziert worden. Je mehr sich das Ich von seinem Selbst löst, desto mehr entfernt es sich von seiner Existenz als Mensch, und desto hochmütiger meint das bindungslose Ich, sich von seiner Verpflichtung durch das Göttliche lösen zu können. Das Ich, das von dieser Krankheit befallen ist, will zugleich nicht es selbst sein und ebenso verzweifelt ganz es selbst sein. Diese beiden Seiten der Krankheit sind unauflöslich miteinander verbunden. Und da sie eine paradoxe Bewegung ist, ist sie bereits der Tod zu Lebzeiten. Es gibt keine Erlösung für ein solches Ich. Betrachtet man hingegen die beiden Fluchtbewegungen getrennt voneinander, so entdeckt man, dass die Leugnung des Selbst ein Phänomen beschreibt, das zum Ressentiment führt.

Verzweifelt nicht man selbst sein zu wollen, nennt Kierkegaard die »Verzweiflung der Schwachheit«. Das Ich ist von der Welt so unmittelbar verletzt, dass es eine Flucht antritt, bei der es niemals an ein Ziel kommen kann. Denn wer beginnt, vor der Welt zu fliehen, der flieht zugleich vor sich als einem Lebewesen, das nur in der Welt existieren kann. Der Weltflüchtige flieht vor seinem Selbst als Mensch. So begibt sich das Ich in eine unendliche Steigerung. Am Anfang will das unmittelbar ausgelieferte Ich nicht das Selbst sein, das von der Welt verletzt wird. Im zweiten Schritt will es überhaupt kein Selbst mehr sein, das von der Welt verletzt werden kann. Und im dritten, für Kierkegaard »allerniedrigsten« Schritt, will das Ich verzweifelt ein anderes Selbst sein.

Dieser Schritt ist am niedrigsten, da er zugleich der komischste ist. Ein Ich, das sich verzweifelt darum bemüht, ein anderes Selbst zu sein, verfällt in eine Abfolge von zum Scheitern verurteilten Versuchen, anders zu erscheinen, als es ist. Die Mimik wird fremdbestimmt, die Kleidung nachgemacht, und der ganze Habitus ist von dem Riss, der zwischen dem Wollen und dem Sein verläuft, verzerrt. Der spätmoderne Individualismus hat diese verzweifelte Komik zur Normalität gemacht. Das Selbst soll eine Knetmasse in der Verfügungsgewalt des Ichs sein. Nicht nur das Äußere, auch die Gedanken und Meinungen sollen der Mode folgen. Zugleich sollen die Befehle, die vom Ich ausgehen, wie naturhafte Wahrheiten und darum wie die Stimme eines göttlichen Selbst befolgt werden. Für Kierkegaard war das Selbst ein Resonanzraum, in dem im besten Fall das Göttliche vernommen werden kann und durch den jedes Ich mit seiner Existenzweise als Mensch verbunden ist. Wenn dieser Resonanzraum aber nur von der Stimme des Ichs widerhallt, dann hört es nur noch sich selbst. Welt und Gott sind dann verstummt, und das ist die Einsamkeit der Krankheit zum Tode.

Am Anfang dieser Krankheit steht die Schwachheit, dass das Ich sich nur unmittelbar zur Welt verhalten kann. Mit

»unmittelbar« meint Kierkegaard das, was Nietzsche die »Schwäche« genannt hat. Das Ich fühlt sich der Welt nicht gewachsen. Es erlebt sich der Welt gegenüber als unmittelbar ausgeliefert. Sein Erleben ist kein freudvoller Austausch, sondern eine Zumutung, da es schutzlos in den Stürmen des Lebens steht. Aus der Unmittelbarkeit des Erleidens weiß es keine andere Rettung, als sich ein anderes Leben zu wünschen. Sein Selbst soll anders sein. In diesem Wunsch hat das Ich noch eine Erinnerung, dass »doch etwas Ewiges im Selbst sein muß«.[89] Doch dieses Ewige könnte nur dann zum Teil seines Lebens werden, wenn das Ich die Kraft aufbrächte, sich von der Unmittelbarkeit der Welt zu lösen. Doch eben diese Kraft bringt das Ich nicht auf. Das Ich »hat keine Bewußtheit von einem Selbst, das gewonnen wird durch die unendliche Abstraktion von allem Äußerlichen«.

Da ihm diese Kraft fehlt, verfällt es auf die verzweifelte Flucht vor sich selbst. Und für diese Flucht findet Kierkegaard die unheimliche Beschreibung eines Ichs, das aus seiner Wohnung auszieht, ohne eine neue Wohnung zu beziehen. Die Verzweiflung erwächst aus der permanenten Unbehaustheit, die kein neues Zuhause findet. Das Ich kehrt immer wieder zurück, um zu schauen, ob die alte, verlassene Wohnung nicht inzwischen zu einer anderen Wohnung geworden ist. Das Ich kommt »sozusagen auf Besuch zu sich selbst, um nachzusehen, ob die Veränderung nicht eingetreten ist«.

Da die Veränderung nicht eintritt, bleibt das Ich im Jenseits seiner Wohnung gefangen, und es tritt in die Phase der Krankheit zum Tode ein, die hier zugleich die Geburtsstunde des Ressentiments ist. Das so im Jenseits seines eigenen Selbst gefangene Ich ändert die Richtung seines Lebens. Es »dreht sich völlig von der Richtung nach innen fort«. Und damit ist sein Schicksal besiegelt. Denn »die ganze Frage nach dem Selbst im tieferen Sinne wird eine Art blinde Tür im Hintergrunde seiner Seele, innerhalb derer nichts ist«.[90]

Das Ich hat sich von seiner Verbindung zur Existenz getrennt. Alle seine Fähigkeiten und all sein Wollen sind ab jetzt nur noch nach außen gerichtet. Ein solches Ich, das sein Selbst verloren hat, kann ein tüchtiges Leben führen, doch es ist nur die Fassade des Glücks. Und diese Fassade ist ein wackeliges Gerüst, das vor jedem Windstoß geschützt werden muss. So wird das Gegenteil eines resilienten Charakters entwickelt. Der nach Innen gewendete Blick findet nichts Positives mehr, sondern nur noch das ständig wachsende Archiv der Verletzungen. Der Mensch des Ressentiments ist aus der Schwachheit geboren und von seiner eigenen Verzweiflung zum Charakter der Selbstflucht und Weltablehnung verhärtet worden. In letzter Konsequenz meint die Krankheit zum Tode: Glaube, Hoffnung und Liebe wurden verloren, und der Weg zu ihnen ist vom Ressentiment verstellt.

In diesem zentralen Gedanken unterscheidet sich Kierkegaards Beschreibung des Ressentiments von Nietzsches Verdammung. Denn für ihn ist das Ressentiment Ursache und Folge der christlichen Sklaven-Moral. Für Kierkegaard ist das Ressentiment eine Krankheit, der das Individuum vor allem in der Säkularisation verfällt und die den Weg zu Gott endgültig unbewältigbar macht. Max Scheler folgt Nietzsches Ressentiment, um an der entscheidenden Stelle eine andere Richtung einzuschlagen. Der wesentliche Unterschied liegt in der Beurteilung des Opfers.

¶

Das Ressentiment ist nicht nur ein individuelles Leiden, sondern es wird zu einer Weltanschauung, die alles Leben bestimmen will. Die identitätspolitisch sortierte Gegenwart ist der wahr gewordene Alptraum der Sklavenmoral: Menschen werden in Täter und Opfer eingeteilt. Und die Opfer sind grundsätzlich gut, während die Täter immer böse sind. Darum können die Opfer niemals schuldig werden, während die Täter niemals unschuldig sein können. Der moralische Anspruch besteht darin, immer auf der Seite der Opfer zu stehen, da sie im Status einer säkularen Heiligkeit leben. Die neue Opferheiligkeit gründet sich auf dem blinden Fleck, das Ressentiment nicht sehen zu wollen.

Eine Skizze des Ressentiments, die diesen blinden Fleck des Opfers drastisch ausleuchtet, hat Gilles Deleuze in seinem Nietzsche-Buch versucht: »Alles das hassen, was man als angenehm oder als bewundernswert empfindet, ein Jedes durch Witzeleien oder niedere Interpretationen in seinem Rang zu schmälern, in allen Dingen eine Falle zu erblicken! Das Auffallendste am Menschen des Ressentiments ist nicht seine Boshaftigkeit, sondern sein widerwärtiges Übelwollen, seine Fähigkeit herabzusetzen. Ihr widersteht nichts. Weder respektiert er seine Freunde, noch gar seine Feinde.«[91] Bei dieser Beschreibung treten unmittelbar die Verhaltensweisen in den sozialen Netzwerken vor Augen. Die millionenfache Missgunst und Rachsucht breiten hier ein Netz aus, in dem jeder durch ein falsches Wort gefangen werden kann. Die Ankläger sind zugleich die Richter, und die Anschuldigung führt automatisch zur Verurteilung.

Deleuze attestiert dem Ressentiment eine Verkehrung des Begehrens in eine Abwehr des Begehrten. Diese Verkehrung mündet in dem psychologischen Muster der unerfüllbaren

Ansprüche, die sich heute in den virtuellen Netzen ebenso austoben wie in der Realität: »Da er Vorteil, Nutzen als sein Recht erachtet, und auch, von Aktionen zu profitieren, die er nicht begeht, bricht der Mensch des Ressentiments in bitterste Vorwürfe aus, sobald einmal seine Erwartungen enttäuscht werden. Und wie sollten sie nicht, da die Frustration und die Rache gleichsam das Apriori des Ressentiments ausmachen? Deine Schuld, wenn mich niemand liebt, deine Schuld, wenn ich mein Leben verpfuscht habe, aber auch deine Schuld, wenn du das deine verpfuscht hast; dein und mein Unglück sind beides deine Schuld. [...] Wir erraten, was die Kreatur des Ressentiments will: daß die anderen böse sind, sie braucht es, daß die anderen böse sind, damit sie sich selbst gut fühlen kann.«[92]

Die Beschreibung des Ressentiments, die Nietzsche am Ende des 19. Jahrhunderts geschrieben und Gilles Deleuze 1961 reformuliert hat, ist für unsere Gegenwart entlarvend. Die Unversöhnlichkeit in spätmodernen Gesellschaften wächst stetig, und die Aggression greift auf alle Lebensbereiche über. Je mehr der Mensch des Ressentiments davon überzeugt ist, dass seine Straflust moralisch legitimiert ist, desto enthemmter wird sie ausgelebt. Das Glück der Anderen ist keine Freude, sondern stachelt die eigenen Ansprüche an und steigert die Frustration. Die andere Meinung ist kein Prüfstein für die eigene Toleranz, sondern ein böses Ärgernis, das bekämpft werden muss. Die letzte Konsequenz des Ressentiments ist die Leugnung von Fortschritten in der gesellschaftlichen Entwicklung. Wenn etwas besser würde, dann entfielen die Gründe der Anklage, in denen man doch seinen Lebenssinn sieht. Die ganze Gesellschaft soll von der gleichen Bannung durch das Böse gelähmt sein, wie es die Seele durch das Ressentiment ist. Erst in dieser Behauptung eines unabänderlich bösen Schicksals erklärt sich das paradoxe Auftreten der Identitätspolitik. Es wird eine Revolution der Verhältnisse verlangt, und im selben Atemzug wird jede Veränderung geleugnet. Je freier das Leben wird, desto vehementer wird bestritten, dass die eigene Lage sich verbessert haben könnte.

Um diesen Stillstand zu begründen, wird jede Kränkung zur Folge einer »strukturellen Diskriminierung« gemacht, an der niemand etwas ändern kann, solange nicht die ganze Gesellschaft revolutioniert worden ist. So wird jede Kränkung ausführlich beklagt, aber zugleich jede Entschuldigung abgelehnt und jede Veränderung geleugnet. Den Endpunkt des Ressentiments findet man in der identitätspolitischen Argumentation, dass niemand den eigenen Schmerz nachfühlen darf. Hilfe ist nicht möglich, da die Kränkung unvergleichlich ist. Nichts soll sich ändern, so will es das Ressentiment, denn nur so kann es seinem Schmerz den zweiten Pfeil der Rachsucht hinterherschicken. Der Unterschied zum Christentum ist offensichtlich. An die Wunden Jesu wird in jeder Messe gedacht. Doch werden sie nicht vorgeführt, um immer wieder Rachsucht zu nähren, sondern sie werden erinnert, um die anschließende Überwindung des Todes zu feiern. Die identitätspolitische Radikalisierung des Ressentiments folgt hingegen der Unerbittlichkeit einer religiösen Überzeugung, der die Liebe völlig unbekannt ist.

¶

So stellt sich heute die von Nietzsche aufgeworfene Frage mit neuer Dringlichkeit: Hat das Christentum eine Sklavenmoral hervorgebracht, die unter dem Schleier der Nächstenliebe auftritt, aber in Wahrheit eine Herrschaft des Ressentiments ist? Max Scheler lässt im Gegensatz zu Nietzsche das Christentum zwar nicht aus dem Boden des Ressentiments erwachsen. Er muss aber zugleich feststellen, »daß die christlichen Werte einer Umdeutung in Ressentimentwerte ungemein leicht zugänglich sind und auch ungemein häufig so gefaßt wurden«.[93]

Diese Unterscheidung ist hilfreich bei der Bestimmung des Ressentiments in unserer Gegenwart. Denn es gibt inzwischen zwei Arten von post-christlichem Ressentiment. Es gibt das vielbeschriebene Ressentiment, das als politisches Gefühl instrumentalisiert wird. Man findet diese Instrumentalisierung immer dann, wenn eine Wir-Gruppe sich gegen eine andere Gruppe wendet und mit dieser Abgrenzung ihren Zusammenhalt stärkt und die inneren Probleme übertüncht. Der Nationalismus gilt als Brutstätte des Ressentiments. Hier wird der Zusammenhalt durch eine gemeinsame Kränkungsgeschichte und einen gemeinsamen Feind gestärkt. Wer das Gift der individuellen Verletzungen freisetzt, entfacht einen Flächenbrand der kollektiven Empörung über das erfahrene Unrecht.

Die Bewirtschaftung des Ressentiments wurde von den Massenpsychologien des 19. und 20. Jahrhunderts professionalisiert und vom gesamten Spektrum der Ideologien genutzt. Die »Zorn-Banken«, wie Peter Sloterdijk[94] sie nennt, wurden eifrig befüllt und von raffinierten Spekulanten der menschlichen Rache für ihre Zwecke eingesetzt. Die Ressentiment-Regime des 20. Jahrhunderts haben vom Faschismus bis zum Stalinismus und Maoismus zu den größten menschlichen Katastrophen geführt. Mit der Erinnerung an diese

Exzesse der Wut gilt in den westlichen Demokratien die Adressierung des Ressentiments bis heute als gefährlich. Doch die Erinnerung scheint ihre mahnende Funktion zu verlieren. Überall erwachsen im Zentrum der demokratischen Staaten neue Ressentiment-Bewegungen.

Hierbei kommt der zweiten Art des post-christlichen Ressentiments eine wesentliche Rolle zu. Um diese neue Form des alten Zorns zu verstehen, ist wiederum Schelers Unterscheidung zwischen antiker und christlicher Liebe hilfreich. Die antike Liebe richtete sich auf das Höhere, das letztlich unerreichbar war. Man könnte eine solche Liebe auch mit Bewunderung oder sogar Anbetung übersetzen. Die christliche Liebe hat dieses Verhältnis umgedreht. Nun ist es das Schwache und das Unterlegene, das allein der Liebe wert ist. Die wahre Liebe erweist sich nur dann, wenn sich das »Edle zum Unedlen herabneigt«. Jesus, der sich den Zöllnern und Prostituierten zuwendet, gilt als Vorbild. Seine Liebe hat keine Angst, durch die Berührung mit dem Unreinen selbst befleckt zu werden. Im Gegenteil, die Liebe wird erst dann edel, wenn sie sich aufopfert.

Aus dieser neuen Liebe entsteht der neue Gott des Christentums. Die antiken Götter waren zwar fehlbar, aber sie standen doch weit über den Menschen. Der Blick ging stets in Bewunderung zu ihnen hinauf. Doch mit der Kreuzigung wird Gott selbst ein leidender Gott, der sein Teuerstes für die schwachen Menschen geopfert hat und damit das neue Gesetz der Liebe zu den Nächsten, die immer die Schwachen sind, in die Welt gebracht hat. Die antike Liebe war ein Bedürfnis, das von der Unvollkommenheit des Menschen zeugte, der sich dem Vollkommenen zuwendet. Die christliche Liebe sieht überall die Not, die allein mit der Liebe zu lindern ist.

So wird aus der Liebe eine Handlung, die sich mit allen Dingen und Menschen verbinden kann und die allein in der liebenden Verbindung das Göttliche real werden lässt.

Die christliche Liebe öffnet aber damit eine Tür, durch die das Ressentiment Eingang finden kann. Der erste Schritt durch diese Tür besteht in der Kapriole, die eine solcherart ausgedehnte Liebe macht. Denn nun muss bei jeder Begegnung gefragt werden, was mein Anteil an der Schlechtigkeit der Welt ist. Eine solche Frage ist äußerst folgenreich: »Wäre dieser Schlechte schlecht, wenn du ihn genug geliebt hättest?«[95] Das Nicht-Tun und die Nicht-Liebe wird dadurch bereits zur Schuld. Von dieser Überdehnung der Liebe kommt Scheler zu der Erkenntnis, »daß die Wurzel der christlichen Liebe von Ressentiment völlig frei ist – daß aber andererseits keine Idee leichter durch vorhandenes Ressentiment für dessen Tendenzen zu verwenden ist«.[96]

Die Verwandlung der Liebe in Ressentiment passiert immer dann, wenn das Hinabneigen zu den Schwachen nicht aus einer Fülle des Gebens erwächst, sondern wenn es aus einem Missmut gegenüber der eigenen Existenz oder der Welt folgt. Die Liebe wird zum Ressentiment, wenn der wahre Antrieb darin besteht, dass man die Liebe zu den Schwachen zur Waffe gegen den Teil der Welt macht, den man verachtet. Ein solches Verhalten gehört zum Alltag der post-christlichen Moral. Der Hinwendung zu den Schwachen ist eine zweite Botschaft eingeschrieben, die als Herabsetzung derjenigen gemeint ist, die man für die Verursacher der Not hält. In der politischen Sprache sind diese doppelten Botschaften von ideologischen oder moralischen Systemen ausformuliert.

Der Marxismus hat gezeigt, dass die Not der Arbeiter dem Unrecht der Ausbeuter geschuldet ist. Eine Verbesserung der

Not ist darum immer auch ein Angriff auf deren Verursacher. Welche der beiden Absichten die Handlungen leitet, ob es die Liebe zu den Ausgebeuteten oder der Hass auf die Ausbeuter ist, ist in den meisten Fällen nicht mehr zu unterscheiden. Nur noch geübte Ohren können zwischen der Forderung »Tötet die Kapitalisten!« und der Forderung »Zerstört den Kapitalismus!« den himmelweiten Unterschied erkennen.

In den moralischen Systemen gibt es eine vergleichbare Entwicklung. Wer dafür eintritt, dass alle Menschen, die auf der Flucht sind, in Deutschland aufgenommen werden sollen, der mag dieses aus Menschenliebe tun. Es gibt aber auch Anzeichen, dass die Forderung gegen die gerichtet ist, denen ihre Angst vor den Fremden vorgeworfen wird. Zwischen diesen beiden Absichten verläuft der Abgrund, der die Moral, die das Gute will, von dem Moralismus scheidet, der das eigene Gutsein dafür gebraucht, um andere abwerten zu können. Wer den Armen hilft, weil er die Reichen hasst, und wer Migration gutheißt, weil er die Fremdenfeinde bestrafen will, der handelt nicht aus Liebe, sondern aus Ressentiment.

In der Gegenwart ist eine allgemeine Zunahme beider Formen von Ressentiment zu bemerken. Überall entstehen neue Wir-Gruppen, die sich in Feindschaft zu anderen formieren. Und überall wird das gute Wollen von abgründigen Gefühlen und bösen Folgen begleitet. Die Bürger, die sich gegen die Islamisierung des Abendlandes zu allwöchentlichen Protesten zusammengefunden haben, sind nicht in die Kirche gegangen, um das christliche Abendland zu stärken, sondern sie haben ihre Ablehnung gegen Muslime auf die Straße getragen. Sie wollten nicht ihren Glauben stärken, sondern ihr Ressentiment ausagieren. Aber auch auf der anderen Seite des politischen Spektrums sind die Motive ähnlich verschoben.

So sind die Aussagen der Letzten Generation, die mit Verkehrsblockaden und Kunstbesudelungen ihr Anliegen öffentlich sichtbar machen wollen, nicht frei von Ressentiment. Wie es der Philosoph Joseph Vogl ihr attestiert hat, ist die Beschwörung der Apokalypse »nichts anderes als eine ebenso haltlose wie ressentimentale Deutung von Geschichtsprozessen«. [97] Hiermit legt er die Tiefenstruktur der Klima-Proteste offen, die sich hinter der Sorge um die Zukunft verbirgt. Denn wer sein Anliegen damit begründet, dass er um eine Gefahr weiß, die das Ende der Zivilisation bedeutet, der nimmt für sich eine quasi göttliche Macht in Anspruch. Wer sein Handeln damit begründet, dass die Apokalypse abgewendet werden muss, dem kann nicht mehr widersprochen werden. Die traurige Miene und das knappe Vokabular, mit denen die immer gleiche Botschaft des Untergangs vorgetragen wird, zeigen, wie sehr die Protestierenden sich als Jünger einer endzeitlichen Bewegung begreifen. Wer die Apokalypse als Grund seines Handelns nennt, der stellt sich absolut gegen die Gegenwart seiner Mitmenschen. Und diese Gegenstellung ist der Ausdruck des Ressentiments.

Ebenso wie die Verteidiger des christlichen Abendlandes nicht ihren Glauben stärken wollten, sondern gegen die Fremden gehetzt haben, wollen die Protestierenden der Klima-Apokalypse nicht nur auf Probleme hinweisen, sondern auch eine Front gegen ihre Zeitgenossen errichten.[98]

Doch gerade dieses Beispiel eines Ressentiments, das sich hinter einer guten Absicht verbirgt, verweist auf ein neues Problem. Denn der Klimawandel ist ein menschliches und übermenschliches Phänomen zugleich. Er ist zwar von Menschen gemacht, aber zugleich übersteigt seine Komplexität den Horizont des Handelns und Verstehens eines Einzelnen. Die Menschheit hat die Maschinen und ökonomischen Systeme erfunden, die nun das Klima tiefgreifend verändern, aber als Menschheit hat sie weder die politischen noch psychologischen Systeme, um dieser Tendenz zur Erdzerstörung entgegenwirken zu können. In Anbetracht dieser Problemtiefe erscheint zunächst einmal jeder Versuch – auch Kartoffelbrei auf ein Van-Gogh-Gemälde zu werfen – verständlich, der es an irgendeiner Stelle unternimmt, etwas zu verändern.

Am Beispiel der Proteste der Letzten Generation ist jedoch zu beobachten, wie sich die Eigendynamik des Protestes gegenüber den Inhalten verselbstständigt. Wenn über 80 Prozent der Bevölkerung sagen, dass die Blockaden des Straßenverkehrs oder die Beschmutzung von Gemälden der Klimapolitik schaden, da sich die Zustimmung in Abwehr verkehrt, müssten die Protestierenden, wenn es ihnen um den Inhalt und nicht um das eigene Gefühl ginge, über ihre Protestformen nachdenken. Doch dieses Nachdenken bleibt oft aus, und stattdessen entsteht die bekannte Dynamik, in der sich die Fronten zwischen den Protestierenden und der Gesellschaft verhärten. Spätestens wenn die Haltung des »Jetzt erst recht« den Protest dominiert, ist das gute Ziel dem Ressentiment geopfert.

Damit droht der Protest, der auf das ungelöste Problem des Klimawandels hinweisen will, in das gleiche Fahrwasser zu geraten, das das Leben im Kapitalismus bestimmt. Joseph Vogl attestiert darum nicht nur der Apokalypse-Behauptung ein Ressentiment, sondern er sieht im Ressentiment eine wesentliche und vielleicht sogar die wichtigste Triebkraft des Kapitalismus. Die besondere Eigenart des Ressentiments, die in der verneinenden Selbstbejahung besteht, ist nicht nur eine Produktivkraft des »Immer mehr«, sondern sie ist ebenso ein Produkt der permanenten Konkurrenz, die zu immer neuen Kränkungen führt.[99]

Die kapitalistische Arbeits- und Konsumwelt ist der ideale Nährboden für Ungleichheitserfahrungen, die frustrierend sind, und zugleich benötigt die Ökonomie die Erfahrung der Ungleichheit als Motor der Arbeits- und Konsumkräfte. Das mimetische Begehren wird zur allgemeinen Regel, die in dem Befehl »Begehre!« allgegenwärtig ist. In Werbung, sozialen Netzwerken und alltäglichen Interaktionen wird dieser Befehl zugleich verbreitet wie auch zum Anlass von immer neuen Kränkungen. Vor allem die sozialen Netzwerke wirken hier wie ein Brandbeschleuniger, der die negativsten Aspekte des Ressentiments anfacht. Die Lust an der Bestrafung und die Zurechnung des eigenen Unglücks zu einem konkreten Verursacher können im Internet bequem ausagiert werden. Für jedes Unglück findet sich eine Quelle der Kränkung, und für jeden Bestrafungswillen findet sich eine Wir-Gruppe, die sich in der Empörung synchronisiert.

¶

Empörung ist das herrschende politische Gefühl einer Epoche, in der die Meinung sich absolut gesetzt und von den Bedingungen des Lebens abgelöst hat. Daraus folgt das der Empörung typische Um-sich-Schlagen, das wie das Wüten eines Kindes ganz in der eigenen Stimmung gefangen ist. Es kennt kein Ziel seiner Wut, sondern allein den unbändigen Drang, die aufgestauten Energien loszuwerden. Die Kette von Erregungen, die mit der Kränkung beginnt, im Ressentiment sich verfestigt, um in der Empörung sich auszudrücken, macht die Gefühlsbasis einer Politik der weltverneinenden Aggression aus. Dass es keine politische Kraft innerhalb der säkularen Demokratien gibt, die auf sie verzichten kann, und dass der Wahlerfolg fast immer von dem Empörungspotential, das entfacht werden kann, abhängt, wäre Grund zu großer Sorge.

Doch statt Verbundenheit zu üben, entstehen überall neue Zornfeuer, um die sich schnell eine empörungsbereite Menge sammelt. Als Treiber wirken die sozialen Netzwerke, deren Geschäftsmodell darin besteht, jede Kränkung zum Anlass der ansteckenden Wut zu machen. So zieht der archaische Mob mit den Mistgabeln und Fackeln der Hashtag-Wut täglich neu durchs globale Dorf. Die sozialen Netzwerke sind darum nicht nur als Monopolisten ein Produkt des Kapitalismus, sondern vor allem ihre Produktion immer neuer Ressentimentwellen erfüllt eine wichtige Funktion. Zuvor konnten die Finanzkrisen als rabiate Treiber des kollektiven Ressentiments gelten, da in ihnen das Glück und Unglück der Kapitalverteilung schicksalhaft neu geordnet wurde. Die Ohnmacht des Einzelnen innerhalb des Kapitalismus wurde für alle spürbar, wobei die Menschen am unteren Ende der sozialen Leiter die grausamsten Schläge einstecken mussten. Diese krisenhaften Ressentiment-Inflationen werden in den sozialen Netzwerken in Form eines Micro-Dosing zur täglichen Erfahrung.

Optimistische Stimmen halten die sekündlich drohende Kränkung und die ebenso verfügbare Chance zur Rachsucht für ein geeignetes Training der Seelen im Kapitalismus. Weniger optimistische Stimmen, zu denen Joseph Vogl zu rechnen wäre, sehen in diesem unendlichen Meer von Feindseligkeiten ein allzu erfolgreiches Geschäftsmodell. Das so produzierte negative Gemeinschaftsgefühl entspricht der bereits von Kierkegaard prognostizierten Krankheit zum Tode, die heute nicht mehr nur der Einzelne erleiden muss, sondern die die ganze Gesellschaft befallen hat. Vogls Resümee ist überaus pessimistisch, so dass er im Ressentiment der »negativen Einheit negativer Gegenseitigkeit« ein »Ferment einer neuen Vorkriegszeit« erahnt.[100]

¶

Wenn man bedenkt, dass das Ressentiment zu den größten Katastrophen der Menschheit geführt hat und wenn man dann für die Gegenwart hinzufügt, dass die kommenden Katastrophen, die mit dem Klimawandel einhergehen, auf Menschen treffen, die auf Krisen reflexartig mit Ressentiment reagieren, so ist es beängstigend, wie wenig Aufmerksamkeit auf die Einhegung des Ressentiments gelegt wird. Es ist im Gegenteil sogar so, dass täglich neue falsche Propheten auftauchen, die das Ressentiment anstacheln. Besonders problematisch ist, dass den Bewegungen, die sich wie die Klima-Proteste und identitätspolitischen Aktivisten dem progressiven Lager zurechnen, das Ressentiment nicht bewusst ist. Umso notwendiger ist es, diese verborgenen Triebkräfte offenzulegen, damit der Protest nicht in die Falle der Rachsucht und Selbstradikalisierung gerät.

Die grundlegende Triebkraft des Ressentiments ist eine Reaktion und kein positives Wollen. Diese Gegenkraft kann die historisch bekannten Ziele haben, so wurden die Fremden zu allen Zeiten zu Sündenböcken gemacht. Doch die Kräfte der Reaktion können auch schwerer erkennbar sein.

Die Rachephantasien, die sich in den Empörungsblasen der sozialen Netzwerke bilden, sind ebenso ressentimentgetrieben wie das moralische Auftreten der Identitätspolitik, die Menschen in Gut und Böse einteilen will.

Das neue Ressentiment tarnt sich besser, da es schlagkräftige Argumente für sein Handeln anführt: Wenn eine Minderheit sich behaupten will, muss sie zu drastischen Mitteln greifen. In diesem Argument wiederholt sich jedoch die gesamte Legitimationsstrategie des Ressentiments. Das Opfer ist berechtigt, seine Aggressionen auszuleben, nach Schuldigen zu suchen und diese zu bestrafen. Darum ist die Aggression des Opfers gut, während die Aggression aller anderen böse ist. Da das Ressentiment aber auf allen Seiten zu Rachegefühlen führt, wird die Ungleichbewertung des Ressentiments in »berechtigt« und »unberechtigt« zum Treiber immer neuen Ressentiments.

Die vergessene christliche Wahrheit besteht darin, dass es keinen Ausweg aus dem Ressentiment durch das Ressentiment gibt. Darum ist das Gebot der Nächstenliebe die größte Revolution der Seelen. Weil es bis heute unerfüllbar erscheint, suchen sich die sündigen Menschen immer neue Wege, um gut zu erscheinen und doch ihrem Ressentiment zu folgen.

Das Opfer-Ressentiment praktiziert aktuell die erfolgreichste Version des Ressentiments. Es hat sich vom schlechten Geruch der Rache und dem Vorwurf, eine neidische Straflust zu sein, befreit. Das neue Gewand des alten Ressentiments ist so erfolgreich, weil es nicht mehr als Ressentiment erkannt wird. So kann es ungebremst seine Straf- und Rachsucht ausleben.

Bei dieser post-christlichen Form des Ressentiments trifft

das zu, was Max Scheler als die fast ununterscheidbare Ähnlichkeit von Ressentiment und christlicher Ethik erkannt hat. Man kann den Schwachen helfen, weil man sie an dem eigenen Lebensmut teilhaben lassen will. Man kann ihnen aber auch helfen, weil man die Starken verachtet und sich mit den Forderungen der Schwachen an ihnen rächen will. Der post-christliche Aufschwung des Opfers zur neuen Macht ist der zum Verwechseln ähnliche Doppelgänger der christlichen Nächstenliebe. Das post-christliche Ressentiment ist die Konsequenz des Individualismus, dessen Kränkungen so unendlich sind wie seine Ansprüche, andere dafür zu bestrafen.

NACH DER
ATHEISTISCHEN
APOKALYPSE

GLAUBEN SIE?

> Wir sehen jetzt durch einen Spiegel in einem dunklen Wort; dann aber von Angesicht zu Angesicht. Jetzt erkenne ich's stückweise; dann aber werde ich erkennen, gleichwie wie ich erkannt bin. Nun aber bleibt Glaube, Hoffnung, Liebe, diese drei; aber die Liebe ist die größte unter ihnen.
> *Paulus an die Korinther 13, 12.*

Glauben Sie an Gott? Die meisten Menschen in Deutschland und den Ländern des säkularen Westens würden diese Frage seltsam finden. Und sehr viele würden wohl mit einem achselzuckenden »Ich weiß es nicht« antworten. Nimmt man die schrumpfende Zahl der Kirchenmitglieder zum Gradmesser, so müssten aber mehr als die Hälfte mit einem klaren Nein antworten. Doch das klare Nein ist ebenso wie das klare Ja von Zweifeln umstellt. Die Frage scheint aus der Zeit gefallen. Nur wenige Menschen treibt noch die Sorge um ihren Glauben um. Für die allermeisten gehört die Frage nach Gott nicht mehr zu ihrem Leben. In der Fülle der Sorgen und in dem unendlichen Strom von Arbeit, Unterhaltung und Erschöpfung gibt es keinen Raum für das »dunkle Wort«. Dass der Blick nicht mehr durch den »Spiegel« nach einem Grund unserer Existenz sucht, wird nicht als Mangel empfunden.

Das Leben verläuft auch ohne Gott in verwirrend geordneten Bahnen. Die Endlichkeit der Lebenszeit ist allgemein bewusst. Doch die Frage, was mit der Seele nach dem Tod passiert, erscheint sinnlos. Und ebenso wird die Endlichkeit nicht als Aufgabe für ein christliches Leben empfunden, sondern als Aufforderung, möglichst vieles zu erleben. Die Lebenszeit mag unerbittlich verrinnen, doch darum wird die Erfüllung umso entschlossener im Hier und Jetzt gesucht.

»Glauben Sie an Gott?« ist keine Frage mehr, die nach einer Antwort sucht.

¶

Das letzte Aufbäumen der katholischen Kirchenmacht gegen den fraglosen Atheismus liegt im 19. Jahrhundert. In die 32 Jahre währende Regentschaft von Papst Pius IX. (1846–1878) fällt nicht nur das Ende des Kirchenstaates, der 1870 militärisch besiegt wurde, sondern auch das Erste Vatikanische Konzil, auf dem das Dogma der päpstlichen Unfehlbarkeit beschlossen wurde. In der wachsenden Ohnmacht suchte Pius IX. nach radikalen Glaubensbehauptungen, um das Christentum gegen die Moderne zu retten. In der 1864 verordneten *Syllabus errorum* werden alle Errungenschaften der Moderne »für widergöttliche Machenschaften des Satans, die für jeden Katholiken Todsünde bedeuten« erklärt.[101] Der Weg der Selbstisolierung der katholischen Kirche wurde 1910 von Papst Pius X. fortgesetzt. Mit dem »Antimodernisteneid« wurden alle Priester und kirchlichen Funktionsträger verpflichtet, mit dem modernen säkularen Staat zu brechen. »Doch Exkommunikation und Anathema-Verfluchung, die einst die weltlichen Herrscher hatten erzittern lassen, waren längst stumpf geworden und dokumentierten nur noch die Hilflosigkeit des römischen Pontifex.«[102] Die Re-Sakralisierung und Abkehr von der sündigen Welt, die vom Vatikan anbefohlen wurde, verfehlte ihre Wirkung. In der Rückschau ist zu erkennen, dass die Hoffnung, im Fundamentalismus Kräfte gegen die Moderne zu aktivieren, nicht nur enttäuscht wurde, sondern sogar den Bedeutungsverlust des Katholizismus beschleunigt hat.

Die Könige von Gottes Gnaden sind abgeschafft, das heilige Vaterland schickt nicht mehr in den Krieg, und die Priestermacht ängstigt niemanden mehr. Das Bibelzitat »Gott mit uns« zierte zwar bis 1962 die Koppelschlösser der Bundeswehruniformen und sogar bis in die 1970er Jahre die von Polizei und Grenzschutz, doch daran geglaubt haben wohl nur wenige. So wurde auch dieses Relikt des 19. Jahrhunderts durch die säkulare Trias »Einigkeit – Recht – Freiheit« ersetzt. Nachdem der Missbrauch der Religion durch weltliche Mächte und militärisches Pathos beendet ist, könnte der Weg für den »Nachmittag des Christentums«[103] offenstehen.

Drei Versuche, sich auf diesen Weg zu machen, sollen zum Ende gewagt werden. Sie mögen seltsam erscheinen. Aber ich möchte sie als Vorschläge anbieten, die hoffentlich weitere Vorschläge provozieren werden.

EMPFÄNGLICH MACHEN FÜR DAS EMPFANGEN

Von Kierkegaard ist eine Anekdote überliefert, mit der er die fundamentale Krise des Glaubens zu seiner Zeit anschaulich machen wollte: Im abgemähten Stroh entfacht sich ein Feuer. Da es stark weht, droht die Gefahr, dass sich der Brand über die Stoppelfelder bis zum nächsten Dorf ausbreitet. In der Nähe des Feuers hat ein Zirkus sein Zelt aufgeschlagen, und die Artisten beschließen einen von ihnen zu schicken, der die Bewohner in der Umgebung warnen soll. Die Wahl fällt auf den Darsteller des Clowns, der am schnellsten laufen kann. Da es kurz vor Beginn der Vorstellung ist, ist er jedoch bereits vollständig als Clown geschminkt. Weil keine Zeit zu verlieren ist, rennt er in seinem Kostüm und seiner grellen Maske über die Felder. Angekommen im nächsten Dorf, versammeln sich gleich die Menschen um ihn und er beginnt mit seiner Warnung vor dem Feuer. Doch die Menschen sehen und hören einen Clown, die Gefahr wird zu einem lustigen Streich. Je verzweifelter der Clown versucht, die Menschen von der Dringlichkeit seiner Warnung zu überzeugen, desto lustiger wird sein Auftritt für sein Publikum. Die böse Pointe der Geschichte ist, dass die Warnung nicht verstanden wird und das Dorf den Flammen zum Opfer fällt. Sie hatten ihn nicht verstanden und erlitten großen Schaden.

Kierkegaards Absicht, in der er diese Geschichte erzählt, ist unschwer zu verstehen.[104] Der Clown ist die drastische Gestalt des Priesters in seiner Zeit. Er tritt in einem Gewand vor die Menge, das es unmöglich macht, ihn und sein Anliegen ernst zu nehmen. Der Glaube wird zu einer komischen Nummer. Er unterhält ein Publikum, das sich buchstäblich zu Tode amüsiert. Die Botschaft aus der Ferne verbindet sich nicht mit der Gegenwart. Doch ob es an der Botschaft, am Boten oder an den Ohren der Gemeinde liegt, ist für jede Zeit neu zu untersuchen.

Bruno Latours soziologische Untersuchungen der Religion können als eine für unsere Zeit angemessen komplizierte Antwort auf die Kierkegaard'sche Geschichte verstanden werden. Die Suche während seines ganzen Wissenschaftlerlebens zielte auf die Hindernisse, die Menschen und Welt voneinander trennen, und er forschte nach Möglichkeiten, die es den abgepufferten Gemütern wieder erlauben, sich tiefer mit der Welt zu verbinden. Das Projekt der Aufklärung ist für ihn verhängnisvoll erfolgreich, da es durch eine rigorose Trennung des Menschen von der Welt so viele Erkenntnisse gewinnen konnte. Doch diese Erkenntnisse sind Folgen einer Entfremdung und vertiefen darum den Abgrund zwischen Menschen und Welt. Die technischen Meisterleistungen verfestigen den Abstand zwischen den Akteuren des Lebens und dem menschlichen Könnensbewusstsein. Die Voraussetzungen für den technischen Erfolg sind darum zugleich die Ursachen für die grenzenlose Zerstörung der Erde. Nicht nur das Priestergewand macht die heiligen Worte zu einem Schauspiel, sondern auch die umgekehrte Verwandlung ist folgenreich. Der weiße Kittel des Wissenschaftlers erhöht seine Aussagen zu gültigen Wahrheiten. Dass Placebo-Medikamente umso stärker wirken, je glaubwürdiger der Arzt sie verabreicht, zeigt, wie zuverlässig der Geist auf einen anderen Geist reagiert. Die innere Apotheke öffnet sich durch Vertrauen in die heilende Wirkung. Für Spaßvögel bleibt sie geschlossen.

Dass der weiße Kittel das Priestergewand in seiner Glaubwürdigkeit ersetzt hat, ist symptomatisch für die Übersetzungsschwierigkeiten des Glaubens. Die Sprache der Religion reicht in eine Zeit lange vor der Aufklärung zurück. Zugleich ist die Sprache der Religion durch die Aufklärung weitestgehend zerstört worden. Die spirituellen Anteile sind durch wissenschaftliche Erkenntnisse überflüssig gemacht und die ethischen Regeln sind von der bürgerlichen Gesellschaft weitestgehend ersetzt worden. Die alte Sprache ist verstummt. Ihre Botschaften sind entweder lächerlich oder unverständlich geworden. Trotzdem gehört die Sprache der Religion für Latour zu den wichtigen Existenzweisen.

Seine Erinnerungsarbeit geht von der Einsicht aus, dass die Art, wie wir Menschen über etwas kommunizieren, den Rahmen für das vorgibt, was darin für uns verhandelbar wird. Für ihn bildet die Sprache der modernen Dämonen eine Welt, in der die Dinge als konstruiert und zugleich als immerwährend gedacht werden. In einem imaginierten Dialog zwischen dem Vertreter der säkularen Moderne und einer sakralen Gesellschaft führt er die grausame Paradoxie der modernen Dämonen vor. Der Moderne sagt zum Gläubigen: »Ihr glaubt, daß der Donner eine Gottheit ist? Die Kritik wird euch zeigen, daß er von bloßen physikalischen Mechanismen erzeugt wird, die keinen Einfluß auf die Menschenwelt haben. Ihr seid in einer traditionellen Ökonomie steckengeblieben? Die Kritik wird euch zeigen, daß die physikalischen Mechanismen den Lauf der Menschenwelt durch die Mobilisierung gigantischer Produktivkräfte umstürzen können. Ihr denkt, daß die Geister der Ahnen euch für immer in ihrem Bann halten? Die Kritik wird euch zeigen, daß ihr euch Geister und Gesetze selbst gegeben habt, daß die geistige Welt eine menschliche, allzumenschliche Konstruktion ist. Dann denkt ihr, daß ihr alles machen und eure Gesellschaft entwickeln könnt, wie ihr wollt? Die Kritik wird euch zeigen, daß die ehernen Gesetze der Gesellschaft und Ökonomie sehr viel unbeugsamer sind als die der Ahnen. Ihr empört euch, daß man die Welt mechanisiert? Die Kritik wird euch vom Schöpfergott erzählen, dem alles gehört und der dem Menschen alles gab. Ihr empört euch, daß die Gesellschaft verweltlicht ist? Die Kritik wird euch zeigen, daß die Geistigkeit dadurch befreit wird und eine vollkommen geistige Religion wirklich überlegener ist. Ihr haltet euch für religiös? Die Kritik wird sich über euch totlachen.«[105]

Eine so paradox konstruierte Realität ist die dominante Existenzweise der säkularen Gegenwart. Sie ermöglicht wissenschaftliche Forschung und ist zugleich ein Machtinstrument, das Fragen verhindert, die über den gesteckten Rahmen der anerkannten Vernunft hinausreichen. Das Paradox der falschen Propheten besteht in ihrer Behauptung der absoluten Macht im säkularen Zeitalter.

In seinem Buch *Existenzweisen* untersucht Latour neun verschiedene Arten, wie Menschen sich auf die Welt beziehen können. [106] Mit »Existenzweisen« sind die Beziehungen zwischen den verschiedenen Akteuren gemeint, die vorgeben, welcher Teil der Welt überhaupt als Akteur in Erscheinung treten kann. Die Sprache der Religion nimmt hier eine zentrale Stellung ein, da sie zu den ältesten Weisen gehört, mit denen Menschen sich selbst und ihre Welt erklären wollen. Doch gerade weil die Religion eine jahrtausendealte Tradition hat, ist sie von einem Berg von Missverständnissen verschüttet.

Seine These, die er in dem Buch *Jubilieren* ausformuliert hat, lautet: Das Verstummen der religiösen Sprache bedeutet etwas anderes, als die heute verbreitete Kirchenkritik meint. Das Verstummen hat seine Ursache nicht nur in einem falschen Gebrauch der religiösen Sprache, sondern es folgt auch aus einer religiösen Schwerhörigkeit der Menschen.[107] Die Existenzweise der Religion ist also von zwei Richtung her beeinträchtigt. Sie wird fehlerhaft verwendet, und die mangelhafte Empfänglichkeit kann die falschen Töne nicht mehr von den wahren unterscheiden. Die von Max Weber bei sich selbst diagnostizierte religiöse Unmusikalität attestiert Latour der gesamten Gesellschaft. Doch er meint auch hiermit etwas anderes als Max Weber, und seine Analyse geht über den von William James beschriebenen Umbau der Religion zur privaten Spiritualität hinaus. Die Unmusikalität meinte bei Weber die rationale Abwehr einer spirituellen Erregung. Letztlich drückt sich in ihr der Stolz einer säkularen Seele aus, die sich aus dem Schauder des Numinosen befreien konnte.

Das Latour'sche Verstummen besteht in etwas anderem. Es hat seine Ursache in einem fehlerhaften Hören. Und dieser Fehler mutet auf den ersten Blick wiederum paradox an. Denn es werden die Töne des »gottlosen Absoluten« gehört, statt das tastende Suchen des Heiligen. Der Grundton der Religion ist für ihn heute ein Missklang, der aus der harschen

Behauptung des Absoluten und der Abwehr des Unverständlichen besteht. Die lauteste Behauptung von Religion ist heute der Fundamentalismus. Und gerade dieser ist der Hochverrat an allem, was Religion konnte und wollte. Die Sprache der Fundamentalisten zerstört die Religion. Sie säht Gewissheit, wo es Zweifel braucht, sie sät Hass, wo es Liebe braucht, und sie säht Zweifel, wo es Glauben braucht.

Latours Erinnerung ist so einfach wie ungewöhnlich: Die Sprache der Religion ist die Sprache der Engel. Und Engel überbringen keine Botschaften, sondern ihr Wesen besteht darin, dass sie Erschütterungen hervorrufen. Die Botschaft der Engel ist darum das genaue Gegenteil dessen, was man eine »Information« nennt. Eine Information ist eine Unterscheidung, die einen Unterschied macht. Eine Information ist verstanden, wenn die Unterscheidung nachvollzogen wurde. Der Preis ist beispielsweise eine Information über die Ware. Hierin ist die Gesamtheit des Wertes zusammengefasst, den der Markt für ein Produkt festgelegt hat. Der Preis hat eine maximale Informationsdichte. Doch schon ein kurzes Nachdenken lässt unzählige offene Fragen auftauchen: Hat der Preis wirklich alle Aspekte des Wertes berücksichtigt? Lässt sich die Lebenszeit, die als Arbeit eingeflossen ist, in diesem Preis wiederfinden? Und was bedeutet es für den Wert, dass er in einer Geldmenge definiert wird und der Preis schon morgen halbiert oder verdoppelt sein kann? Obschon die Information eine radikale Vereinfachung der Welt bedeutet, wird sie von allen Marktteilnehmern geglaubt. Denn ihre Logik funktioniert genau umgekehrt zur Botschaft der Engel. Gerade weil die Information die Welt so sehr vereinfacht, ist sie so wertvoll für das Leben.

Die Botschaft der Religion ist keine Information, sondern

Erschütterung. Damit unterscheidet sie sich kategorisch von dem, was Latour »Doppelklick-Kommunikation« nennt. In dieser werden Informationen ausgetauscht. In der Sprache der Religion werden keine Informationen ausgetauscht, sondern die Anwesenheit wird präsent. Um diesen magisch wirkenden Vorgang besser zu verstehen und zu begreifen, dass es sich gerade nicht um eine Magie aus der Trickkiste handelt, muss den Latour'schen Gedanken etwas länger gefolgt werden.

Religiöse Sprache stellt Beziehungen her, und diese Beziehungen machen die Anwesenheit der Beteiligten präsent, aber sie greifen auch über die konkrete Anwesenheit hinaus in den Bereich, den man traditionellerweise als »Transzendenz« bezeichnet. Damit vollzieht religiöse Sprache das Gegenteil von dem, wofür die Alltagssprache gebraucht wird. Diese greift aus der Fülle der Informationen diejenigen heraus, die sie für ihre Absichten benötigt. Alltagssprache reduziert die Vielfalt, um sie besprechbar zu machen. Religiöse Sprache will die Vielfalt präsenter machen.

Die Sprache der Religion erfüllt eine besondere Leistung dafür, die vielfältigen Propositionen des Lebens sichtbar zu machen. Mit »Proposition« meint er die vielen Dimensionen der Existenz, die aus pragmatischen Gründen auf wenige reduziert werden. Das Stück Fleisch im Kühlregal leugnet seine blutige Vorgeschichte. Würde sie präsent, wäre der Preis um ein Vielfaches höher, als das Etikett besagt. Doch diese Aufgabe kann Religion nicht mehr erfüllen, da die Entfremdungen in der Industriegesellschaft ihre Kraft unendlich übersteigen. Die Sprache der Religion müsste, so seine erste These, das Leben des Einzelnen mit der Vergangenheit und der Zukunft verbinden, um dem Einzelnen zu einer besonderen Präsenz in der Gegenwart zu verhelfen. Ohne religiöse Sprache zu leben würde bedeuten, »*ohne Gegenwart und ohne Person* zu leben, als Untote«.[108] Nur die religiöse Sprache fügt allen Lebensbereichen eine besondere Tönung hinzu, »ohne die niemand dem anderen nahe wäre, ohne die die Zeiten sich nicht erfüllen würden, ohne die die Geschichte vergebens verstriche, ohne die der Tod triumphierte«.[109]

Die Eigenart der Latour'schen Denkbewegung besteht darin, dass er jede Bestimmung im nächsten Schritt zu einer nur vorläufigen Annäherung erklärt. So fällt er auch diesem Definitionsversuch sofort wieder ins Wort und erklärt ihn zu einem blutleeren Reden, das wohl keinen Gläubigen überzeugen könnte. Er stellt nüchtern fest, dass die »Erzeugung vergegenwärtigter Personen« wohl kaum als überzeugende Alternative für den Glauben gelten kann. Und so nimmt er in *Jubilieren* immer wieder neu Anlauf, um die vollständige Proposition einer Sprache des Religiösen zu erfassen. Die Qualität liegt für ihn darin, dass die religiöse Sprache das hervorbringt, von dem sie sagt, es sei ihre eigene notwendige Bedingung. Seine Perspektive ist also die eines Ungläubigen, der staunend und verwundert auf die Hervorrufungen der Transzendenz schaut. Der Genitiv wird hier emphatisch in seiner doppelten Bedeutung verstanden: Die Transzendenz wird hervorgerufen, und sie ruft durch ihr Erscheinen etwas in der Menschenwelt hervor.

Latours Blick bleibt dabei fest auf die Arbeit der Sprache gerichtet, und er lässt sich nicht davon ablenken, dass es doch um etwas gänzlich anderes als die Sprache gehen sollte. Er setzt also keinen Glauben voraus, der sich tastend eine Sprache sucht, um sich in die Welt tragen zu können, sondern er sucht liebevoll und ausdauernd nach den religiösen Resten in der säkularen Sprache. Latour ist also das größtmögliche Gegenteil zu Paulus. Damit ist er den gegenwärtigen Ohren sehr viel vertrauter. Und zugleich erzeugt die Genauigkeit, mit der er die Sprache des Religiösen als ein menschliches Vermögen untersucht, eine Enttäuschung bei dem gottsuchenden Leser. Doch genau um diese »Ent-täuschung« geht es ihm.

In einer vordergründig paradoxen Wendung erklärt er die katholische Formel »*Extra ecclesia nulla salus*. Außerhalb der Kirche gibt es kein Heil« zur rationalsten und exaktesten Wahrheit über die religiöse Sprache. Die Wahrheit des Glaubens ist für ihn das Gesamt der Jahrtausende währenden Mühen aller derjenigen, die in der Kirche um die Kirche gekämpft haben. Jede Tradition, jeder Streit, jedes Konzil, jede Überlieferung und Korrektur sind Teil des gesamten Bildes, das die Kirche darstellt. Er nimmt damit die absolute Opposition ein zu dem leichtsinnigen Satz, dass den Gläubigen das Reich Gottes versprochen worden sei und dass sie leider nur die Kirche mit ihren fehlerhaften Amtsträgern, Skandalen und ihrer Engstirnigkeit bekommen hätten. Für Latour gibt es kein Reich Gottes, das nicht in den Konstruktionen der weltlichen Kirche seine Übersetzung gefunden hätte.

Das Reich Gottes gehört zu dem reichen Metaphernschatz, der tradiert wird, um den Menschen eine Türe zu ihrer außermenschlichen Umwelt zu öffnen. In wem die Sehnsucht nach einem Gottesreich erweckt wurde, der sieht die eigene Zeit mit anderen Augen. Diese Bereicherung ist die Funktion des Sprechens von einem Reich Gottes.[110] Wer hingegen die religiöse Rede kritisiert, weil er sie für unangemessen gegenüber dem Reich Gottes empfindet, der verfehlt für Latour nicht nur die Religion, sondern auch seine eigene Gegenwart. Wer aus der anmaßenden Position spricht, das Reich Gottes zu kennen und darum das irdische Leben beurteilen zu können, der steht jenseits aller Religion. Doch gerade ein solches Sprechen scheint zum Kernbestand des religiösen Sprechens zu gehören. Darum ist die Frage relevant, woher ein solches anmaßendes Sprechen über das Reich Gottes kommt. Latours Antwort ist treffend: Ein solches Sprechen behauptet, eine Position zu kennen, die jenseits des von Menschen Denkbaren liegt. Eine solche Position liegt also im Nirgendwo, und da sie im Jenseits des von Menschen Erreichbaren liegt, ist eine solche Rede unwiderlegbar. Doch ihre Unwiderlegbarkeit ist zu teuer erkauft. Denn sie hat im eigentlichen Sinn keine Proposition und darum kann sie keine Präsenz herstellen. Ein solche Rede kann eine absolute Wahrheit behaupten, da sie keinen Inhalt hat. Sie ist im eigentlichen Sinne leer. Wer meint, derart religiös zu sprechen, der vollzieht durch sein Sprechen eine maximale Abschließung gegenüber der Welt und der Religion.

Latours Credo will dieser Abschließung nicht nur widersprechen, sondern sie wieder öffnen und für die Sprache der Religion Raum schaffen. Er plädiert für die mühevolle Arbeit, die es braucht, um in der immanenten Welt die Präsenz einer transzendenten Welt hervor zu rufen. Bei dieser Arbeit gibt es keine magische Abkürzung. Die Transzendenz spricht nicht direkt zu uns. Es gibt keinen Gott, der durch sein Erscheinen auf alle Zeiten alle Fragen für uns beantwortet hätte. Es gibt »zu den langsamen, gemeinsamen und autorisierten Unterscheidungen der wahrhaften Worte nun einmal nichts – nichts über uns, nichts Transzendentes, nichts Höheres, kein Berufungsgericht, kein letztes Wort, keine Offenbarung, keinen aus den Wolken herniederfahrenden Blitz –, was uns das Wahre sagen könnte«.[111]

Erst in der radikalen Anerkennung dieser immanenten Komplexität liegt für ihn der besondere Zauber des Religiösen, der den menschlichen Geist für die Fülle der Propositionen öffnen kann. Doch um diese Öffnung zu erfahren, muss die Sackgasse des leeren religiösen Sprechens verlassen werden. Die Sackgasse besteht für ihn darin, dass das volle religiöse Sprechen seine Wahrheit nicht mehr darin sucht, auf etwas, das »nicht von Menschenhand geschaffen ist«, zu verweisen. Eine solche Wende weg von der abstrakten Transzendenz und hin zur konkreten Transzendenz hätte weitreichende Folgen für den Glauben.

Im Zentrum des Latour'schen Nachdenkens über die Sprache der Religion steht eine besondere Form des performativen Sprechaktes. Mit »performativen Sprechakten« sind Sprachhandlungen gemeint, die das in der Realität erzeugen, was sie sprachlich aussagen. Ein solcher Sprechakt findet beispielsweise während der Taufe statt, bei der ein Mensch einen Namen bekommt, indem er auf diesen Namen getauft wird. Latour schreibt der religiösen Sprache eine besondere performative Kraft zu. Ihre Realitätsveränderung besteht darin, dass ihre Worte eine Steigerung der Gegenwart bewirken. Damit erfüllen sie einen Zweck, den er in seiner soziologischen Theorie in immer neuen Anläufen erkundet. Seine Forschung basiert auf der Suche danach, wie Vernetzungen zwischen Akteuren passieren. Die besondere Art seiner Beobachtungen ermöglicht eine höhere Auflösung, so dass die Vielzahl der Vernetzungen deutlicher wird. Was in seinen technischen oder alltäglichen Zurichtungen eindimensional erscheint, entfaltet sich durch seine Methode zu einer anspruchsvollen Verflechtung zahlreicher Beziehungen.

Das Besondere des sakramentalen Sprechens besteht für ihn darin, »*gut* über die Gegenwart zu reden«.[112] Die »heilbringende« Art dieser Rede liegt darin, dass sie Personen aus uns macht, die füreinander da sind. Am Beispiel des Wortes »Inkarnation« zeigt er, was er mit einer solchen Rede meint. »Entweder spreche ich das ›Inkarnation‹ frevlerisch aus, und es geschieht nichts, oder ich spreche es zurecht aus, und das Wort tut, was es sagt: jetzt oder nie, du oder keiner, in diesem Körper oder nirgends.«[113] Sakramentale Worte sind darum Worte, »die denjenigen, der sie ausspricht, verpflichten, zu tun, was sie sagen«.[114]

Die performative Kraft der religiösen Sprache wirkt also in zwei Richtungen. Sie verändert nicht nur die Realität zwischen den Personen, indem sie ein Verhältnis stiftet, sondern sie verändert auch den Sprechenden, indem sie ihn zu einer Präsenz in der Gegenwart bringt. Latours anfängliche Beobachtung, dass die religiöse Sprache seine Ohren nicht mehr erreicht, konkretisiert sich darin, dass das Wort »Gott« diese sakramentale Kraft für ihn nicht mehr hat. Er stellt fest, dass einst eine heilende Wirkung davon ausgegangen ist, dass es jedoch heute diese Wirkung verloren hat. So kommt er zu der eigentlichen Aufgabe, die das Buch *Jubilieren* thematisch durchzieht: die Notwendigkeit der Übersetzung.

So wie die sakramentale Kraft darin besteht, die Menschen füreinander präsenter zu machen, indem sie sie in ihren vielfältigen Beziehungen füreinander übersetzt, so muss auch die Sprache sich der immerwährenden Arbeit unterziehen, ihre Worte und Sätze für die Gegenwart präsent zu halten. Damit ist nicht gemeint, dass man für die alten Worte neue modische Worte erfindet. Sondern die Aufgabe der Übersetzung geht viel tiefer. Es gilt, die Kraft, die in der sakramentalen Rede liegt, für die Gegenwart aufzuschließen.

Eine Triebfeder, die es für sakramentale Sprache braucht, besteht darin, dass Menschen die Sehnsucht und die Fähigkeit haben, von ihnen unabhängige Wirklichkeiten zu produzieren, ohne dabei zu lügen. Der gesamte Bereich der poetischen Erfindungen basiert ebenso wie die Religion auf diesem inneren Vermögen der Phantasie. Eine Rationalität, die die Fetische, Rituale und Götter von ihren Altären stößt, indem sie sie als Lüge entlarven will, verkennt, dass sie damit vor allem ihre eigene geistige Fähigkeit beschneidet.

Die Folgen einer solchen Rationalität, die »die Nichtexistenz von Göttern für den unhinterfragbaren Rahmen unserer fragilen Existenz« behauptet, führt zu einer dramatischen Einschränkung des Bewusstseins. In biblisch anmutenden Bildern zeichnet Latour die reduzierte Existenzform einer solchen selbstherrlichen Säkularisation: »Wir, die Götzenzerstörer, wir haben Augen und sehen nicht, haben Ohren und hören nicht, haben Hände, die nichts berühren können – außer um es zu dekonstruieren, zu kritisieren und zu zerbrechen. Der Hammer der radikalen Kritik ist zurückgeprallt; uns hat er an der Stirn getroffen; uns hat er stumm und sprachlos gemacht.«[115]

Doch mit dieser gleichnishaften Rede will er nicht zurück zu der Unterscheidung von transzendenter und immanenter Wahrheit. Seine Übersetzungsarbeit der religiösen Rede setzt vor allem an dieser Unterscheidung an, die für ihn nichts Wesentliches mehr auffängt. Eine Übersetzung muss an diesen Unterscheidungen zwischen dem Verfügbaren und dem Unverfügbaren arbeiten. Die alten Bilder vom Himmel und der Erde lösen keine Resonanz für das Unverfügbare mehr aus, darum sprechen sie nicht mehr zu uns. Doch mit dieser Beobachtung stellt sich Latour explizit nicht auf die Seite derjenigen, die keine andere Wahrheit als die der Immanenz gelten lassen wollen. Sondern er verweist wiederum darauf, dass die Art der Rede darüber entscheidet, ob sie ihre sakramentale Kraft entfalten kann oder nicht. Und »die religiöse Rede kann nur aufgrund von Beweisen, die auf ihre Art unbestreitbar sind (obschon stets unter Furcht und Zittern bestritten), mit dem Finger auf ein völlig objektives Phänomen deuten, das sich ihr doch ständig entzieht«.[116] Die besondere performative Kraft der sakramentalen Rede besteht also darin, dass sie die Präsenz der Anwesenden steigert, indem sie sie in einen Zusammenhang versetzt, der die Gegenwart übersteigt. Man kommt ganz zu sich, weil man sich in einer Welt erlebt, die unendlich viel mehr ist als man selbst.

Die rationale Unterscheidung zwischen einer geglaubten Wahrheit und einer wissenschaftlichen Wahrheit fängt diese Art der Präsenz nicht ein. Die Aufgabe besteht für Latour vielmehr darin, die alten Rituale und Reden so zu übersetzen, dass sie ihre sakramentale Kraft wieder entfalten können. Seine Kritik richtet sich nicht gegen die Religion oder den Glauben, sondern gegen sein Verstummen. Für das sind wiederum die Kirche und die Gläubigen verantwortlich zu machen. Doch will er diese Kritik nicht als Kritik an der Religion verstanden wissen, sondern an der Ignoranz einer Zeit, die die notwendigen Mühen der Übersetzung nicht zu leisten bereit ist. Dass die religiöse Rede durch mangelhafte Übersetzungen besonders betroffen ist, schmerzt ihn, da eben diese Art der Rede eine einzigartige Übersetzung zwischen den alltäglichen Reduktionen der Wirklichkeit und einer

Öffnung für die Welten jenseits der reduzierten Wirklichkeit schafft.

Sein Plädoyer für die katholische Kirche mündet schließlich in der Frage, wer in der Lage sein könne, neue Rituale zu erfinden. Denn der »Katholizismus besteht nicht darin, die frohe Botschaft bis an die Grenzen des Universums zu tragen, sondern darin, von Grund auf und allerorten durch die bloße Vermittlung einer immerzu gefährdeten Rede die künftigen Forderungen nach einem noch auszuhandelnden Universellen zu produzieren«.[117] Die Aufforderung, das Universelle in der Gegenwart zu suchen, ist eine überraschende Übersetzung des »Katholischen«. Im Altgriechischen wird es aus den Worten »*katá*«, das »gemäß« bedeutet, und »*hólos*«, das »allgemeingültig« oder »das Ganze betreffend« bedeutet, gebildet. Die katholische Kirche betont also schon im Namen, dass sie die Kirche ist, die für das Ganze zuständig ist und die für alle einen Zusammenhalt bieten will. Katholisch ist also der Anspruch und vor allem eine Aufforderung, für alle da zu sein. Dieser Auftrag ist für die meisten, die heute von der katholischen Kirche sprechen, nicht mehr präsent. Eine Übersetzung bedeutet darum für Latour, das Universelle des Menschseins mit der Sprache der Religion bewusst zu machen. Eine solche Übersetzung kann nur in der Gegenwart stattfinden, da sie ja für die Gegenwart erfolgen soll. Das erklärte Ziel seiner Bemühungen um die katholische Kirche besteht darin, sie von der Rückwärtsgewandtheit zu befreien.

Er erkennt in dem gegenwärtigen religiösen Sprechen ein zentrales Missverständnis darüber, was Übersetzung bedeutet. Es ist für ihn der falsche Weg, wenn die Gegenwart als eine Zeit angesprochen wird, die von einer fernen, besseren, da gläubigeren Vergangenheit aus angeklagt werden muss. Das Sprechen von einem Ort jenseits der Präsenz der Gegenwart ist für Latour immer eine verpasste Chance. Und wenn es zu einer Legitimation gemacht wird, die Gegenwart abzulehnen, dann bewegen sich der Sprecher und seine Sprache in einem Orbit, der sich immer weiter von seinen Mitmenschen entfernt. Dieser Drall ist im religiösen Sprechen angelegt. Doch plädiert Latour eindringlich dafür, diese Bewegung nicht als Abkehr von der Wirklichkeit zu verstehen, sondern in ihr das Wesen des sakramentalen Sprechens wiederzugewinnen, das gerade in der Steigerung der Gegenwart besteht. Wird hingegen der falschen Bewegung gefolgt, von einem jenseitigen Punkt aus zu sprechen, so zerrinnt eben diese Qualität des sakramentalen Sprechens. Die Rituale und Worte werden zu einem historischen Kostüm, das eine andere Zeit nur noch als Fälschung vorführen kann.

So wie in einem Kostümfilm das römische Reich vorgeführt werden kann, ohne dass irgendetwas daran wahr wäre, so verschwindet in der religiösen Sprache der Glaube, wenn sie als ein Sprechen aus dem Jenseits aufgeführt wird. Das ganz Andere des Glaubens entsteht aber in der Präsenz der Gegenwart, oder es wird zu einer leeren Behauptung. In diese Leere dringen dann die fehlerhaften Gedanken der Zeitgenossen ein und kleiden sich in die Kostüme einer höheren Wahrheit. Die fatale Folge besteht darin, dass das religiöse Sprechen seine sakramentale Kraft verliert. Und je mehr es diese Kraft verliert, desto beliebiger kann es für die Einkleidung von moralischen Anweisungen und weltanschaulichen Belehrungen werden. Im schlimmsten Fall schützt die leere Form des Glaubens die Vertreter der Kirche davor, sich in ihrer Zeit bewähren zu müssen. Und man möchte noch hinzufügen: Im schlimmsten Fall schützt die leere Form der kirchlichen Macht davor, dass in ihr die Achtung des Menschen gelebt wird.

Der Missbrauch der religiösen Sprache besteht dann in der doppelten Abwehr der Gegenwart. Der reale Missbrauch, den die Vertreter der Kirche begangen haben, ist die strafrechtlich relevante und religiös unvorstellbare Dimension des sexuellen Missbrauchs, den Mitglieder einer Kirche, die die sakramentale Sprache verlernt haben, begehen. Wie tiefgreifend das a-religiöse Sprechen die Kirche zerstört hat, ist daran zu ermessen, wie politisch klug die Verteidigung der intakten Fassade betrieben wird und wie fern von jedem christlichen Glauben ein solches Handeln ist. Wer seine Gegenwart betrügt, indem er seinen Missbrauch hinter der Heiligkeit der Kirche versteckt, hat nicht nur die Strafe seiner Zeit verdient, sondern er hat sich schuldig gemacht an seinem Glauben.

Würde die katholische Messe nicht nur als Kostümtheater aufgeführt, sondern als Ritual, das eine sakramentale Kraft hat, dann hätte dem Priester, der sich zuvor an einem Kind vergangen hat, am Altar die Stimme brechen müssen. Dass sein Geist zu der Trennung fähig ist, sich in der realen Welt an Schutzbefohlenen zu vergehen und anschließend die heilige Messe zu feiern, ist ein beängstigender Beweis für die Fähigkeit des Menschen zur Entfremdung. Eben diese aufzulösen ist die Aufgabe des Sakraments. Wenn es diese Kraft nicht mehr hat, eine Gegenwart zu stiften, in der das Ich sich einem Du gegenübersieht, wird es Zeit, an seiner Übersetzung zu arbeiten oder an seiner Überwindung. Und wenn die Priester einer Religion, deren Glauben im Sündenbekenntnis eine zentrale Übung in Demut sieht, nicht in der

Lage sind, die Sünden zu bekennen und stattdessen Werbeagenturen einschalten, um ihr Image aufzubessern, hat ihr Sprechen den maximalen Abstand zur Sprache des Sakraments erreicht und gehört nun zum allesbeherrschenden Feld der politischen Dämonen.[118]

GLAUBENSSCHWACHHEIT

Der wahrhaft Betende weiß nicht, dass er betet.

Meister Eckart[119]

Die Begegnung von Glauben und Wissen machte Jürgen Habermas in seiner Paulskirchenrede im Jahr 2001 zur bestimmenden Frage unserer Zeit.[120] In seinem Alterswerk *Auch eine Geschichte der Philosophie* von 2019 formulierte er diese Begegnung mit der Bildung eines ganzen Lebens aus, das in den Diensten der Philosophie und der Wissenschaften stand. Es geht Habermas nicht um die müßige Frage, ob es einen Gottesbeweis gibt, der die rationale Vernunft überzeugt. Seine Überlegungen basieren auf der Feststellung, dass Glauben und Wissen zwei verschiedene, aber in ihrer Unterschiedlichkeit gleichwertige Formen von Weltzugang sein können. Die für ihn wiederkehrende Denkfigur beschreibt er nüchtern und eindringlich zugleich: »Die auf ihren tiefsten Grund reflektierende Vernunft entdeckt ihren Ursprung aus einem Anderen, dessen schicksalhafte Macht sie anerkennen muss, soll sie nicht in der Sackgasse hybrider Selbstbemächtigung ihre vernünftige Orientierung verlieren.«[121]

Dem Glauben wird hier eine zweifach rettende Eigenart zugeschrieben. Er tritt ins Bewusstsein, wenn das Denken sich an den Abgrund des Undenkbaren begibt. Und er sollte ins Bewusstsein treten, wenn das Denken an diesem Abgrund nicht zur Negation seines eigenen Vernunftanspruchs werden soll. Glauben wird so zu einer vernünftigen Reaktion auf das, was mit der Vernunft alleine nicht zu denken ist. Eine bessere Definition des Glaubens kann es aus der Perspektive der Vernunft kaum geben. Der Glaube übernimmt eine überzeugende, da vernünftige Aufgabe und bewahrt die Vernunft davor, unvernünftig zu werden. Ein so gearteter Glaube ist innerweltlich angeraten. Die Beispiele, die Habermas für die Aufgaben des Glaubens gibt, sind plausibel, insofern sie aus dem Alltag einer Moderne, die »zu entgleisen droht«, entnommen sind.

Der Glaube bietet »hinreichend differenzierte Ausdrucksmöglichkeiten und Sensibilitäten für verfehltes Leben, für gesellschaftliche Pathologien, für das Misslingen individueller Lebensentwürfe und die Deformation entstellter Lebenszusammenhänge.«[122] Er ist also nicht nur das Sicherungsseil, das die Vernunft vor dem Absturz in die Unendlichkeit bewahrt, sondern auch ein Erste-Hilfe-Kasten, der die Blessuren einer entgleisenden Moderne heilt. Damit der Glaube diese Aufgaben auch erfüllen kann, braucht er eine minimale Anerkennung von Seiten der herrschenden Vernunft. Diese Anerkennung besteht darin, dass »religiösen Überzeugungen auch aus der Sicht des säkularen Wissens ein epistemischer Status zugestanden wird, der nicht schlechthin irrational ist«.[123] Daran schließt er den Appell an, dass gerade der vernünftige Teil der Gesellschaft daran mitwirken solle, die Beiträge, die in religiöser Sprache formuliert sind, in eine öffentlich zugängliche Sprache zu übersetzen.

Der Einwand gegen Habermas' achtungsvolle Rettung des

Glaubens müsste jedoch an genau diesem Rettungsvorschlag ansetzen. Denn die Übersetzung religiöser Sprache in öffentlich zugängliche Sprache droht das Wesentliche zu verlieren. Glauben ist nicht nur Diskursereignis, und das Numinose des Heiligen ist nicht in Argumentationsketten einzufangen. Nannte die mittelalterliche Theologie die Philosophie ihre Magd, so kann man sich hier des Eindrucks nicht erwehren, dass sich die Zeiten geändert haben. Ein so beschriebener Glaube wird, wenn nicht zur Magd, so doch zum Gehilfen der Vernunft, der sie vor Übertreibungen bewahren und Schäden eindämmen soll. Mit einem solchen Konzept von Glauben werden sich die meisten Menschen, deren Leben in der Moderne noch nicht zu sehr entgleist ist, anfreunden können. Der Glaube wird zur Schule der Empathie, und er liefert Formulierungen, in denen die Gegenwart in einem weniger kühlen Licht erscheint. Der Glaube wird zu einer Aufgabe für die säkulare Vernunft, seine Wahrheit in die ihre zu übersetzen. Oder wie es ein anderer wirkmächtiger Soziologe formuliert: Der Glaube ist ein Resonanzereignis, das elementare Rettungsfunktionen im Leben der Beschleunigung und Entfremdung übernimmt.[124]

Habermas' umfangreiche Studie über die Sprachen des Glaubens mündet folgerichtig in der Aufforderung, dass die Vernunft sich weiterhin für die Frage offenhalten solle, »ob es unabgegoltene semantische Gehalte gibt, die noch der Übersetzung ins ›Profane‹ harren«.[125] Mehr Nähe zum Glauben ist von der säkularen Vernunft heute kaum zu erwarten, und weniger Gläubigkeit ist wohl kaum möglich, um sich so ausführlich mit der Religion zu beschäftigen. Was mit einer solchen Übersetzung gemeint sein könnte und wie hoch die Hürden sind, soll nicht das Numinose durch die Übersetzung vollends verschwinden, dazu hat Bruno Latour einige Hinweise gegeben.

¶

Einen anderen, gläubigen Versuch der Übersetzung unternimmt der Jesuit Michel de Certeau. Er hat in seinem Buch *Kunst des Handelns* beschrieben, wie sich christliche Religion und »linke« Politik seit dem 19. Jahrhundert immer weiter angenähert haben.[126] Der Grund hierfür liegt seiner Einschätzung nach in einer »funktionellen« Gleichheit. Kirchen wie linke Parteien sehen sich in der Verantwortung, für eine bessere Welt einzutreten. Damit stehen sie in Opposition zur gesellschaftlichen Realität, in der die Menschen ungleich behandelt werden. Um die Veränderung der Realität zu bewirken, stehen linke Politik wie christliche Kirchen vor dem gleichen Problem, wie sie ihrem Wunsch nach einer anderen Welt eine Legitimation innerhalb der bestehenden Welt verschaffen.

Die Religion hat hier einen jahrtausendealten Erfahrungsvorsprung. Das Christentum basiert auf dem Gedanken der Erlösung und der Trennung von irdischem und göttlichem Reich. Linke Politik basiert hingegen auf der materialistischen Dialektik, die von Marx bis ins 20. Jahrhundert reicht. Bei aller Unterschiedlichkeit der Methoden und Inhalte betont de Certeau doch die Verwandtschaft. Beiden gehe es darum, etwas »glauben zu machen«, was in der Realität nicht vorhanden sei. Beide wollten eine Sprache finden, in der das Nicht-Existierende erscheint und dadurch zum Antrieb wird, es erreichen zu wollen.

Eine weitere Ähnlichkeit sieht er darin, dass eine Politik,

die die Welt grundlegend verändern will, unter einem erhöhten Druck steht, ihre Ziele zu erreichen. Das erklärt für ihn, warum linke Parteien und auch die Kirchen zu »doktrinären Unversöhnlichkeiten« neigen. Wer gegen das Bestehende kämpft, ist weniger geneigt, den Kompromiss zu suchen. Die negative Dialektik der Veränderung liegt also darin, dass sie aufgrund des höheren Drucks, ihre Position sowohl beweisen als auch durchsetzen zu müssen, ihre eigenen Inhalte deformiert. Diese Deformation kann wiederum in zwei Richtungen ausschlagen. Sie kann zu einem Kampf gegen den Verlust der »Reinheit« führen, oder sie kann als »Anhängsel des Apparats« enden. Diejenigen, die die Welt grundlegend verändern wollen, werden entweder zu brutalen Eroberern, die über Leichen gehen, um ihr Reich der reinen Lehre zu errichten, oder sie enden als Beamte, die das Bestehende verwalten.

De Certeau sieht die Ursache für diese negative Bilanz in den Taktiken des »Glauben-Machens«. Er erkennt, wie durch die politische Übernahme des Glauben-machens die kirchliche Form des Glaubens grundlegend verändert wird. Im Zentrum der Taktik des Glauben-Machens steht der Anspruch, »im Namen eines Realen zu sprechen, das angeblich unzugänglich […] ist«.[127] Damit ist exakt die bis heute gebräuchliche Methode des Marxismus beschrieben. Erst durch die dialektische Untersuchung, so die Behauptung, werde sichtbar, wie die versteckten Klassenkonflikte alle anderen Widersprüche in der Gesellschaft bestimmen.

Wendet man diese Beobachtung an, so sieht man beispielsweise im Hollywood-Film, wie eine kapitalgetriebene Filmindustrie hypnotisierende Erlebnisse am Fließband produziert. Die erschöpften Arbeiter werden als Konsumenten der Kulturindustrie in ihrem Widerstand stillgestellt und zugleich für den nächsten Arbeitstag wieder fit gemacht. Mit der Brille des Marxismus sieht man in einem beliebigen Film die eigentliche Wahrheit, die hinter den schönen Bildern liegt. Man schaut in den Maschinenraum des Kapitals, und damit öffnet sich der Abgrund, der zwischen dem Wollen des Kapitalisten und der Ohnmacht des Ausgebeuteten klafft. Alle Produkte, die die Ausgebeuteten im Dienst des Kapitals herstellen, dienen letztlich ihrer weiteren Ausbeutung.

Je genauer dieser Blick auf die Welt eingeübt wird, desto geschwätziger wird die Realität. Unter jeder Oberfläche wird der eigentliche Zweck sichtbar, und hinter jedem Schein wird die politische Absicht offenbar. Doch in den Offenbarungen, die der Marxismus produziert, liegt für de Certeau auch der Abstand zum Christentum. Das Glauben-Machen der Religion und die Entlarvungen der politischen Kritik unterscheiden sich grundlegend. »Die Diener der Götter haben die Dinge niemals so unablässig, so ausführlich und so nachdrücklich *zum Sprechen gebracht*, wie es heute die Produzenten von Enthüllungen und Regeln *im Namen der* Aktualität tun.«[128]

In einer dialektischen Wendung erkennt de Certeau, wie die unablässige Aufdeckung der Skandale selbst wieder Teil der kapitalistischen Ökonomie wird. Neuigkeiten sind auch Waren, die einen Preis haben. So wird aus der marxistischen Methode, die Wahrheit in der Realität aufzudecken, eine Arbeit, die ökonomischen Zwecken dient. Auch der aufgedeckte Skandal dient als verkäufliche Information den Interessen des Kapitalismus. Diese neue Form des Kapitalismus, die jede Kritik zu einer Produktivkraft umwandeln kann, nennt man seit den 1970er Jahren Neoliberalismus. De Certeau liefert, ohne explizit diesen Diskurs zu nennen, aus religiöser Sicht eine treffende Analyse, indem er die negativen Konsequenzen deutlich benennt.

Die Botschaft der neuen geschwätzigen Realität lautet: »Seien Sie still. Das sind die Fakten.« Wird das Reale in der Form der Enthüllung seiner Wahrheit erzählt, diktiert es unaufhörlich, was eigentlich geglaubt werden muss und was zwingend daraus folgen soll. Und hier vollzieht sich die folgenreiche Umkehrung des Glaubens in die politische Ideologie. War der religiöse Glaube auf den Bereich gerichtet, der mit den menschlichen Sinnen nicht zu erreichen war, so ist der politische Glaube auf die Realität fixiert, deren Wahrheit mit der richtigen Methode erkannt werden kann. Religiöser Glaube bedeutet, an etwas zu glauben, das nicht sichtbar ist. Der politisch-wissenschaftliche Glaube geht davon aus, dass das Reale sichtbar wird, wenn man die Fakten mit der richtigen politischen Brille durchschaut.

Diese Verschiebung ist äußerst folgenreich, weil sie die Kraft des Glaubens an die Transzendenz auf das überträgt, was in der Welt mit der richtigen politischen Einstellung gesehen werden kann. Das Transzendente spricht nicht mehr, und stattdessen gelten die Fakten, die erkannt werden können als das, woran geglaubt werden muss. »Der Glauben beruht nicht mehr auf einer unsichtbaren fremden Welt, die hinter den Zeichen verborgen ist, sondern auf dem, was andere Gruppen, andere Bereiche oder andere Disziplinen angeblich sind.«[129]

Wie schon bei der politischen Gnosis wird der Glaube zu einer fundamentalen Überzeugung, die Wahrheit zu kennen. Mit dieser Wahrheit wird ein politisches Handeln zur alternativlos richtigen Entscheidung erklärt. Der Unterschied zwischen der gnostischen Politik und dem christlichen Glauben ist nicht immer leicht zu erkennen, aber er ist grundlegend. Die politische Überzeugung speist sich zwar auch aus der Quelle des Glaubens, doch aus dem gemeinsamen Ursprung leiten sich zwei entgegengesetzte Arten von Überzeugung ab. Der religiöse Glaube bezieht seine Kraft aus einer Gewissheit, dass es mehr gibt, als der Verstand erfassen kann, und dass diese göttliche Instanz eine Beziehung zum Gläubigen hat. Die Kraft des religiösen Glaubens ist also stärker als jede menschliche Bindung, und zugleich ist sie eine Mahnung, dass die Kraft nicht allein im Menschen liegt. Der religiöse Glaube stärkt und schwächt zugleich. Er gibt Kraft, und er lehrt Demut.

Der politische Glaube unterscheidet sich in beiden Punkten. Er ist auf der einen Seite schwächer, da er seinen Grund in einer von Menschen erdachten Ordnung hat. Und er ist stärker, da er seine Fakten nicht mehr durch die Transzendenz in Frage stellen lässt. Die politische Überzeugung geht über Leichen, weil sie nur Menschenwerk ist. Die Unerschütterlichkeit der politischen Überzeugung ist eine Reaktion auf das Wissen, dass sie nur eine menschliche Entscheidung ist, die darum von anderen Menschen in Frage gestellt werden kann. Man weiß um die Kontingenz des eigenen Tuns und ist umso mehr darauf bedacht, keine Zweifel entstehen zu lassen. Man ist sich der Haltlosigkeit des eigenen Fundamentes bewusst und muss alles dafür tun, dass einem dieser Gedanke nicht den Wind aus den Segeln nimmt. Die Radikalität der politischen Überzeugungstäter ist die Folge eines säkularen Glaubens, der sich verhärten muss, da er nicht an einen Gott glaubt, der Demut lehrt, sondern an die menschliche Kontingenz glaubt, die sich selbst vergessen machen will. In dieser Wendung findet sich wiederum die Eigenart der Gnosis. Auch sie erfindet selbst, woran sie glauben will, und will im nächsten Schritt vergessen machen, dass sie an eine Erfindung glaubt.[130]

Die gnostische Radikalität wird in jeder Empörungsaggression islamistischer Terroristen oder in den Aufschrei-Protesten inmitten des Wohlstands sichtbar. Die zerbrechliche Härte, die sich hierin zeigt, hat jedoch nicht nur vergessen, dass sie ihre Gewissheiten selbst erfunden hat, sondern sie hat ebenso verdrängt, dass ihre Stärke aus der Schwäche kommt. Denn welche Kraft hat ein Glauben, der sich durch Karikaturen beleidigt fühlt? Und welches Selbst ist zur ewigen Rache verdammt, weil es sich von Worten verletzt fühlt? Wie unsicher muss sich der Gläubige fühlen, wenn ihn ein Ungläubiger mit einem Roman oder einem Witz in seinem Glauben erschüttern kann, so dass er den Ungläubigen mit dem Tod bestrafen muss? Der politisch instrumentalisierte Glaube gerinnt zur gleichen Gestalt wie der ideologische Glaube: radikal unversöhnlich und zerbrechlich zugleich.

¶

Es gibt jedoch einen naheliegenden Einwand gegen diese Unterscheidung der starken Demut des religiösen Glaubens und des schwachen Hochmuts der politischen Überzeugung. Denn der Glaubenskern der christlichen Religion besteht in dem Ereignis der Kreuzigung. Jesus ist für seinen Glauben gestorben. Er hat ihm nicht abgeschworen, obwohl er dann vielleicht überlebt hätte. Und in seiner Nachfolge sind zahlreiche Märtyrer für ihren Glauben gestorben. Welche Überzeugung könnte stärker sein als die, für die man stirbt? Worin unterscheidet sich also der religiöse Märtyrer vom politischen Selbstmordattentäter? Dass der Unterschied so schwer auszumachen ist, erklärt, warum es zwischen beiden Überzeugungen einen regen Austausch gibt. Doch es gibt einen Unterschied, der allerdings für uns säkularisierte Individuen nur noch schwer zu erkennen ist. Um ihm nahezukommen, muss darum ein Umweg gegangen werden.

Wenn es zwei Emotionen gibt, die zu den unzeitgemäßen Gefühlen gehören, so sind es Grausamkeit und Demut. Und wenn es zwei Emotionen gibt, die auf dem Spektrum der menschlichen Gefühle am weitesten auseinanderliegen, so sind es diese beiden. Grausamkeit unterscheidet sich von der Brutalität durch das Fehlen von Empathie. Grausamkeit ist Brutalität ohne Grund, sie passiert, einfach weil es dem Grausamen so gefällt. Um ein drastisches, aber noch erträgliches Beispiel zu nehmen: Wer eine Katze mit Benzin überschüttet und sie dann anzündet, ist grausam. So ein Handeln ist in keiner denkbaren Weise zu entschuldigen, da es keinen erklärbaren Grund gibt. Wer grausam handelt, verlässt den Raum der menschlichen Zivilisation. Wer eine Katze fängt, um sie töten und essen zu können, ist brutal, doch kann sein Handeln in einer Notlage verständlich sein. Die Welt ist aber nicht nur voller Brutalität, sondern auch voller Grausamkeit. Ihre Dimension übersteigt oft das Maß, das erträglich ist. Denn es ist nicht die Brutalität, die die Grausamkeit so schwer erträglich macht, sondern es ist ihre Unerklärlichkeit, die die Grausamkeit so unerträglich macht.

Demut ist das größtmögliche Andere zur Grausamkeit. Stellt der Grausame sein Wollen über alles andere in der Welt, so schafft es der Demütige, sein Wollen in eine kosmische Ordnung einzugliedern. Der Demütige unterscheidet sich darin von dem bescheidenen Menschen. Der Demütige weicht nicht einfach vor den Wünschen der Anderen zurück, sondern er folgt einer Einsicht in eine Ordnung, die nicht für alle erkennbar ist. So schafft es der Demütige inmitten der Sorge, sein Wollen nicht über die Ordnung zu stellen. Der Demütige bringt das größte Opfer, denn seine Demut ist Bescheidenheit in größter Gefahr. Trifft Grausamkeit auf Demut, so entsteht die Urszene des Christentums: die Kreuzigung Jesu.

Es gibt kaum einen Tod, der qualvoller ist als die Kreuzigung. Der Körper hängt an Händen und Füßen, durch die Nägel geschlagen sind. Die Qual ist vom Gekreuzigten nicht zu lindern oder gar zu verkürzen. Sein Todeskampf zieht sich über Stunden hin. Der Gequälte ist dabei den Blicken derjenigen ausgesetzt, die seinen Tod verlangt haben und die die Qualen als Schauspiel betrachten. Der Tod des Gekreuzigten ist nicht nur grausam in seiner Todesart, sondern er befriedigt die grausamen Gelüste der Mitmenschen, die sich an dieser Todesart ergötzen. Je länger der Gekreuzigte sich gegen seinen Tod wehrt, desto größer werden seine Qualen und desto länger dauert sein Schauspiel für die grausame Menge. Der Kampf des Lebens mit dem Tod wird zu einer Falle, aus der das Leben nicht mehr entkommen kann. Nur noch der Tod kann den Gekreuzigten von seinem Leid erlösen. Diese Todesart war den schlimmsten Verbrechern im römischen Reich vorbehalten: entlaufenen Sklaven oder Aufrührern gegen die römische Herrschaft. Wer hingegen römischer Bürger war, konnte hingerichtet werden, doch eine Kreuzigung war für ihn verboten. Erst als das Christentum in der konstantinischen Wende im Jahr 312 zur Staatsreligion wurde, wurde die Kreuzigung abgeschafft.

Gegen den Tod am Kreuz hilft kein menschlicher Einspruch. Er ist der Tod in absoluter Unwürdigkeit. Bei einem solchen Schicksal den Blick nach einem Göttlichen zu erheben übersteigt die menschliche Kraft. In einer solchen qualvollen Demütigung sich demütig zu bekennen, kann nicht anders denn als göttlich verstanden werden. Demut ist die Unterwerfung unter das Unvermeidliche. Sie unterwirft sich der Grausamkeit. Der Demütige ist so stark, dass er anerkennt, nicht der Stärkere zu sein. Indem er die Übermacht akzeptiert, verwandelt sich die Kreuzigung von einem grausamen Verbrechen in ein Symbol, in dem der Schwache den Starken überwindet. So zumindest versucht die christliche Offenbarung durch die Auflösung des Todes im ewigen Leben die Macht der Grausamkeit zu brechen.

Das weltliche Gesetz lautet hingegen, dass gegen den Grausamen nur Gewalt hilft. Denn der Grausame ist jemand, der anderen Leid zufügt und dieses Leid nicht fühlen will, sondern es genießt oder als Strafe begrüßt. Der Grausame verweigert die Verbindung zwischen seinen Gefühlen und den Gefühlen, die er anderen zufügt. Eine Verhandlung mit der Grausamkeit ist darum aussichtslos. Wer nicht zum Opfer der Grausamkeit werden will, muss sich darum verteidigen und im Notfall den anderen, der ihn bedroht, töten. Der Kreuzestod bringt diese Kausalität durcheinander. Der Logik des Krieges und der Grausamkeit wird eine andere Art der Logik entgegengestellt.

¶

Die Botschaft, die vom Kreuzestod ausgeht, ist so verstörend, dass sie entweder unerkannt hätte bleiben müssen oder zum

Ursprung einer neuen Religion werden musste.[131] Die Tötung des »Sündenbocks« war schon lange vor Jesu Kreuzestod ein Fundament von religiösen Praktiken gewesen. Die Aufgabe des Sündenbocks ist so einfach wie archaisch wirkungsvoll. Um die Götter milde zu stimmen, wird ihnen ein Opfer dargebracht. Das Opfer kann eine wertvolle Gabe sein wie ein Mensch, ein Tier oder ein kostbarer Gegenstand. Das Opfer kann aber auch ein Lebewesen sein, auf das zuvor alle Sünden der Gemeinschaft gelegt worden sind. Dann ist das Opfer nicht nur eine Gabe, sondern auch eine Reinigung der Gemeinschaft.

Im Ursprung war das entsühnende Opfer ein Mensch, auf den alle Aggressionen, die die Gemeinschaft untereinander hegte, projiziert wurden. Der Sündenbock war die heilig-unheilige Instanz, die für die gemeinsame Schuld verantwortlich gemacht werden konnte. Darum war das Opfer doppelt gerechtfertigt. Das Opfer war die Inkarnation des Bösen. Es musste aus der Gemeinschaft ausgestoßen werden, um diese zu reinigen. Zugleich war das Opfer heilig, da durch seine Opferung die Götter gnädig gestimmt werden konnten. In vorchristlicher Zeit war das Opfer ein Mensch oder ein Tier, auf das die bösen Energien der Gemeinschaft übertragen werden konnten. Durch das gemeinsame Ritual seiner Tötung reinigte sich die Gemeinschaft nicht nur vom Bösen, sondern sie fand zu neuem Zusammenhalt. So erfüllte das Opfer zwei Aufgaben zugleich. Es reinigte von den Sünden, und es schweißte die Gruppe durch die gemeinsame Bluttat zusammen.

Es ist unschwer zu erkennen, wie die Opferung des Sündenbocks eine archaische Wurzel der Kreuzigung Jesu ist. Oberflächlich betrachtet, entspricht sie noch der archaischen

Opferlogik. Einer wird getötet, damit die Gemeinschaft ihren Frieden findet. Jesus gilt als Unruhestifter, und er nimmt auf sich die Sünden der Welt. Doch in der Begegnung der Grausamkeit des Kreuzes mit der Demut des Gekreuzigten entsteht eine Wendung, die den alten Opferriten unbekannt war. Denn jetzt wird das Opfer nicht als Sündenbock getötet, sondern es steigt als Gottes Sohn in den Himmel auf. Das christliche Opfer ist also nicht böse, und es hat die Grausamkeit nicht verdient, sondern die Menschen haben in ihrer Grausamkeit den Gottessohn getötet. Der gekreuzigte Heiland wird zum Beweis, dass das Opferritual ausschließlich grausam ist, es also keine friedensstiftende Funktion hat und darum durch die andere Logik der Demut überwunden werden muss.

Wenn das Opfer ein Gott ist, dann kündigt seine Kreuzigung die heidnischen Verträge zwischen Menschen und Göttern. Es ist keine Bestechung überirdischer Mächte, und es ist keine Triebabfuhr feindseliger Energien in der Gemeinschaft, sondern es ist die Verwandlung der Grausamkeit in die Lehre der Demut. Es wurde kein Sündenbock geopfert, sondern Gottes Sohn hat sich hingegeben, indem er die Sünden der Welt auf sich nahm. Und seine Tötung befriedet nicht die grausamen Gelüste der Menschen, sondern wird in der Wiederauferstehung zu einer Provokation für alle menschlichen Gewissheiten.

In dieser radikalen Umwendung der Grausamkeit liegt der Grund, warum die Kreuzigung auch kein Märtyrertod ist und warum der fanatische Selbstmordattentäter kein heiliges Opfer vollzieht. Jesu Kreuzigung ist kein selbstbestimmtes Sterben, das sich als Fanal an die Menschheit wendet. Jesus hat sich nicht selbst ans Kreuz geschlagen. Und sein Tod ist nicht das letzte Kapitel seiner Botschaft. Die Kreuzigung ist kein Märtyrertod, sondern der Beginn der Auferstehung. Er ist darum auch keine politische Tat, denn sein Tod provoziert seine Jünger nicht dazu, den Aufstand gegen die römische Besatzung zu wagen.

Ganz im Gegenteil vollziehen sich nach seinem Tod die wundersamen Ereignisse, die aus der jesuanischen Lehre eine Religion machen. Für Paulus beginnt das Christentum mit der Kreuzigung und der Wiederauferstehung. Und bis heute gibt das leere Grab dem Glauben die schwerste Aufgabe. Nach dem Tod des geliebten Rabbi Jesus ist auch noch sein sterblicher Leib verschwunden. Jesus ist nach seiner Kreuzigung zweimal abwesend, als lebendiger Mensch und als toter Leib. Die Abwesenheit Gottes ist seitdem ein Zustand, in dem es keine Vorstellung von Gott mehr geben kann. Und zugleich ist die irdische Existenz und das Undenkbare der Auferstehung eine Quelle für unendliche Vorstellungen über das Göttliche. Die christliche Kunst bezieht bis heute ihre Phantasien aus dem Undenkbaren, das sich das innere Auge vorzustellen vermag. Über die doppelte Abwesenheit wird unter der Überschrift der »Glaubensschwachheit« nachgedacht.

¶

Der italienische Philosoph Gianni Vattimo hat mit seinem Begriff des »schwachen Denkens« eine neue Interpretation der Auferstehung versucht. Die Lehre zur Demut resultiert für ihn nicht aus einem Gott, den man nicht denken kann, sondern aus der christlichen Lehre der Nächstenliebe. Die vielen paradoxen Aufforderungen im Neuen Testament sind für Vattimo ein bildhafter Ausdruck des schwachen Denkens: »Wer sich erniedrigt, der wird erhöht.« (Luk. 14, 7–11) »Wer mir nachfolgen will, der verleugne sich selbst und nehme sein Kreuz auf sich und folge mir nach. Denn wer sein Leben erhalten will, der wird's verlieren.« (Markus 8, 34 f.) In diesen Worten findet Vattimo die Forderung eines schwachen Denkens, die darin besteht, dass nicht die Wissenden Gott erkennen, sondern nur die Schwachen seine Offenbarung erfahren können.

Der Gott der Schwachen hat seine Heimat nicht in der für den Menschen unerreichbaren Transzendenz, sondern er gibt sich selbst in der Offenbarung für den Menschen zu erkennen. Das altgriechische Wort der Kenosis ist darum für Vattimo von zentraler Bedeutung. Mit »*kenosis*« ist eine Verwandlung Gottes gemeint, die er selbst vollzogen hat, als er sich in Menschengestalt geopfert hat. In der Kenosis opfert Gott seine göttliche Allmacht und wird zum Menschen. Jesus ist der Gott, der seine Göttlichkeit entäußert hat, um als Mensch unter Menschen zu wirken. In dieser Selbstschwächung liegt für Vattimo die zentrale Botschaft des Christentums, die Anlass für vielfältige Interpretationen gibt. Der Horizont der Kenosis reicht dabei von der Selbstopferung Gottes, der seine Allmacht abgibt, bis zum Leerwerden des Gläubigen, der seinen menschlichen Hochmut ablegen muss, um ein Gefäß des Glaubens werden zu können. In der Offenbarung wird vom Wirken der Kenosis berichtet. An sie zu glauben wird darum zum Fundament des christlichen Glaubens. Wer Jesus nur als rebellischen Lehrer einer neuen Ethik verstehen will, der findet nicht zum Glauben. Nur wer glaubt, dass in ihm sich das Göttliche zum Menschlichen geneigt hat, der kann die Tiefe dieser neuen Ethik begreifen.

Für Vattimo besteht eine wesentliche Konsequenz der Offenbarung darin, das menschliche Denken von seiner starken Metaphysik zu befreien und es in die Weite des schwachen Denkens zu führen. Das schwache Denken hat verschiedene Ebenen, auf denen es seine Wirkung entfalten soll. Auf der sozialen Ebene bedeutet es, die Schwachen zum Zentrum des Denkens zu machen. Es soll helfen, die Gewalt zu vermeiden und die Hilfe zu stärken. Auf der Ebene des philosophischen Denkens meint es hingegen, dass die Vernunft durch die christliche Nächstenliebe affiziert wird.[132]

Für die Frage des Glaubens gilt es, den Ursprung des schwachen Denkens in der Kenosis zu bewahren. Die Inspiration dieser Verbindung besteht in der Hinwendung zum Nächsten und einer Mahnung an das Denken, sich seiner nicht zu gewiss zu sein. So wie Gott sich selbst geschwächt hat, um zu uns Menschen auf Augenhöhe zu sprechen, so sollten wir unsere Subjektivität schwächen, um mit der Welt und unseren Mitmenschen auf Augenhöhe zu sprechen.

In der Mahnung der Glaubensschwachheit wird das Paradox des Glaubens zugunsten des Nicht-Absoluten aufgelöst. Nicht mehr die Stärke des Glaubens, der Berge versetzt, wird gepriesen, sondern die Ich-Stärke des Individualismus wird als Gefahr erkannt. Der säkulare Glaube an sich selbst hat das subjektive Wollen zur allgemeinen Regel geweiht. Dieser Anmaßung tritt die Glaubensschwachheit entgegen, indem sie daran erinnert, dass das Christentum sich in der Selbstschwächung Gottes gründet. Nicht der Allbeherrscher soll angebetet werden in der Hoffnung, dass ein wenig von seiner Macht in menschliche Hände fallen möge, sondern die Anerkennung einer höheren und für den menschlichen Geist unverständlichen Macht soll lehren, mit der eigenen

Ohnmacht zu leben und mit der eigenen Macht demütig zu sein.

Die berührende Botschaft der Kenosis ist, dass Gott in seiner Allmacht sich nur als Mensch den Menschen nähern kann. Jenseits der Mauern des Paradieses kann sogar Gott nicht mehr als donnernde Allgewalt zu den Menschen sprechen. Denn eine solche Sprache wäre unverständlich und würde, da sie der Deutung bedarf, den Macht- und Manipulationsphantasien der Menschen verfallen. Gottes Fluch, mit dem er die Menschen von sich und von der Natur getrennt hat, holt ihn selbst ein, wenn er ihnen einen letzten Hinweis geben will, wie sie ihr nicht-paradiesisches Leben führen sollen. Außerhalb des Paradieses wird Gott zum Menschen.

Die diabolische Folge der Säkularisation besteht darin, dass die Menschen das Geschenk der Kenosis so radikal missverstanden haben, dass sie sich selbst zu Göttern gemacht haben. Nicht mehr Gott hat sich für die Menschen geopfert, sondern die Menschen haben Gott für überflüssig erklärt, um seinen Platz einnehmen zu können. Die Antwort des Glaubens, soweit sie überhaupt noch möglich ist, kann nicht in der Erinnerung an die Stärken des Glaubens bestehen, die heute als Glaubenshärten auftreten, sondern sie erlernt die Hoffnung, die das Geschenk bedeutet, das Gott uns mit seiner Schwäche gemacht hat.

EINE JÜDISCHE GESCHICHTE

Am Ende soll der Trost einer chassidischen Geschichte stehen. Gershom Scholem erzählt sie in seiner Studie zur jüdischen Mystik: »Wenn der Baal-shem-tow etwas Schwieriges zu erledigen hatte, irgendein Werk zum Nutzen der Geschöpfe, so ging er an eine bestimmte Stelle im Wald, zündetet ein Feuer an und sprach, in Meditation versunken, Gebete. – Und alles, was er dann unternahm, geschah, wie er es sich vorgenommen hatte. Wenn eine Generation später der Maggid von Meseritsch vor einem großen Vorhaben stand, ging er an jene Stelle im Wald und sagte: ›Das Feuer können wir nicht mehr machen, aber die Gebete können wir sprechen.‹ – Und nachdem er sie gesprochen hatte, ging alles nach seinem Plan. Wieder eine Generation später sollte Rabbi Mosche Löb aus Sassow eine große Tat vollbringen. Auch er ging in den Wald. Dort sagte er: ›Wir können das Feuer nicht mehr anzünden, wir kennen auch die geheimen Meditationen nicht mehr, die das Gebet beleben. Aber wir kennen den Ort im Wald, wo all das hingehört, und das muss genügen.‹ – Und es zeigte sich, dass es tatsächlich genügte. Als wieder eine Generation später Rabbi Israel von Rizzin ein großes Werk zu vollbringen sich vorgenommen hatte, da setzte er sich zu Hause auf einen Stuhl und sagte: ›Wir können kein Feuer machen, wir können die vorgeschriebenen Gebete nicht mehr sprechen, wir kennen auch den Ort im Wald nicht mehr, aber wir können die Geschichte davon erzählen.‹ – Und seine Geschichte allein hatte dieselbe Wirkung wie das, was die drei anderen getan hatten.«[133]

Anschaulicher kann man die Geschichte der Säkularisation nicht schildern, und hoffungsvoller könnte ihr Ende kaum ausfallen. Die Sakramente verlieren ihre Bedeutung, die Gebete wurden vergessen, und auch die heiligen Orte sind wieder zu Wald geworden. Doch solange die Geschichten davon weitererzählt werden, bleibt der Glaube lebendig. Die Geschichte des Judentums und die christlichen Geschichten der Evangelien werden bis heute erzählt, es könnte also Hoffnung geben.

Am Anfang stand die Geschichte vom Paradies und der Vertreibung des Menschen. Seitdem weht ein Sturm vom Paradies und bläst dem Engel der Geschichte in die Flügel.[134] Mit jeder Anstrengung, die wir für unsere Rückkehr unternehmen, weht der Wind stärker und treibt uns weiter weg vom erhofften Ziel. Wissen und Glauben sind unrettbar auseinandergetreten. Das Christentum hat den höchsten Einsatz versucht, um den Fluch zu überwinden und das Leben jenseits des Paradieses erträglicher zu machen. Gottes Sohn hat sich für Adams Sündenfall geopfert. Doch die Geschichte des Christentums hat nicht nur die gewalttätige Seite aller Religionen wiederholt, sondern durch die Verwurzelung in der Welt seine eigene Säkularisation betrieben. Wollte man eine christliche Variante der chassidischen Geschichte erfinden, so bestände der wesentliche Unterschied darin, dass die heiligen Handlungen nicht einfach vergessen wurden, sondern durch rationale Erwägungen überwunden werden sollten. Die Verinnerlichung des Glaubens hat das selbstbewusste Individuum hervorgebracht, dessen Einsamkeit nicht mehr als Krankheit zum Tode, sondern als therapierbare Seelenmüdigkeit behandelt wird.

Die chassidische Geschichte bleibt aber wahr. Die Kraft des Glaubens lebt auch dann, wenn nur noch die Geschichten von ihm erzählt werden. Doch in einem wichtigen Punkt muss sie ergänzt werden. Dass eine Geschichte vom Glauben erzählt werden kann, ist ein Hinweis, dass wir schwatzhaften Gemüter nicht mehr im Paradies wohnen. Auch die chassidische Erzählung der einstmals bekannten heiligen Orte und Handlungen, die nun vergessen sind und in Geschichten aufbewahrt werden, ist eine Variation der *Genesis*. Denn erst nachdem die heiligen Orte und Handlungen vergessen worden waren, wurde die Geschichte erfunden, in der von ihnen erzählt werden konnte. Im Unterschied zur *Genesis* ist die chassidische Geschichte versöhnlicher. Der Bruch zwischen dem Heiligen und einer Welt, in der es vergessen worden ist, ist nicht mit einem Fluch belastet. Die Erinnerung an das Paradies lebt weiter in den Geschichten, die wir uns davon erzählen. Und eine Erzählung, so lautet die tröstliche Botschaft, ist fast so viel wert wie die heilige Handlung selbst.

In unserer Zeit widerstreiten sich nunmehr drei Erzählungen vom Leben nach der Vertreibung aus dem Paradies. Es gibt den säkularen Umgang, der aus dem Numinosen ein interessantes Ereignis macht. Es gibt die christliche Lehre der Nächstenliebe, die die Vertreibung aus dem Paradies so ernst nimmt, dass sie eine neue Religion auf dem Glauben gründet, die erste Sünde rückgängig machen zu können. Und es gibt die chassidische Geschichte, die den Verlust des Heiligen und die Erzählung des Verlustes miteinander versöhnen will.

Der säkulare Umgang mit der Vertreibung aus dem Paradies ist heute übermächtig. Wir säkularen Allesfresser greifen, da nichts unseren Hunger nach Aufmerksamkeit stillen kann, inzwischen zu den letzten Dingen. Göttlicher Fluch und atheistische Apokalypse werden zur aufregenden Bedrohung, mit der ein wenig Sinn ins nihilistische Tun geleitet werden soll. Die Messen des Ichs feiern unablässig den Glauben an sich selbst. Hier ist sich jeder selbst ein falscher Prophet. Denn hier findet die Transsubstantiation von falschen Gefühlen in innige Rührung, von Zelluloid in süße Tränen, von erfundenen Erlebnissen in biographische Erinnerungen und von künstlichen Erregungen in geglaubte Wahrheiten statt. Alles, was unserem Ich huldigt, wird aufgesogen. Verschlossen haben sich unsere Ohren gegen die Geschichten, die uns in einen Dienst gegenüber Gott bringen wollen. Aber auch den egozentrischen Ohren versucht die chassidische Geschichte ein wenig Trost zu spenden. Denn ihre Botschaft lautet: Solange wir uns noch mit Geschichten daran erinnern, dass es etwas Heiliges gab, an das es sich zu erinnern lohnt, sind wir nicht verloren.

Im dritten Jahrhundert des Experimentes ohne Gott wurde vieles von dem vergessen, was Religionen an Wissen um die Fehlbarkeit des Menschen gesammelt haben. Religionen haben in Jahrtausenden ein Gespür dafür entwickelt, welche Verirrungen im Glauben möglich sind. Und sie haben unzählige Rituale erfunden, um den menschlichen Drang, das Absolute zur Steigerung der eigenen Macht zu missbrauchen, einzudämmen. Die säkulare Erfolgsgeschichte ist hierfür taub und wiederholt stattdessen unermüdlich ihre Angst vor der Macht des Heiligen, das die Seelen manipulieren und Fanatismus züchten will.

Der Glaube steht heute nicht nur vor Ohren, die energisch zugehalten werden, damit keine Sirenen-Klänge zum Unheil verführen können, sondern er steht zugleich vor der gegenteiligen Aufgabe, der Erlösungssehnsucht eine lebendige Gestalt zu geben, die an der Unmöglichkeit der Erlösung zu Lebzeiten nicht verzweifelt. Als rettende Geste hat der Glaube nur die Scheu vor dem Heiligen, um zu verhindern, dass die weltliche Macht die Erlösung zu ihren Konditionen erzwingt. Die Errungenschaft der säkularen Welt besteht darin, das Bewusstsein über die Gefahren des Glaubens ausgebildet zu haben. Das Kreuz der säkularen Zeit besteht darin, dass die Entzauberung des religiösen Glaubens zu einer Verzauberung der weltlichen Ansprüche geführt hat. Mit diesen Glaubensresten, die ohne Religion ihr unseliges Eigenleben führen, wieder in Berührung zu kommen und ihnen ihre Heiligkeit zurückzugeben, dazu helfen – vielleicht – nur der Glaube, die Hoffnung und die Liebe.

ANMERKUNGEN

1 Josef Pieper: *Über den Glauben*. München 1962.
2 Josef Pieper: *Über die Hoffnung*. München 1949.
3 Josef Pieper: *Über die Liebe*. München 1972.
4 Hier wären zu erwähnen: Romano Guardini: *Vom Leben des Glaubens*. Ostfildern 1963 (1. Auflage 1935); *Vom Sinn der Schwermut*. Kevelaer 2019 (1. Auflage 1963).
5 Die Folgen des Mangels beschreibe ich in: Zwischen den Stühlen. In: *Pfingsten!* Hg. von Annette Schavan. München 2024, S. 269–275.
6 Dass die Säkularisation ins dritte Jahrhundert geht, ist eine ebenso vage wie symbolische Zahl. Symbolisch ist die Zahl, da das Christentum drei Jahrhunderte nach Jesu Kreuzigung von einer verbreiteten Sekte in der Konstantinischen Wende im Jahr 312 zur Staatsreligion wurde. Und vage historisch ist die Zahl, da die Blüte der Aufklärung im 18. Jahrhundert stattfand.
7 Die »*apokálypsis*« meint im Altgriechischen die »Offenbarung«. Durch die *Apokalypse* des Johannes wird die Offenbarung mit der Ankündigung des göttlichen Strafgerichts und dem Ende der Menschenwelt verbunden. Offenbarung im Sinne der Apokalypse bedeutet nun immer die Ankündigung einer Katastrophe. Diese Verkopplung von Vorhersage und Warnung kommt in der atheistischen Apokalypse zur alltäglichen Anwendung.
8 Das Problem der falschen Propheten beschäftigt bereits die Urchristen. Sie hatten einen pragmatischen Ratschlag, wie mit den immer neuen Predigern, die sich als Nachfolger Christi inszenierten, umzugehen sei. Wenn sie Geld für ihre Predigt erwarten, sind es falsche Propheten. Wenn man das Geschäftsmodell der Sekten

außer Acht lässt, ist ein ähnlich einfaches Kriterium heute wohl nicht mehr zu finden. Hartmut Leppin: *Die frühen Christen. Von den Anfängen bis Konstantin*. München 2018, S. 140 ff.

9 In Deutschland wird der Markt für esoterische Dienste auf jährlich 15 bis 20 Milliarden Euro geschätzt. Die Kirchensteuer für beide christlichen Konfessionen lag 2022 bei 13 Milliarden Euro. Siehe: Stefanie Diemand: *Das Geschäft mit dem Aberglauben*. In: FAZ, 12. Juni 2023.

10 Michel de Certeau: *Glaubensschwachheit*. Stuttgart 2009, S. 310.

11 Josef Pieper: *Über den Glauben*, S. 31.

12 Martin Buber: *Zwei Glaubensweisen*. In: Ders.: *Schriften zur Philosophie*. Heidelberg 1962.

13 Eine kompakte Darstellung dieser Diskussion findet sich in Holm Tetens: *Gott denken. Ein Versuch über rationale Theologie*. Stuttgart 2015.

14 In der Quantenphysik wird ironisch respektvoll vom »Gottesteilchen« gesprochen.

15 Zitiert nach: Roberto Calasso: *Der Untergang von Kasch*. Frankfurt a. M. 1997, S. 11.

16 Georg Wilhelm Friedrich Hegel: *Die Verfassung Deutschlands*. In: Ders.: *Frühe Schriften. Werke 1*. Frankfurt a. M. 1971, S. 461–582, hier S. 461.

17 So eine Paraphrase der Zusammenfassung von Hermann Lübbe: *Religion nach der Aufklärung*. München 2007 (1. Aufl. 1986), S. 97.

18 Augustinus: *Vom Gottesstaat*. Zürich 1955.

19 Dass die frühen Christen vor allem das Theater und den Zirkus als seelenverführerische Konkurrenz ausgemacht haben, erklärt sich auch aus dieser Wesensverwandtschaft im Öffentlichen. Siehe Quintus Septimus Tertullian: *Über die Spiele (De Spectaculis)*. Stuttgart 1988.

20 Einige dieser Beispiele finden sich bereits bei Hans Blumenberg: »Säkularisation«. Kritik einer Kategorie historischer Illegitimität. (1964) Wiederabgedruckt in: *Säkularisation. Grundlagentexte zur Theoriegeschichte*. Hg. von Christian Frey, Uwe Hebekus und David Martyn. Berlin 2020, S. 531–544.

21 Für die pessimistische Seite stehen exemplarisch die Prognosen

des Club of Rome und für die optimistische beispielsweise die Weltbestseller von Yuval Noah Harari.

22 David Graeber: *Schulden. Die ersten 5000 Jahre*. Stuttgart 2012.

23 Carl Schmitt: *Politische Theologie*. Berlin 1922, S. 43.

24 Arte-Dokumentation: *Evangelikale. Mit Gott an die Macht*. 4. April 2023.

25 Hans Blumenberg: *Die Legitimität der Neuzeit*. Frankfurt a. M. 1988 (1. Aufl. 1966); Jürgen Goldstein: *Hans Blumenberg. Ein philosophisches Portrait*. Berlin 2020.

26 Ernst-Wolfgang Böckenförde: Die Entstehung des Staates als Vorgang der Säkularisation. In: Ders.: *Staat, Gesellschaft, Freiheit. Studien zur Staatstheorie und zum Verfassungsrecht*. Frankfurt a. M. 1976, S. 42–64, hier S. 60.

27 Weber: Asketischer Protestantismus und kapitalistischer Geist. In: Ders.: *Soziologie. Universalgeschichtliche Analysen. Politik*. Hg. von Johannes Winckelmann. Stuttgart 1973, S. 359.

28 Weber: *Asketischer Protestantismus*, S. 370.

29 Weber: *Asketischer Protestantismus*, S. 379.

30 Weber: *Asketischer Protestantismus*, S. 379.

31 Jacob Taubes: *Abendländische Eschatologie*. Berlin 2007, S. 41.

32 Eric Voegelin: *Die neue Wissenschaft der Politik*. München 2004 (1. Auflage 1959), S. 140.

33 Von der puritanischen Selbsterhöhung führt der Weg zur »schönen Seele«, deren Abgrund erst von Hegel in der *Phänomenologie des Geistes* durchschaut wird. Er erkennt als Erster in der schönen Seele das absolute Böse. Seine Argumentation ist bis heute einleuchtend: Wer das Böse in der Welt nutzt, um sein Leiden daran für die eigene Erhöhung zu missbrauchen, der will nicht nur nichts am Bösen ändern, sondern der ist der eigentliche Nutznießer des Bösen. Darum ist die schöne Seele das einzige absolute Böse in der Welt.

34 Die Selbstimmunisierung gnostischer Bewegungen erinnert an die zirkuläre Argumentation von Verschwörungstheorien. Je überzeugender die Belege sind, dass es die Verschwörung nicht gibt, desto mehr zählen sie als Beweis, wie mächtig die Verschwörung ist. Ist eine Weltanschauung in dieser Phase der Selbstlegitimation angekommen, ist sie durch kein Argument mehr zu erschüttern.

35 Carl Schmitts berühmtes Diktum, dass Politik bedeute, zwischen Freund und Feind zu unterscheiden, steht in dieser Tradition (s. Carl Schmitt: *Der Begriff des Politischen*. Berlin 1932, S. 14). Die gegenteilige Definition von Politik stammt von Niklas Luhmann: Politik bedeutet, kollektiv bindende Entscheidungen herbeizuführen (s. Niklas Luhmann: *Politik der Gesellschaft*. Frankfurt a. M. 2000, S. 84 und Kapitel 4 »Politisches Entscheiden«). Schon mit diesen zwei Definitionen scheiden sich die Wege der Politik.

36 Peter Sloterdijk: Die wahre Irrlehre: Gnosis. In: Ders.: *Nach Gott*. Berlin 2017, S. 84.

37 Sloterdijk: *Die wahre Irrlehre*, S. 87.

38 Sloterdijk: *Die wahre Irrlehre*, S. 94.

39 Sloterdijk: *Die wahre Irrlehre*, S. 99.

40 An der Repräsentationsfrage entzünden sich die ästhetischen Diskurse der Moderne. Je weniger an die Anwesenheit des Abwesenden geglaubt werden soll, desto rigider werden die Regime des Performativen. Die letzte Etappe in der Glaubenskrise der Ästhetik besteht darin, dass moralischer Wert, Semiotik und ästhetisches Ereignis implodiert sind. Ist der Künstler nicht moralisch gut oder ist das verwendetet Material nicht moralisch gut, vergiftet ihr böses Sein jeden ästhetischen Kontext. Zur Repräsentationsfrage im Theater siehe vom Autor: *Kritik des Theaters*. Berlin 2013.

41 Voegelin: *Die neue Wissenschaft der Politik*.

42 Ausführlich hierzu vom Autor: *Identitätspolitik*. Berlin 2023. Außerdem das Kapitel »Glaubenshärte«.

43 Carl Schmitt zit. nach Paul Noack: *Carl Schmitt. Eine Biographie*. Berlin 1993, S. 72.

44 Odo Marquard: Rückfall in die Gnosis? In: *Gnosis*. Hg. von Peter Sloterdijk und Thomas Macho. Zürich 1993, S. 241.

45 Charles Péguy: *Das Geld*. Berlin 2017 (Originalausgabe *L'Argent* 1913), S. 100.

46 Niklas Luhmann: *Die Religion der Gesellschaft*. Frankfurt a. M. 2000.

47 Émile Durkheim: *Die elementaren Formen des religiösen Lebens*. Berlin 2007 (Originalausgabe Paris 1912), S. 76.

48 Durkheim: *Die elementaren Formen des religiösen Lebens*, S. 625.

49 William James: *Die Vielfalt religiöser Erfahrung*. Frankfurt a. M./Leipzig 1997, S. 67.
50 James: *Die Vielfalt religiöser Erfahrung*, S. 79.
51 James: *Die Vielfalt religiöser Erfahrung*, S. 478.
52 James: *Die Vielfalt religiöser Erfahrung*, S. 279 f.
53 Charles Taylor: *Ein säkulares Zeitalter*. Frankfurt a. M. 2009.
54 Niklas Luhmann: Individuum, Individualität, Individualismus. In: Ders.: *Gesellschafsstruktur und Semantik*. Band 3. Frankfurt a. M. 1993, S. 243.
55 Andreas Reckwitz: *Die Gesellschaft der Singularitäten. Zum Strukturwandel der Moderne*. Berlin 2017.
56 In Anlehnung an die berühmte Formulierung von Th. W. Adorno und M. Horkheimer in der *Dialektik der Aufklärung* (Frankfurt a. M. 1997, S. 19): »Aber die vollends aufgeklärte Erde strahlt im Zeichen triumphalen Unheils.«
57 Josef Pieper: *Von der Hoffnung*, S. 22.
58 Pieper: *Von der Hoffnung*, S. 16. Es ist bemerkenswert, wie Sündenfall und der Mythos von Pandora hier zusammenpassen. Als Pandora, die reich Beschenkte, die Büchse mit allen Übeln öffnet, verschließt sie sie rasch, bevor die Hoffnung entweichen kann. Die Menschen leben seitdem in ständiger Sorge. Warum ihnen doch noch die Hoffnung geschenkt wurde, und ob diese vielleicht das größte Übel bedeutet, wie Nietzsche meinte, darüber rätseln seitdem die Gemüter.
59 Heinrich Heine: *Zur Geschichte der Religion und Philosophie in Deutschland*. Köln 1995 (entstanden 1833/34), S. 361.
60 René Girard: *Warum kämpfen wir? Und wie hören wir wieder auf?* Stuttgart 2022.
61 Zur Ambivalenz der Demut, die aus der Absurdität folgt, siehe die Einleitung zum Kapitel »Glaube«.
62 Peter Sloterdijk: *Im Weltinnenraum des Kapitals. Für eine philosophische Theorie der Globalisierung*. Frankfurt a. M. 2005.
63 Einen Überblick gibt Michael Seewald: *Dogma im Wandel*. Freiburg i. Br. 2018.
64 C. G. Jung: *Antwort auf Hiob*. München 2001 (1. Auflage 1952), S. 106.
65 Jung: *Antwort auf Hiob*, S. 106 f.

66 Bruno Latour: *Kampf um Gaia. Acht Vorträge über das neue Klimaregime*. Berlin 2017. Und bedenkt man Eric Voegelins Interpretation des Repräsentationsproblems der römischen Republik, das erst durch den Gottkaiser Augustus eine Lösung finden konnte, so wirkt das Marien-Dogma noch verzweifelter. Jenseits aller historischen und realpolitischen Resonanzräume und in Abwehr gegenüber dem Stadium der Säkularisation zur Mitte des 20. Jahrhunderts konnte die leibliche Himmelfahrt nur zum Ärgernis werden.

67 Einen Einblick in die aktuelle Glaubensferne der Kirchen-Sprache gibt Christian Geyer: Kirche in der Gesellschaft. In: *Merkur. Deutsche Zeitschrift für europäisches Denken*. Hrg. Von Karl Heinz Bohrer und Kurt Scheel. Heft 9/10, Stuttgart 1999, S. 877–890. Hier findet sich auch das Zitat des Kardinals Martini, S. 882.

68 Bruno Latour: *Jubilieren. Über religiöse Rede*. Berlin 2011, S. 197.

69 Michel Foucault: *Diskurs und Wahrheit*. Berlin 1996, S. 13. »Parrhesia« bedeutet etymologisch »alles zu sagen« oder auch »freimütig zu sprechen«.

70 Und natürlich betrifft sie das Geheimnis der Schauspielkunst. Diese Verwandtschaft scheint beiden Existenzweisen unangenehm zu sein. Die Kirche fürchtet das Theater, da sie dann auch als Theater erscheinen kann. Und das Theater flieht das Heilige, da es das Spiel, das notwendig zum Schau-spiel gehört, zu verlieren droht.

71 Diesen paulinischen Gedanken hat Alain Badiou: *Die Begründung des Universalismus*. München 2002 besonders hervorgehoben. Nicht die Unschuld des Opfers, sondern der Gedanke der Gleichheit ist so revolutionär, dass es eine neue Religion brauchte, um ihn in die Welt zu tragen. »Da gilt nicht mehr Jude und Hellene, nicht Sklave und Freier, nicht Mann und Frau: denn alle seid ihr eins in Christus Jesus« (Galater 3, 28).

72 Wie eine Fußnote zu dieser makrosozialen Verhärtung mögen die sich häufenden Fälle wirken, in denen sich herausstellt, dass jemand den Opferstatus zu Unrecht für sich reklamiert hat. Besonders prominent war der Fall des Popsängers Gil Ofarim, der in einem Leipziger Hotel zu lange warten musste und daraufhin ein Video postete, in dem er behauptete, er wäre wegen seines

Davidsterns diskriminiert worden. Nach einem mehrjährigen Prozess gestand er schließlich, den Vorwurf erfunden zu haben. Der Schaden für das Hotel und seinen Mitarbeiter blieb gewaltig. Und die Folgen für diejenigen, die sich mit ihm solidarisiert hatten und sich nun betrogen fühlen, sind nicht abzuschätzen.

73 »Islamismus« soll hier die politische Ideologie des Islam genannt werden. Islamismus ist daher auch ein Produkt der Säkularisation und gehört zur politischen Gnosis.

74 Öffentlich wurde der Konflikt zwischen Peter Dabrock, Vorsitzender des Ethikrates, und Klaus Mertes, Jesuit, ausgetragen in der ZEIT vom 4. April 2020.

75 Pieper: *Über die Liebe.*

76 Charles Taylor: *Ein säkulares Zeitalter*. Frankfurt a. M. 2009, S. 508 ff.

77 Ausführliche Verweise und Deutungen gibt Stephen Greenblatt: *Die Geschichte von Adam und Eva. Der mächtigste Mythos der Menschheit*. München 2018. Auch im Koran wird die Vertreibung aus dem Paradies erzählt. In Sure 7, Vers 18–37 wird eine verknappte Version wiedergegeben. Der auffälligste Unterschied zur *Genesis* besteht darin, dass nicht Eva von der Schlange verführt wird und dann Adam verführt, sondern dass beide zugleich von Satan verführt werden.

78 Augustinus: *Der Gottesstaat*, Buch XIV, 26.

79 Josef Pieper: *Muße und Kult*. München 1965 (1. Auflage 1948), S. 48.

80 Søren Kierkegaard: *Die Krankheit zum Tode*. Frankfurt a. M. 1985.

81 Zitiert nach Karl Jaspers: *Psychologie der Weltanschauungen*. München 1984, S. 432.

82 Karl Rahner: *Von der Not und dem Segen des Gebets*. Freiburg i. Br. 2021 (1. Auflage 1958), S. 60.

83 Max Scheler: *Das Ressentiment im Aufbau der Moral*. Frankfurt a. M. 1984 (1. Auflage 1912), S. 2.

84 Scheler: *Das Ressentiment im Aufbau der Moral*, S. 2.

85 Cynthia Fleury: *Hier liegt Bitterkeit begraben*. Berlin 2023, S. 36.

86 Fleury: *Hier liegt Bitterkeit begraben*, S. 43.

87 Fleury: *Hier liegt Bitterkeit begraben*, S. 91.

88 Friedrich Nietzsche: *Zur Genealogie der Moral.* Kritische Studienausgabe. Band 5, München 1988, S. 272.
89 Søren Kierkegaard: *Die Krankheit zum Tode.* Hamburg 1991, S. 53.
90 Kierkegaard: *Die Krankheit zum Tode*, S. 54.
91 Gilles Deleuze: *Nietzsche und die Philosophie.* Frankfurt a. M. 1985, S. 128 f.
92 Deleuze: *Nietzsche und die Philosophie*, S. 130.
93 Scheler: *Das Ressentiment im Aufbau der Moral*, S. 36.
94 Peter Sloterdijk: *Zorn und Zeit.* Frankfurt a. M. 2006, S. 221 ff.
95 Scheler: *Das Ressentiment im Aufbau der Moral*, S. 40.
96 Scheler: *Das Ressentiment im Aufbau der Moral*, S. 41.
97 Joseph Vogl im Gespräch mit Timo Feldhaus. In: Die WELT, 1.9.2023.
98 Wäre ihnen an der Bewältigung der Probleme gelegen, könnten sie die Kreativität, die in ihre Protestformen fließt, beispielsweise in die Erforschung der wissenschaftlichen Zusammenhänge investieren. Und wenn es ihnen weniger um die faktischen Probleme, sondern mehr um die sozialen und psychologischen Bedingungen des Klimawandels zu tun ist, dann gibt es zahlreiche Wege, um hier forschend, lehrend oder sogar predigend einwirken zu können.
99 Joseph Vogl: *Kapital und Ressentiment.* München 2021, S. 162.
100 Vogl: *Kapital und Ressentiment*, S. 182.
101 Heinz Schilling: *Das Christentum und die Entstehung des modernen Europa.* Freiburg i. Br. 2022, S. 362. Schilling äußert in diesem Zusammenhang eine Vermutung, dass der Großinquisitor in Dostojewskis *Brüder Karamasow* von Pius IX. inspiriert sein könnte. Eine solche Deutung würde die unselige Dialektik der Säkularisation ins Teuflische verlängern. Dann wäre die Kirchenpolitik von Pius IX. nicht nur ein historischer Irrweg, sondern ein Beweis, dass der Teufel die heilige Kirche unterwandern kann, wo sein Wirken so destruktiv ist, dass der christliche Glauben Schaden nimmt. Der christliche Fundamentalismus wäre dann als teuflische Versuchung entlarvt.
102 Schilling: *Das Christentum und die Entstehung des modernen Europa*, S. 364.

103 Tomás Halík: *Nachmittag des Christentums. Eine Zeitansage.* Freiburg i. Br. 2005.

104 Und offensichtlich schließt sich Joseph Ratzinger dieser Absicht an, wenn er diese Anekdote in seiner *Einführung ins Christentum* referiert. Dass heute, im Zeichen der Klimakrise, auch ein Clown die apokalyptische Dauererregung verbreiten könnte, stellt die Absicht jedoch in Frage. Vielleicht ist nicht nur das Kostüm entscheidend dafür, ob eine Botschaft gehört oder ignoriert wird.

105 Bruno Latour: *Wir sind nie modern gewesen.* Frankfurt a. M. 2008, S. 53 f.

106 Bruno Latour: *Existenzweisen. Eine Anthropologie der Moderne.* Berlin 2014.

107 Bruno Latour: *Jubilieren.*

108 Latour: *Jubilieren*, S. 218.

109 Latour: *Jubilieren*, S. 219.

110 Bezaubernd abwegig und ausdauernd in seinem Ringen um den verblassenden Glauben ist Emmanuel Carrère: *Das Reich Gottes.* Berlin 2016.

111 Latour: *Jubilieren*, S. 229.

112 Latour: *Jubilieren*, S. 246.

113 Latour: *Jubilieren*, S. 196.

114 Latour: *Jubilieren*, S. 197.

115 Latour: *Jubilieren*, S. 209.

116 Latour: *Jubilieren*, S. 239.

117 Latour: *Jubilieren*, S. 243.

118 Nach Recherchen des Kölner Stadt-Anzeigers soll Kardinal Woelki rund 820 000 Euro an eine PR-Agentur gezahlt haben. Die Missbrauchsopfer erhielten im Durchschnitt jeweils 20 000 Euro als Entschädigung.

119 Zitiert nach Christian Lehnert: *Das Haus und das Lamm. Fliegende Blätter zur Apokalypse des Johannes.* Berlin 2023, S. 110.

120 Jürgen Habermas: *Glauben und Wissen. Friedenspreis des Deutschen Buchhandels.* Frankfurt a. M. 2001.

121 Habermas in Jürgen Habermas/Joseph Ratzinger: *Dialektik der Säkularisierung. Über Vernunft und Religion.* Freiburg i. Br./Basel/Wien 2011, S. 29.

122 Habermas/Ratzinger: *Dialektik der Säkularisierung*, S. 31.

123 Habermas/Ratzinger: *Dialektik der Säkularisierung*, S. 35.

124 Harmut Rosa: *Resonanz. Eine Soziologie der Weltbeziehung*. Berlin 2019.

125 Jürgen Habermas: *Auch eine Geschichte der Philosophie.* Band II. Berlin 2019, S. 807.

126 Michel de Certeau: *Kunst des Handelns*. Berlin 1988 (Originalausgabe Paris 1980).

127 De Certeau: *Kunst des Handelns*, S. 327.

128 De Certeau: *Kunst des Handelns*, S. 327 f.

129 Michel de Certeau: *Glaubensschwachheit*. Stuttgart 2009, S. 331.

130 Für Peter Sloterdijks Beschäftigung mit der Gnosis liegt hierin aber ihre besondere Qualität, die er als proto-romantische Feier des sich selbst erfindenden Bewusstseins beschreibt. Sein Urteil widerspricht damit den Warnungen von Eric Voegelin, der in dieser Kraft zur Selbstverzauberung vor allem die politischen Abgründe der Radikalisierung erkennt. Siehe: Peter Sloterdijk: *Die wahre Irrlehre*.

131 René Girard: *Ich sah den Satan vom Himmel fallen wie einen Blitz. Eine kritische Apologie des Christentums*. Frankfurt a. M./Leipzig 2008.

132 In einer merkwürdigen Volte, die sich aus der philosophischen Biographie Vattimos erklärt, wird das Christentum zu einem Wegbereiter des Nihilismus. Darunter versteht Vattimo ein Denken, das die Werte aus ihrer ontologischen Begründung befreit und zu einem kontingenten Ereignis macht. Dieser Weg führt in die philosophischen Diskussionen des 20. Jahrhunderts, die unter dem Label der Postmoderne zu manch labyrinthischem Irrweg geführt haben. Auf diesen Wegen gerät Vattimo in eine Richtung, in der er den schwachen Glauben zum Element der Postmoderne macht.

133 Gershom Scholem: *Die jüdische Mystik*. Berlin 1967 (Originalausgabe Zürich 1957), S. 384.

134 So die berühmte Formulierung, die Walter Benjamin für den *Angelus Novus* von Paul Klee gefunden hat.